Verstehen und Kultur

Werner Wiater · Doris Manschke (Hrsg.)

Verstehen und Kultur

Mentale Modelle
und kulturelle Prägungen

Herausgeber
Werner Wiater,
Doris Manschke,
Universität Augsburg
Augsburg, Deutschland

ISBN 978-3-531-18069-4 ISBN 978-3-531-94085-4 (eBook)
DOI 10.1007/978-3-531-94085-4

Die Deutsche Nationalbibliothek verzeichnet diese Publikation in der Deutschen Nationalbibliografie; detaillierte bibliografische Daten sind im Internet über http://dnb.d-nb.de abrufbar.

Springer VS
© VS Verlag für Sozialwissenschaften | Springer Fachmedien Wiesbaden 2012
Das Werk einschließlich aller seiner Teile ist urheberrechtlich geschützt. Jede Verwertung, die nicht ausdrücklich vom Urheberrechtsgesetz zugelassen ist, bedarf der vorherigen Zustimmung des Verlags. Das gilt insbesondere für Vervielfältigungen, Bearbeitungen, Übersetzungen, Mikroverfilmungen und die Einspeicherung und Verarbeitung in elektronischen Systemen.

Die Wiedergabe von Gebrauchsnamen, Handelsnamen, Warenbezeichnungen usw. in diesem Werk berechtigt auch ohne besondere Kennzeichnung nicht zu der Annahme, dass solche Namen im Sinne der Warenzeichen- und Markenschutz-Gesetzgebung als frei zu betrachten wären und daher von jedermann benutzt werden dürften.

Einbandentwurf: KünkelLopka GmbH, Heidelberg

Gedruckt auf säurefreiem und chlorfrei gebleichtem Papier

Springer VS ist eine Marke von Springer DE. Springer DE ist Teil der Fachverlagsgruppe Springer Science+Business Media
www.springer-vs.de

Man muss aushalten, dass der Fremde fremd ist
der Versuch ihn zu verstehen, ihn
einzuordnen, ist der Versuch, von ihm
Besitz zu ergreifen.

                      Emmanuel Lévinas

| Ein Sprichwort – verschiedene Bilder von der Welt |

Zu viele Köche verderben den

Deutsch

?

Zu viele Köche verderben die

Englisch

Suppe

Zu viele Köche verderben die

Französisch

Sauce

Zu viele Kapitäne bringen das zum Sinken.

Spanisch

Schiff

Wenn zu viele rudern,
zerschellt das
an einem Felsen.

Japanisch

Schiff

Inhaltsverzeichnis

Vorwort
Verstehen und Kultur: Mentale Modelle und kulturelle Prägungen 11

Werner Wiater
Kulturdifferenz verstehen – Bedingungen – Möglichkeiten – Grenzen 15

Doris Manschke
Differenzen im Verstehen: Die Kulturelle Heterogenität mentaler Repräsentationen und Emotionen. Eine Pilotstudie an Migranten und Nichtmigranten. 31

Carmela Grassi
Die Kulturalität des Verstehens 71

Ruth Schaefer
Der tote Fisch in der Hand – von der Kulturalität des Missverstehens von Mimik und Gestik beim Zusammentreffen von Deutschen und Chinesen 83

Cilem Erciyes
„Ayse hat offenbar das Märchen nicht verstanden." – Über die Dominanz kulturbedingter Deutungsmuster bei türkischen Grundschülern/Grundschülerinnen 95

Monika Jäckle
Kulturalität des Geschlechts – Die diskursive Konstruktion von Geschlechterkulturen. 113

Harry Kullmann
Verstehe ich Sie richtig? – Informelle Kommunikation via Internet und E-Mail als Beitrag zur Professionalität von Lehrkräften 141

Inka Wischmeier
„Teachers' Beliefs": Überzeugungen von (Grundschul-) Lehrkräften über Schüler und Schülerinnen mit Migrationshintergrund – Theoretische Konzeption und empirische Überprüfung 167

Josef Strasser
Kulturelle Stereotype und ihre Bedeutung für das Verstehen in
Schule und Unterricht 191

Sylvia Rottensteiner
Wissenschaftssprache und kulturelle Determiniertheit 217

Ottmar Hertkorn
Plurikulturelle Kompetenz – Zwischen Anpassung und Selbstbehauptung[1] 233

Autorenverzeichnis: Verstehen und Kultur.. 244

Verstehen und Kultur: Mentale Modelle und kulturelle Prägungen

Vorwort

„Es ist normal, verschieden zu sein!" – dieser Alltagsweisheit hat die Heterogenitätsforschung der letzten beiden Jahrzehnte ein wissenschaftliches Fundament gegeben. Sie differenziert zwischen Gruppenunterschieden (wie Geschlecht, sozioökonomischer Status, Migrationshintergrund, Bildungsaspiration usw.) und Individualunterschieden (wie Besonderheiten und Beeinträchtigungen des Denkens, Fühlens, Wollens, Könnens, Handelns und Verhaltens). Sie sucht die Ursachen dafür in vorgeburtlichen/geburtlichen Ereignissen und in Sozialisationseffekten, wobei die aus der Kindheit besondere Beachtung finden. Dabei geht die Forschung davon aus, dass der Mensch alles aus Interaktionen mit seiner Umwelt lernen muss, was er nicht von Natur aus kann oder durch Reifung entwickelt. Gelernt werden daher nicht nur Wissen, Erkenntnisse und Praktiken, sondern auch Emotionen, Einstellungen, Haltungen, Motivationen, Orientierungen, Überzeugungen, Gewissensausprägungen usw. Diese Lernprozesse laufen nicht als Weitergabe von kulturellen Beständen durch Erwachsene an Heranwachsende ab, sondern – dem Verständnis von Systemtheorie und Konstruktivismus folgend – im Austausch zwischen den Generationen, bei dem die Heranwachsenden die sie umgebende Realität subjektiv, individuell und entsprechend ihren jeweiligen Denk-, Gefühls- und Handlungsstrukturen verarbeiten.

Die Persönlichkeitsentwicklung des Menschen hat nach heutigem Verständnis die Form einer Ko-Konstruktion. Jeder ist an der Entwicklung seiner Persönlichkeit vom Lebensbeginn an aktiv beteiligt, er ist nicht das simple Produkt seines Milieus oder seiner Umgebung, er ist Konstrukteur seiner selbst. Das ist die formale Sicht der Persönlichkeitsentwicklung. Die materiale Sicht, das „Ko-" der Kokonstruktion, richtet den Blick auf die Interaktionen des sich entwickelnden Menschen mit seiner personalen und nichtpersonalen Umgebung und fragt, welche Rolle diese für die Persönlichkeitsentwicklung spielen. Sie stecken nämlich den Möglichkeitsrahmen für die selbstaktiven Konstruktionen des realitätsverarbeitenden individuellen Subjekts ab. Die Bedingungen der Möglichkeit, eine individuelle Persönlichkeit auszubilden, sind in der Kindheit besonders relevant und das aus mehreren Gründen:

1. Die Sozialisation als Einführung der nachwachsenden Gesellschaftsmitglieder in die Werte, die Normen, die Einstellungen und die akzeptierten, erwarteten und nichtsanktionierten Verhaltensweisen in der Gesellschaft erfolgt bewusst und unbewusst vom ersten Lebenstag des Menschen an. Da das Kind zunächst stark über Reiz-Reaktions-Prozesse und über Imitation lernt sind die Einflussmöglichkeiten in der (frühen) Kindheit besonders groß. Allerdings ist darauf zu verweisen, dass alle Interaktionsprozesse *immer* Transaktionsprozesse sind, d.h. dass nicht nur das Kind sich auf Grund der Einwirkungen seiner Lebensumgebung verändert, sondern dass sich diese Lebensumgebung zugleich auf Grund der Reaktionen und Aktionen des Kindes ebenfalls verändert. Dennoch gilt, dass bei der Sozialisation dem heranwachsenden Gesellschaftsmitglied kulturbedingte Denkweisen, Deutungsmuster, verbale und nonverbale Kommunikationsformen, Rollenverhalten, Gefühle und deren Ausdrucksweisen, Umgangsformen und vieles mehr durch die Sozialisationsinstanzen nahegelegt werden; er erlernt sie aus der Alltagspraxis und oft gewissermaßen nebenbei. Bei geschichteten Gesellschaften und solchen mit stark differierendem Sozialstatus und Lebensstil nimmt die Primärsozialisation inhaltlich verschiedene Formen an. So kommt es, dass Kinder trotz gemeinsamer ethnischer Herkunft unterschiedliche Prägungen im Bereich des Denkens, Fühlens, Wollens und Handelns beim Menschen erfahren haben, - Prägungen, derer sie sich mit zunehmender Denkentwicklung mehr und mehr selbst bewusst werden können und die sie dann auch kritisch/selbstkritisch aufarbeiten können.

2. Eine große Rolle für die Persönlichkeitsentwicklung spielt die Sprache, die der Mensch als Erstsprache (Muttersprache) erlernt. Mit ihrer Hilfe erfasst er die ihn umgebende Lebenswirklichkeit. Wofür sie ihm Vokabular und Ausdrucksformen zur Verfügung stellt, das nimmt er wahr, reflektiert er und fasst er in Worte; dadurch verleiht er ihm Realität. Die Grenzen der Sprache sind die Grenzen der persönlichen Welt des Menschen (so auch: L. Wittgenstein); was nicht aussagbar ist, ist für ihn nicht wirklich. Die Sprache präfiguriert, was Geltung hat und beanspruchen kann. Insofern ist die Muttersprache ein hochbedeutsamer Bedingungsfaktor, eine Möglichkeitsbedingung, bei der Persönlichkeitsentwicklung des Menschen. Ein Vergleich zwischen zweisprachig aufgewachsenen und einsprachig aufgewachsenen Kindern macht das schlagartig offenbar. Erst wenn einsprachig Aufgewachsene später Fremdsprachen erlernen und Sprachbewusstsein („language awareness") entwickeln, wird ihnen die Bedeutung der Sprache in dieser Hinsicht klar. Darüber hinaus ist die Sprache ein kulturell zentraler Faktor bei der kollektiven und kulturellen Identitätsfindung beim Menschen.

3. Die beiden erstgenannten Aspekte werden durch die jüngere neurowissenschaftliche Forschung bestätigt und um wichtige Argumente ergänzt. Ausgestattet mit basalen Neuronenverbindungen bei der Geburt, entfaltet der Mensch in seiner Kindheit eine hochdifferenzierte „Landkarte" von Synapsenverbindungen, deren Art und Intensität von den lernanregenden Reizen seiner Lebensumwelt abhängt. Das Gehirn des Menschen lernt unablässig und strukturiert seine Möglichkeiten zu denken, zu fühlen, zu wollen und zu können aus. Wofür dem Ge-

hirn keine Signale von außen gegeben werden, dafür entwickelt es auch keine Synapsenverbindungen, das lernt der Mensch auch nicht. Dass der Mensch die Gefühle seines Gegenübers und seine mimischen, gestischen und bewegungsmäßigen Verhaltensweisen versteht, dafür sind die sogenannten Spiegelneuronen in seinem Gehirn maßgeblich. Mit ihrer Hilfe baut er in sich deren Strukturen auf und ist zu sozialem Verstehen und zur Empathie fähig. Das bedeutet: Die kulturelle Umwelt, in der das Kind heranwächst, ist wesentlich mitentscheidend für den Aufbau seiner mentalen Strukturen und diese wiederum für die Art, wie er denkt, fühlt und handelt sowie was er will.

Ist die Heterogenität der Menschen so grundlegend und kulturell überformt, dann muss mit Problemen beim gegenseitigen Verstehen gerechnet werden, erst recht, wenn Menschen unterschiedlich kultureller Herkunft in pädagogischen Institutionen zusammentreffen. Davon und von den Möglichkeiten, den Kreislauf von kultureller Fixierung, Missverstehen, Unverständnis und Vorurteilen zu durchbrechen, handelt das vorliegende Buch.

Die Beiträge in diesem Buch befassen sich mit verschiedenen Aspekten von Kulturbedingtheit im Denken, Fühlen und Handeln, Sprechen und Verstehen. Werner Wiaters einführender Aufsatz umfasst eine Begriffsbestimmung der zentralen Termini des Buches: Verstehen, Kultur, Kulturalität. Der Verstehensbegriff in den Geistes und Sozialwissenschaften wird dargelegt und die Sichtweisen der einzelnen Disziplinen erläutert. Die Bedingungen, Möglichkeiten und Grenzen des Fremdverstehens werden ausgelotet. Kulturdifferentes Verstehen wird als Element interkulturellen Lernens und einer interkulturellen Kompetenz interpretiert. Ausgehend von einem dynamischen, interagierenden Kulturbegriff werden die Bedingungen, Möglichkeiten und Grenzen von Verstehensprozessen, die auf Sozialisation und Umwelt basieren, untersucht. Trotz Kulturdifferenz sollte nach Wiater der Versuch des Verstehens mit dem Ziel der Verständigung unternommen werden. Doris Manschkes Beitrag stellt eine Pilotstudie an Migranten und Nichtmigranten vor, die kulturell bedingte Unterschiede in Emotionen und mentalen Vorstellungen anhand von Interviews und mittels einer fMRT-Untersuchung nachweist. C. Grassi erörtert die Kulturalität des Verstehens unter Rückgriff auf Hofstedes Kulturdimensionen, die sie als Werkzeuge begreift, die den Verstehensprozess zwischen verschiedenen Kulturen erleichtern können. Eine bewusste Wahrnehmung der Kulturalität des Verstehens erleichtert somit den reflektierenden Umgang mit dem Anderen. Ruth Schäfer schildert in ihrem Beitrag häufige kulturelle „Miss-verständnisse" in Mimik und Gestik im Zusammentreffen von Deutschen und Chinesen. Eine empirische Untersuchung an deutschen und türkischen Grundschülern wird in dem folgenden Beitrag von Cilem Ü. Erciyes vorgestellt. Die Autorin weist darin unterschiedliche kulturelle Wahrnehmungsmuster in Märchen und Bildergeschichten von deutschen und türkischen Grundschülern nach. Der folgende Beitrag mit dem Titel „Kulturalität des Geschlechts: Geschlecht als eine diskursiv vermittelte kulturelle Konstruktion" erörtert kulturelle Geschlechterkonzeptionen im Überblick mit besonderen Fokus auf Geschlechtervorstellungen in Schulen. Die Einstellungen und Haltungen von Lehrkräften gegenüber Kindern mit Migrationshintergrund werden im folgenden Beitrag von Inga Wischmeier anhand einer empirischen Untersuchung dargelegt. H. Kullmanns Beitrag befasst sich im Rahmen einer empirischen Untersuchung mit internetgestützeter unterrichtsbezogener Kommunikation zwischen Lehrkräften mit speziellen Fokus auf Verstehensprozesse und auf die wechselseitige praxisbezogenen Unterstützung durch die Kommunikation im Internet, die eine Möglichkeit für eine weitere Professionalisierung der Lehrkräfte bietet. J.Strassers Aufsatz untersucht die direkten und indirekten Auswirkungen kultureller Stereotype auf das Verstehen in Schule und Unterricht bezogen auf Lehrkräfte, Schüler-Schüler-Interaktion, Schüler Selbstverständnis und das Verstehen der Unterrichtssituation. Die kulturelle Determiniertheit der Wissenschaftssprache als „Sprache der Wissenschaftler" ist das Thema einer kontrastiven Darstellung wissenschaftlicher Sprachstile von S. Rottensteiner. Abschließend unternimmt O. Hertkorns Beitrag eine Standortbestimmung plurikultureller Kompetenz – zwischen Anpassung und Selbstbehauptung – anhand von alltäglichen kulturell geprägten Situationen und Alltagsbeispielen.

Kulturdifferenz verstehen – Bedingungen – Möglichkeiten – Grenzen

Werner Wiater

1 Einleitung

Einleitend soll in die Leitbegriffe der folgenden Abhandlung, nämlich Verstehen, Kultur und Kulturdifferenz, kurz eingeführt werden.
Verstehen ist ein vieldimensionaler Begriff mit vielfältigen Assoziationen (vgl. Heringer 1988, Göller 2000, Rehbein/Saalmann 2009). Man spricht von

- Verstehen als höherer kognitiver Leistung im Unterschied zu bloßem Verfügen z. B. über Daten und Informationen
- Verstehen als Erkennen und Durchschauen eines Sachverhalts im Unterschied zu Erleben oder Fühlen
- Verstehen im Sinne von „Verständnis haben" und „Empathie empfinden"
- Verstehen im Sinne von Expertise und Können (vgl. „sich auf etwas verstehen")
- Verstehen als Erfassen des Sinnes von Texten, Bildern, Handlungen und Sachverhalten
- Verstehen als Prozess kognitiver Konzeptbildung
- Verstehen als Methode in den Geisteswissenschaften (vgl. Hermeneutik) und als Bezeichnung von human- und sozialwissenschaftlichen Teildisziplinen (vgl. Verstehende Psychologie, Verstehende Soziologie)
- Verstehen, gemeint als Aufnehmen akustischer Signale (z. B. „Sprich lauter, ich kann dich nicht verstehen!" am Telefon)
- Verstehen, gemeint als Zustimmung zum Handeln und Entscheiden Anderer (vgl. „Ich kann das gut verstehen, dass du …")
- Verstehen als Sich-selbst-Verstehen (durch Introspektion) im Unterschied zum Fremdverstehen (als Verstehen von Fremdem und Fremdheit)
- Verstehen als Gegensatz zu Missverstehen
- Verstehen als „Bedingung und Ziel menschlicher Kommunikation und Interaktion"
- Verstehen als dynamischer Prozess im Unterschied zum Verstehen als Ergebnis eines Diskurses.

Versucht man, diese unterschiedlichen Aspekte des Begriffs „Verstehen" in einer Kurzbeschreibung zusammenzufassen, dann meint der Begriff die geistige Tä-

tigkeit eines Menschen, der Wahrgenommenes erfasst, reflektiert, erkennt und ordnet – als realitätsverarbeitendes Subjekt und in der Form von Konstruktionen, Rekonstruktionen und Dekonstruktionen.
Kultur ist in der Fachliteratur recht unterschiedlich beschrieben und definiert. (Baecker/Kettner/Rustemeyer 2008). Je nach wissenschaftsdisziplinärem Zugriff ist Kultur ein Gegenbegriff zu Natur oder eine Art und Weise, die von Menschen konstituierte, kollektiv und individuell lebensdienliche Weltsicht auszudrücken und sie als Bedeutungen und Deutungen den Angehörigen einer Kulturgemeinschaft vor- und aufzugeben. „Kultur ist die kollektive Programmierung des Geistes, die die Mitglieder einer Gruppe oder Kategorie von Menschen von einer anderen unterscheidet." (Hofstede 2006, S.4). Wichtige, kulturspezifische Unterscheidungskriterien sind dabei (nach Maletzke 1996, S.42ff): die Wahrnehmung, das Zeiterleben, das Raumerleben, die Art des (logischen) Denkens, die Sprache und die Art sich verbal und nonverbal zu verständigen, die Vorstellung von richtig – falsch und wertvoll – wertlos, Bräuche, Riten, Sitten, Normen und Tabus, das Geflecht sozialer Beziehungen sowie der Nationalcharakter.
Kultur (von lat. cultus: Verehrung, Pflege, Bildung; colere: pflegen, bebauen, ausbilden) umfasst sowohl Tätigkeiten als auch Gegenstände, geistige Elaborate wie ästhetische Produktionen, Alltägliches und außergewöhnlich Kreatives, Reflexionen über den Sinn und das Sinnhafte sowie Errungenschaften aus Zivilisation und Technik; Kultur hängt immer auch mit den ökonomischen, sozialen und politischen Lebensbedingungen der Menschen zu einer bestimmten Zeit an einem bestimmten Ort zusammen. Denn die Kultur ist stets ein Entwurf menschlicher Lebensformen in der Gemeinschaft mit anderen. Zu diesem Entwurf zählen (1) alle zu einer bestimmten Zeit in einem bestimmten geografischen Raum vorfindliche Kulturgüter wie geistige und künstlerische Produktionen, die Sprache, Bauwerke, das Brauchtum, die Rituale usw., (2) die Ordnungs- und Lebensformen einer Zeitepoche und deren institutionalisierte Kulturgebiete wie Wissenschaft, Wirtschaft, Recht/Gesellschaftsordnung, Kunst, Moral, Religon/Weltanschauung usw. sowie (3) alle Aktionen, Aktivitäten, Haltungen und Verhaltensweisen, deren Ergebnis solche Kulturgüter, Ordnungs-/Lebensformen und Kulturgebiete sind. Dabei ist Kultur allerdings nie monolithisch und auf Dauer fixiert und unwandelbar vorhanden, sie liegt vielmehr in zahlreichen Subkulturen vor und weist vielfältige „interkulturelle" Überschneidungen aufweist.
Von *Kulturalität* spricht man, wenn man „die geltungsbezogene Selbst-gebung" und „Selbstprüfung" des Einzelnen in einer kulturell definierten Gemeinschaft in den Blick nimmt. Kulturalität ist „die spezifische Sinnbestimmtheit des Menschen", und zwar bezogen auf ihn selbst, auf seine Mitmenschen, auf die Handlungen, Äußerungen, Produkte usw. seines kulturellgesellschaftlichen Kontextes sowie auf die Welt als ganze. Grundsätzlich ist die Kulturalität am Sinn und an

der Geltung, die mit Personen, Sachverhalten, Gegenständen, Kognitionen, Emotionen, Bewegungen und Verhaltensweisen verbunden sind, wahrzunehmen und zu reflektieren (Göller 2000, S.272). A. Thomas spricht in diesem Zusammenhang von Kulturstandards und meint damit

> „alle Arten des Wahrnehmens, Denkens, Wertens und Handelns, die von der Mehrzahl der Mitglieder einer bestimmten Kultur für sich persönlich und andere als normal, selbstverständlich, typisch und verbindlich angesehen werden. Eigenes und fremdes Verhalten wird auf der Grundlage dieser Kulturstandards beurteilt und reguliert." (Thomas 2005, S.25).

Der Begriff *Kulturdifferenz* bezeichnet dementsprechend die Tatsache, dass es zwischen Kulturen, kulturellen Teilbereichen oder kulturrelevanten Sachverhalten Unterschiede gibt, die erkennbar werden, wenn man sie miteinander vergleicht. Dabei ist meistens die eigene Kultur der Ausgangspunkt für den Vergleich.

Die hier aufgeworfene Frage nach den Bedingungen, Möglichkeiten und Grenzen des Verstehens unterschiedlicher Kulturen ist die Frage, ob und ggf. wie kulturdifferente Wirklichkeitsauffassungen und Weltinterpretationen, gänzlich andere Formen der Rationalität, der Emotionalität, der Volitionalität, der Motorik, des Ausdrucks und Ausdrückens sowie des Handelns und des Deutens, mit- oder nachvollziehbar sind bzw. gemacht werden können.

2 Verstehen in den Geistes-, Kultur- und Sozialwissenschaften

In den Geistes-, Kultur- und Sozialwissenschaften setzt alles Verstehen ein Erkennen voraus. Erkennen wiederum ist ein Vorgang, bei dem der Mensch mit Unterstützung seiner Sinne und kraft seines Verstandes die außer ihm liegende Wirklichkeit in sich aufnimmt. Er erfasst dabei einen Sachverhalt in seiner (objektiv gegebenen) Struktur oder mittels subjektiver Evidenz, also unbezweifelbarer Einsichtigkeit (wie z. B. bei Erfahrungen). Begrifflich gefasst lassen sich Erkenntnisse mitteilen. Unter methodischem Aspekt betrachtet sind zwei Möglichkeiten der Erkenntnisgewinnung zu unterscheiden:

- die unmittelbare Erkenntnis, die keiner Vermittlungsmedien bedarf, spontan und intuitiv erfolgt, und
- die mittelbare Erkenntnis, für deren Zustandekommen logische Erkenntnismittel wie die Deduktion (vom Allgemeinen auf das Besondere schließend), symbolische (sprachliche), enaktive (Fertigkeiten anregende) und ikonische (anschauliche) Medien sowie Sprechen, Schreiben, Rechnen und praktisches Tun maßgeblich sind.

Unabhängig davon, ob sie unmittelbar oder mittelbar zustande kam, ist die Erkenntnis eine Konstruktionsleistung des Subjekts, die genetisch mitbestimmt ist. Denn alle neuen Inhalte des geistigen Lebens sind beim Menschen durch Konstruktion aus einfacheren Elementen hervorgegangen.
Verstehen erfolgt über die Bildung von Vorstellungen zu einer Sache, über das Nachvollziehen von Bedeutungen und über die Zergliederung, Rekonstruktion und Konstruktion komplexer Zusammenhänge bei Gegenständen, Texten, Bildern, Sachverhalten und Aufgabenstellungen. Verstehen ist eine Art Resubjektivierung. Eine solche Resubjektivierung geschieht mit Hilfe des Repertoires an bisherigem Wissen und Können, ist ein aktiver Vorgang, eine Handlung des Subjekts. Mit seinen individuellen Mitteln, seinen kognitiven Instrumenten, seiner inneren Erlebniswelt, konstruiert der Mensch die Objekte und die Objektivität. Dabei ist der Aufbauvorgang solcher Erkenntnis und Erfahrung, also der Aufbau neuer, höherer Strukturen des Denkens, Fühlens, Wollens oder Könnens, genauso wichtig wie das fertige Produkt.
In der *Philosophie* ist Verstehen eine Erkenntnisleistung, die sich auf die Bedeutung und den Sinn von etwas richtet, das mit den Sinnen nicht wahrnehmbar ist, und während der Bedeutung und Sinn entschlüsselt und ausgelegt werden (vgl. Prechtl/Burkard 1999, Rehfus 2003). Dabei handelt es sich um Akte des Verstehens von Sprachen, Handlungen, Erlebnissen, Ereignissen und Sachverhalten. Es geht immer um deren „Was" und „Wie", „Warum" und „Wozu", wobei aber bedacht werden sollte, dass die Akte des Verstehens solch unterschiedlicher Objektbereiche wie Geschehen und Sprache(n) konzeptionell und methodisch unterschiedliche Zugänge erfahren können: logische oder ästhetische Interpretationen, Reden und Handeln, Phänomenologie und Hermeneutik, Poiesis und Dialog – je nachdem wie der „Gegenstand" übergreifend gesehen wird und welche Ziele der Verstehende mit seinem Verstehen erreichen will. Die Bedingungen der Möglichkeit für solcherart Verstehen sind die Kommunikabilität (i.w.S.d.W.) und die geistige Konnexität zwischen Verstehendem und Zu-Verstehendem, eine Strukturverwandtschaft, eine Kongenialität, eine innere Verwandtschaft.
Fragen des Verstehens sind theoretisch in der neueren Philosophie vor allem mit dem (Lebens-)Philosophen W. Dilthey (†1911) verbunden. Er ist der Begründer der Geisteswissenschaften als selbstständigen Wissenschaften und als spezifisches Feld wissenschaftlich-methodischer Forschung – angesichts der Ende des 19. Jh. aufstrebenden Naturwissenschaften. Gegenüber dem Positivismus seiner Zeit betont Dilthey, dass das Geschichtliche, das Soziale und das Kulturelle nicht mittels objektiv beobachtbarer, messbarer und experimenteller Methoden adäquat erfasst werden kann, sondern durch eine eigene, eigenständige Methodik, die Hermeneutik. Sie ist die Methode des Verstehens, d.h. des Erschließens von

Sinn durch Wesenserkenntnis, Nacherleben und Nachvollziehen. Dilthey schreibt: „Danach nennen wir Verstehen den Vorgang, in welchem wir aus sinnlich gegebenen Zeichen ein Psychisches, dessen Äußerungen sie sind, erkennen." (1973, S.1318). Die Grundlage dafür, dass geisteswissenschaftliches Verstehen gelingt, ist das Phänomen des Geistigen, das über seine Äußerungen von jedem anderen Menschen durch geistigen Nachvollzug und erlebnishafte Identifikation in seinem Sinn begriffen werden kann. Zwar kann der Mensch – so Dilthey – nur verstehen, was für ihn nicht völlig fremd ist und er muss auch nicht mehr verstehen, was ihm völlig bekannt und vertraut ist. Vielmehr ist das Fremde regelgerecht konstituiert (mit Intentionen, Geltungsansprüchen und Handlungsnormen versehen und als Ganzes eine kulturelle Objektivation des Geistes), sodass es dank des individuellen menschlichen Geist schon ein „Vorverständnis" des Zuverstehenden gibt. Infolgedessen ist das Zuverstehende dem Verstehenden nicht völlig fremd. Von Mensch zu Mensch lassen sich Äußerungen nicht nur sprachlicher sondern jedweder Art geistiger Tätigkeit leicht verstehen, solange der Ausdruck und dessen geistiger Gehalt demselben kulturellen Kontext zuzuschreiben ist, dem auch der Verstehende zugehört; ist dies nicht der Fall, muss der Verstehende den ganzen Lebenskontext des Anderen einbeziehen. In jedem Falle geht es aber beim Verstehen um einen „hermeneutischen Zirkel", der mit der Klärung des eigenen Vorverständnisses gegenüber einem Text oder Sachverhalt beginnt, durch Detailstudien den zu verstehenden Text oder Sachverhalt und dessen Kontext genauer klärt, um dann zu einem neuen Gesamtverständnis von Text oder Sachverhalt zu gelangen.

H. G. Gadamer (1972) hat die geisteswissenschaftliche Verstehenstheorie und Hermeneutik mit seiner Vorstellung von der Horizontverschmelzung weiterentwickelt. Er sieht zwischen dem zu verstehenden „Text" eines Autors der Vergangenheit und der Gegenwart des Interpreten ein Spannungsverhältnis, eine Dialektik von Frage und Antwort. Da das schriftlich Überlieferte in sich eine Koexistenz von Vergangenheit und Gegenwart hat und nicht auf den ursprünglichen spezifischen Aussagegehalt seines Autors reduziert werden kann, ist das Auslegen keine einfache Aneignung des Überlieferungsinhalts, sondern eine neue Schöpfung. Jeder Interpret geht deshalb mit einem Fragehorizont an einen Text heran und innerhalb dieses seines hermeneutischen Horizonts bewegt sich der Sinn des auszudeutenden Textes. Verstehen hat deshalb die Form eines Gesprächs, wer einen Text versteht, lässt sich von ihm etwas sagen. Der Interpret muss um seine eigene Voreingenommenheit wissen und sie dadurch überwinden, dass er die sachliche Wahrheit des Textes in seiner Andersartigkeit gegen die eigene Vormeinung stellt. Dadurch erschließt er sich neue Horizonte und bleibt nicht auf das ihm Nächste eingeschränkt. Im Vollzug des Verstehens erfolgt eine

Horizontverschmelzung, die Verschmelzung des Horizonts der Gegenwart des fragenden Interpreten mit dem historischen Horizont des Textes in seiner ursprünglichen Form. Die Horizontverschmelzung ist durch die Entfaltung des Texthorizonts möglich, wobei dieser zugleich im Horizont des Verstehenden aufgehoben wird.

E. Begemann bringt diese philosophische Sichtweise des Verstehensprozesses auf einige zusammenfassende, sprachlich pointierende Sätze:

> „Verstehen ist antworten ...Verstehen erfordert, die egozentrische Sicht zu überwinden ... Verstehen ist dialogisch und verbal nicht zureichend auszudrücken ... Texte „evozieren" individuelles aktualisiertes Vorwissen ... Verstehen benötigt keine „Theorie", aber eine Haltung des offenen Hörens" (2000, S.521ff).

Die *Soziologie* weist eine eigene theoretische Beschäftigung mit Fragen des Verstehens auf (vgl. Fuchs-Heinritz u.a. 2007). Entscheidende Akzente setzte hier M. Scheler (†1928). (Weber 1913) Ihmzufolge handelt es sich beim Verstehen um eine deutende Erfassung von historisch, massenhaft oder idealtypisch vorhandenen Sinnzusammenhängen oder Sinngebungen. Damit geht M. Weber über Dilthey hinaus, insofern er alles einfühlende Verstehen einer kausalanalytischen Kontrolle unterzieht und sie dadurch rational zugänglicher macht. Die phänomenologisch vorgehende Soziologie favorisiert den Begriff „Erklären", ein Begriff, der dann schnell zum Alternativbegriff für den philosophisch besetzten Begriff „Verstehen" wurde. (Winch 1966, v. Wright 1974, Riedel 1978, Haussmann 1991) Erklären heißt, den tatsächlichen Verlauf sozialen Handelns mittels rationaler Konstruktionen nachvollziehbar zu machen; Erklären eruiert objektive Ursachen des Handelns, ist deduktiv-nomologisch und auf das Erfassen von Kausalität aus. Verstehen im Sinne der Philosophie wendet sich demgegenüber den subjektiven Gründen des Handelnden zu, ist Hermeneutik, ist Auslegen, Hineinversetzen und Nachempfinden, ist einmalig, individuell, auf das Ergründen von Handlungszwecken und Verhaltensabsichten ausgerichtet. Erklären im Sinne der Sozialwissenschaften steht dem entgegen, ist allgemein, kausal, objektiv und am Feststellen von Notwendigkeiten interessiert.

Die *Psychologie* spricht im Zusammenhang mit Verstehen von Apperzeption, d.h. davon, dass ein Wahrnehmungs- oder Erlebnisinhalt bewusst aufgenommen und in die Struktur bisherigen Erfahrungen eingeordnet wird (vgl. Städtler 1998, Häcker/Stapf 2009, Groeben 1986). Verstehen kann hier sowohl Empathie und Evidenzprüfung sein, als auch Beschreibung und Analyse, Interpretation oder gemeinsame Wirklichkeitskonstruktion – je nach wissenschaftstheoretischer Positionierung des Psychologen. Allen psychologischen Richtungen gemeinsam ist deren ideografische Perspektive, die die Suche nach Gesetzmäßigkeiten allerdings nicht ausschließt (nomothetische Perspektive). In Sozialpsychologie und

Psychotherapie wird Verstehen durch Interaktion und Interpretation sowie durch den Versuch, Motive und Intentionen des Menschen zu eruieren, erlangt (Zimbardo/Gerrig 2004, Krapp/Weidenmann 2001).
Verstehen spielt naturgemäß auch in der *Linguistik* und der *Literaturwissenschaft* eine große Rolle (vgl. Ehlers 1998, Bredella 2002, Wierlacher/Bogner 2003, Groeben 2003). Es nimmt hier die Form einer Interpretation an, einer Art Informations- und Textverarbeitung zum Zwecke der Transformation von Sinn in neue Kontexte, die vom individuellen Subjekt als Konstruktion kohärenter Strukturen und mentaler Repräsentationen geleistet wird. Ein „Text" gilt als verstanden, wenn Viabilität gegeben ist, d.h. wenn die Intentionalität des Autors getroffen wurde und bzw. oder die Interpretation im Diskurs der Linguisten und Literaturwissenschaftler als mögliche und denkbare Sichtweise akzeptiert wird und/oder zum Gegenstand wissenschaftlicher Dispute gemacht wird. Hier erfolgt Verstehen durch eine „Rekonstruktion des Vertextungsprozesses", und es geht um „Sachverstehen" (Baireuther/Gerstberger 2002, S.8).
Wenn die *Ethnologie* von Verstehen spricht, spricht sie vornehmlich von dessen Schwierigkeiten (vgl. Krusche/Wierlacher 1990, Kohl 1993, Wierlacher 1993, Dibie/Wulf 1999). Ihr geht es um die Frage, ob sich fremde Kulturen in ihrer Andersartigkeit überhaupt verstehen lassen. Ethnologen machen darauf aufmerksam, dass Kulturen zwar sehr fremd sein können, dass sie aber keine prinzipiell inkommensurablen Sinnsysteme sind; es gebe bei ihnen immer kulturrelative und allgemein-anthropologische Aspekte zu unterscheiden.
In *Pädagogik* und *Didaktik* ist Verstehen einerseits ein spezifisches Erkenntnis- und Argumentationsverfahren und andererseits eine Vorbedingung für erfolgreiches pädagogisches Handeln (vgl. Reusser/Reusser 1994, Wagenschein 1999, Begemann 2000, Baireuther/Gerstberger 2002, Wiater 2007). Bei der Analyse von Texten und Quellen verwendet die Pädagogik meist eine werkimmanente Vorgehensweise, seltener diskurstheoretische Methoden. Ihr liegt daran, durch Textkritik, Literarkritik, Formenkritik, Redaktionskritik sowie Wirkungs- und Rezeptionsgeschichte herauszuarbeiten, wie gesichert die textlichen Grundlagen sind, was der Autor unter Zuhilfenahme welcher Darstellungsmittel und Darstellungsformen ausdrücken wollte, wie das zu seiner Zeit, in seiner Kultur und Gesellschaft verstanden wurde und aus welchem Anlass er welches Ziel mit seinem Text verfolgt hat. Bei der erziehungspraktischen Arbeit, der es um das Verstehen kindlicher/jugendlicher Äußerungen zu tun ist, nähert sich die Pädagogik W. Dilthey an, der das Fremdverstehen im Selbstverstehen grundlegte und durch Nacherleben und Vergegenwärtigung möglich machte. Allerdings weist das pädagogische Verstehen nach J. Oelkers (1986, S.167ff) einige Besonderheiten auf. Pädagogisches Verstehen ist erstens auf die Zukunft des Kindes/Jugendlichen bezogen, es ist zweitens an der individuellen Person/Persönlichkeit des

Kindes oder Jugendlichen orientiert, drittens ist das Verstehen des Kindes oder Jugendlichen eine wichtige Vorbedingung für möglichst erfolgreiches pädagogisches Handeln ihm gegenüber und – viertens – gibt es kein sicheres Wissen, dass und ob das Kind/der Jugendliche wirklich richtig verstanden ist.

In der Didaktik ist Verstehen eine kognitive Fähigkeit, die in Lernzieltaxonomien zwischen dem Erwerb von abfragbarem Wissen und Anwendungswissen liegt. In der Schule hat ein Schüler/eine Schülerin etwas verstanden, wenn er/sie einen Sachverhalt anderen erklären, an Beispielen demonstrieren, konzeptionell durchdenken, aus verschiedenen Perspektiven betrachten und flexibel einsetzen kann. Nicht vernachlässigt werden sollte bei Lehr-Lern-Prozessen aber auch, dass es hier nicht nur darum geht, „etwas zu verstehen", sondern ebenfalls darum, „sich zu verstehen" und „andere zu verstehen".

3   Die Kulturgebundenheit des Verstehens

Wissen, Fühlen, Wollen, Können, Wahrnehmen, Verhalten und Handeln sind beim Menschen kulturell präformiert. Von seiner Geburt an wächst der Mensch in kulturbedingten Symbolsystemen heran; sie geben ihm Wissen, Deutungen, Verhalten, Sinn und Sprache(n) vor, die seinem sozialen Handeln durch tradierte explizite und implizite Verhaltens- und Wahrnehmungspositionen Orientierung geben. Das Hineinwachsen in die Kultur geschieht durch Imitation und Umgang und ist zentraler Bestandteil der ko-konstruktiven Entwicklung von Kindern und Jugendlichen, deren Nervenzellenvernetzungen im Gehirn grundlegend durch die Kulturalität beeinflusst werden. So ist die kulturale und kulturelle Identitätsbildung vorgegeben, und es kommt zur Entstehung bestimmter kulturadäquater individueller und kollektiver Wahrnehmungen und Sichtweisen. Seit einigen Jahren ist nachgewiesen, dass kulturell definierte Symbole das Denken des Menschen prägen. Neurologisch nachgewiesen wurde das Anfang der 1990er Jahre unter anderem auch durch D. Merlin. Er kam zu dem Ergebnis: „.... the brains of many individuals in a particular culture are broadly programmed in a specific way, while in another cultur they may develop differently" (Merlin 1991, S.13). A. Bogner fasst ihrerseits die Ergebnisse wie folgt zusammen:

> „Schon die strukturelle Ausprägung des Gehirns in frühkindlichen Phasen ist abhängig vom kulturellen Kontext und die emotionale Prägung von vorgegebenen Bezugssystemen, wie sie als wertvoll in einer Kultur angesehen werden, kann strukturell für das Gehirn bestimmend werden." (Bogner 2003, S.410).

Bei der kulturellen Sozialisation erwirbt der Mensch eine Fülle von Fähigkeiten, Fertigkeiten und Gewohnheiten des Denkens, Handelns, Sprechens, Fühlens,

Wollens und Verhaltens, die in sich wiederum durch Kontexte differenziert sind. Beispiele dafür sind: sprachliche Einheiten (Ideen, Stereotype, Metaphern, Gestik, Mimik, Blickverhalten, Körperkontakt, Sprechweise und Stimmlage, Merkmale des Körpers wie Haarwuchs, Haarfarbe, Bräunung der Haut usw., Kleidung, Wohnverhältnisse, Schichtzugehörigkeitsmerkmale); Gegenstände und Handwerkszeug, Arbeiten und Alltagshandlungen, Religionen und Gesellschaftsvorstellungen und Institutionen; Sprechakte und Textsorten, kulturelle Leitwörter und grammatische Strukturen korrekten Satzbaus, das Lexikon, situationsbezogen adäquate Kommunikationsstile, Höflichkeit, Sachlichkeit, Takt und Taktlosigkeit, Tabus, Toleranz, Witz und Frechheit, Mentalität und Stereotype, tolerierte Emotionen und Ausdrucksformen des Wollens, kanonisiertes und verbotenes Wissen, Weltbilder und die Rolle von Wissenschaften, Sprechen und Schweigen, Hörgewohnheiten, Geschmack, Genuss und Essensordnungen und Werte, Konventionen, Rolle und Bedeutung des Individuums und der Gemeinschaft, Zeitverständnis, Leistungsmotivation, Machtverhältnisse, das Wirtschaften, die Definition von Recht und Unrecht, Schreib- und Leseverhalten, Rolle der Medien, Film, Theater, Literatur und manches mehr. Diese Beispiele für kulturelle Beeinflussung der Einzelnen zeigen, wie weitgreifend das in der Kultur vom Einzelnen erwartete bzw. erzwungene Verhaltensrepertoire zu einem Gemeinschaftshandeln vereinheitlicht wird. Für das Mitglied der Gesellschaft oder einer gesellschaftlichen Subkultur konstituiert sich auf diese Weise eine soziale Wirklichkeit – vorwiegend durch die Sprache. Seine soziale Identität erlebt der Mensch in seiner Kultur.

Pädagogische Institutionen wie der Kindergarten und die Schule stabilisieren diese Entwicklung im Kindes- und Jugendalter durch die ihnen vom Staat übertragene Enkulturationsfunktion. Unter Enkulturation versteht man das Erlernen der tradierten Kultur bzw. der regional und temporär vorhandenen kulturellen Lebensformen und deren produktive Weiterführung. Mit dem kulturellen Kontext, in den die Schule als gesellschaftliche Institution eingebettet ist, macht das Kind/der Jugendliche dort intentional organisierte und funktional organisierte Erfahrungen. Diesen Lernvorgang bezeichnet man als „Enkulturation" und meint damit:

> „das Erlernen der kulturentsprechenden Symbole und Sprache, der Gedanken, Gefühle und Ausdrucksweisen, Kenntnisse und Fertigkeiten, der Praktiken des Produzierens und Konsumierens, der Formen des Spielens und Feierns, des Herstellens und Gebrauchens von Werkzeugen und Maschinen, der Methoden und Strategien der Daseinserhaltung und Daseinsbereicherung, des Alltagswissens und der Wissenschaften, der sozialen, rechtlichen und politischen Ordnungen, der moralischen Verhaltensmuster und Normen, der Wertvorstellungen und Sinnhorizonte, der Sitten und Bräuche, der Gestaltungs- und Erlebnisweisen der Künste und Kulte, der Lebenspläne, -wege und -gehäuse, der Emotionen, Motivationen und Interessen, des Bildes von sich selbst und des Umgangs mit sich selbst" (Weber 1999, S.109).

Der Schule kommt es vor allem zu, Kindern und Jugendlichen zu helfen, in die Kultur ihres Lebenskreises hineinzufinden, dessen kulturelle Werte aufzunehmen und an deren fortschreitender Humanisierung gestaltend mitzuwirken. zu leisten. Sie tut das erstens, indem sie die Schülerinnen und Schüler sich zenrale Inhalte der Traditionskultur ihres Lebensraums aneignen und resubjektivieren lässt. Zweitens ermöglicht sie ihnen die Enkulturation durch kulturelle Tätigkeiten wie Sammeln (Sammlungen anlegen), Anschauen und Wahrnehmen der eigenen Lebensumwelt, Lesen, Schreiben, Rechnen und Umgehen mit dem Computer, Spielen und Bewegen, Musizieren und Malen/Gestalten – Tätigkeiten, die von jeher elementare Formen der Kulturaneignung sind (Duncker 1994). Drittens bietet sie ihnen ein vielfältig gestaltetes Schulleben an, das sowohl unterrichtliche und schulische als auch außerunterrichtliche und außerschulische Aktivitäten umfasst (Spiele und offene Unterrichtformen, Erkundungen, Klassenzimmer- und Schulhaus-/Schulgeländegestaltung, fächerübergreifender Unterricht, Arbeitsgemeinschaften, freie Interessengruppen, Feste und Feiern, Projekte, Theater- und Musikaufführungen, Ausstellungen usw.).
Mittels der genannten gesellschaftlichen Interventionen (Familie, Schule) kommt es zur Kulturgebundenheit des Verstehens beim Menschen. In Anbetracht sozio-ökonomisch und durch individuelle Lebensläufe bedingten vielen Subkulturen in der heutigen Gesellschaft erscheint es geboten, die dargestellte Abhängigkeit der menschlichen Entwicklung von den Einflüssen der umgebenden Kultur differenzierter zu sehen. Zum einen ist Kultur offenbar keine übergeordnete unwandelbare Kategorie, sondern ein „sich wandelndes, auf Austausch angelegtes, vielschichtiges" und doch kohärentes, aber nicht widerspruchsfreies und insofern offenes Regel-, Hypothesen-, Bedeutungs- und Geltungssystem, das sichtbare und unsichtbare Phänomene einschließt." (Bausinger 2003, S.274 f). Zum anderen ist kein Fremder in einem anderen Kulturraum als Repräsentant einen Nationalkultur zu betrachten, für die er mit seiner Sprache, seinen Überzeugungen, seinen Einstellungen und Verhaltensweisen steht.

4 Bedingungen, Möglichkeiten und Grenzen des Fremdverstehens

Immer wieder haben Wissenschaftler versucht, das Fremdverstehen durch die Annahme ursprünglicher, universaler Gemeinsamkeiten zwischen Selbstverstehen und Fremdverstehen abzusichern. W. Dilthey hält das Fremdverstehen grundsätzlich für möglich, da beim Selbstverstehen und beim Fremdverstehen derselbe Geist involviert ist. Für H. G. Gadamer untermauert die Möglichkeit zum Fremdverstehen, besser zur Verständigung, eine universal-ontologische Struktur der sprachlichen Weltorientierung, allerdings um den Preis, durch die

Horizontverschmelzung „das Fremde im Eigenen aufzulösen bzw. zu assimilieren – wie es das Gadamersche Diktum nahezulegen scheint, wonach alles ‚Verstehen am Ende ein Sichverstehen ist'" (Göller 2000, S.55).
Ob es kontexttranszendierende gültige Aussagen geben kann, entscheidet sich am Verständnis von Rationalität und daran, ob diese universal gedacht wird. N. Luhmann (1987, S.224ff) nimmt an, bei der Kultur handele es sich um einen Themenvorrat, der zwischen Sprache und Interaktion vermittelnd eine rasche und verstehbare Kommunikation ermöglicht. Andere gehen von Gemeinsamkeiten der verschiedenen Sprachkulturen aus, die es trotz aller Kulturgebundenheit von Sprachen gebe. Umgekehrt suchen Forscher nach „Kategorien mittlerer Reichweite", mit deren Hilfe sie die Kulturdifferenz systematisieren und damit vereinheitlichen können; sie entnehmen sie der Sozialpsychologie, der Kultursoziologie, der Wissenssoziologie oder der Ethnosoziologie und schlagen eine Erschließung der fremden Kulturen durch die polare Unterscheidung von Innenperspektive und Außenperspektive vor (Michel 1991, Michel/Michel 1996). Vertreten wird auch die Auffassung, es gebe kulturübergreifende anthropologische oder semiotische Invarianten, die sich in den Lebenswelten aller Kulturen, und speziell in deren Literatur, niederschlagen würden (Steinmetz 2003, S.461ff).
Bei solchen Versuchen wird allerdings das Fremdkulturelle harmonisiert und als verstanden betrachtet. Anders eine interkulturelle Hermeneutik. Sie behält den kulturdifferenten Blickwinkel bei, belässt dem Fremden seine Fremdheit. „Es ist falsch, das Fremde im Verstehen vorschnell zu sich hin interpretieren zu wollen, es in das eigene Selbstverständnis zu inkorporieren und damit aus dem Gegenüber ein je eigenes zu machen" (Sundermeier 1996, S.27). Eine „Horizontverschmelzung", wie Gadamer sie favorisierte, verbietet sich dabei. Das Andere muss in seinem Anderssein verbleiben können, was allerdings erkenntnistheoretische Probleme aufwirft. Denn das Andere bringt nicht nur andere Blickwinkel mit, sondern sieht und konstruiert andere Gegenständlichkeiten. Insofern wäre ohne Zweifel die Aufnahme kulturvarianter Perspektiven ein Mehrwert in erkenntnistheoretischer Hinsicht. Dazu bedürfte es einer kooperativen Erkenntnisbemühung und der Herstellung von Verständigung.
Die Möglichkeiten zum Verstehen von kultureller Differenz ergeben sich, wenn die Kommunikationspartner bereit und in der Lage sind,

1   in Distanz zum eigenen kulturellen Kollektiv und zur eigenen sozialpsychologischen Rolle zu treten und eine Pluralität von Verstehensrollen gegenüber fremden Kulturen zu akzeptieren,
2   flexibel einen Perspektivenwechsel vorzunehmen und mit der Begrenztheit der Geltung, der Anwendung und der Verbreitung eigener kultureller Kollektivannahmen zu rechnen,

3 Polarisierungen und Distanzen transparent zu machen, offen zu diskutieren und Toleranz als Kategorie eines erkennenden Verstehens wertzuschätzen,
4 im Dialog und interkulturellen „Lesergespräch" den Fremden und dem Fremden einen Verstehensrahmen aufzubauen, der deren Bedeutungskontext und Sinngehalt zu ergründen sucht bzw. sich vom Anderen erklären lässt,
5 bei Text- und Bildinterpretationen, Polysemie und Ambiguitätstoleranz gelten zu lassen und deren Deutungsvervielfachung positiv zu sehen, soweit nicht objektive Kriterien (Bewusstseinslagen bei der Entstehung des Textes) dem entgegenstehen
6 eine reziproke Anerkennung der Alterität des Anderen in der Rolle eines Zuschauers und im Bewusstsein, dass Blickwinkel immer in einem Verstehensrahmen stehen, der von Kulturalität (Geschichte, Denkweise, Alltags- und Weltwissen, kulturelles Gedächtnis) konfiguriert wird, und dass Begriffe eine kulturell begrenzte Reichweite haben,
7 Kulturverstehen als Aufgabe der Verständigung betrachten und in Begegnungssituationen als Dialektik von Eigenem und Fremden thematisieren, was zu einem Neuverstehen auch des Eigenen führen wird; denn das Verstehen des Anderen und Fremden nimmt vom Selbstverstehen seinen Ausgang; Verstehen wird so zu einer individuellen Suchbewegung mit Standortbestimmung,
8 Verstehen weniger als einen rein intellektuellen Akt zu betrachten, sondern vielmehr als ein in der Distanz entwickeltes Vertrautwerden mit dem Fremden, das die kulturellen Distanzierungen und (Ab-)Wertungen überwindet,
9 bei mündlicher Kommunikation Missverstehen dadurch möglichst zu verhindern, dass die Strukturperspektive der Kenntnisse, Erfahrungen und Erwartungen der Kommunikationspartner um die Dynamikperspektive ihrer kulturspezifischen Identitätskonstrukte, Werte und Verhaltenskodices erweitert wird,
10 eine Reziprozität der Perspektiven und Blickwinkel zu erreichen und einen „common ground" als tragfähige Kommunikationsbasis anzustreben, wobei Widersprüche zu den eigenen kulturspezifischen Routinen überwunden werden müssen,
11 kulturgebundene Hörmuster als solche in ihrer möglichen Einschränkung für eine gelingende Kommunikation wahrnehmen und ernstnehmen,
12 ein theoretisch reflektiertes und umfassendes Verständnis von Kultur als einem vielfältigen Überlappungs-, Übersetzungs- und Aushandelungsprozess zugrundezulegen und Sensibilität für cultural awareness zu zeigen. (Argumente z. T. aus: Wierlacher/Bogner 2003).

5 Kulturdifferentes Verstehen als Element interkulturellen Lernens

Wie jede Wirklichkeit, so wird auch die kulturelle Wirklichkeit vom Menschen konstruiert (vgl. A. Schütz 1971). Sie entsteht auf Grund von Erfahrungen mit der Alltagwirklichkeit als einem Feld sinnvoll aufeinander bezogener Handlungen von Menschen, die Identität stiften. Diesen Sinn und die dazugehörige Wirklichkeit konstruiert der Einzelne in sich selbst. Obwohl es sich um eine mentale

Konstruktion handelt, hält er sie für real, da und insofern soziale Gruppen sich so verhalten. Bei der Begegnung des Einzelnen mit anderen Kulturen (und Gesellschaften) wird die mentale Konstruiertheit dieser Wirklichkeit schlagartig bewusst und führt zu Krisen. Zwar gibt es innerhalb der eigenen Kultur für ihn auch mehrere und unterschiedliche Teilwirklichkeiten, sodass er durchaus „über multiple Kompetenzen der Wirklichkeitserzeugung samt aller notwendigen Hintergrunderwartungen, Interpretationsroutinen und Handlungspraktiken" verfügt; trotzdem

> „stellt die Begegnung mit der Alltagswirklichkeit einer gänzlich anderen Kultur mir ihren unbekannten Sinnsedimentierungen, Hintergrundannahmen, Interpretationsroutinen und Handlungspraktiken eine völlig andere Herausforderung dar als der binnenkulturelle Wirklichkeitswechsel." (Müller 2003, S.95).

Diese Schwierigkeiten lassen sich nicht durch direkte Instruktion allein bewältigen, vielmehr sind hierfür verstärkt die oben erwähnten Strategien und Einstellungen heranzuziehen, die auf Teilhabe, Nachahmung und Selbsthandeln ausgerichtet sind.

Die für diese Form der Wirklichkeitserzeugung erforderliche Kompetenz ist die Interkulturalität. Trotz erheblicher Unterschiede beim Begriffsverständnis lassen sich heute folgende Bestimmungsstücke der interkultureller Kompetenz angeben:

- Interkulturelle Kompetenz ist die Fähigkeit, auf der Basis eines geklärten Eigenkulturbewusstseins fremde Kulturen und fremde Lebensformen als Bedingungen der Möglichkeit menschlicher Lebensentwürfe zu denken und darüber in einen Dialog einzutreten.
- Interkulturelle Kompetenz überwindet den Ethnozentrismus in Richtung auf eine „doppelte Optik", die die Wirklichkeit mit den Augen des Fremden zu sehen bereit ist.
- Interkulturelle Kompetenz meint, dass der Einzelne offen ist, durch das erfahrene Fremdverstehen zum vertiefteren Selbstverstehen zu gelangen.
- Interkulturelle Kompetenz umfasst den Willen zur Verständigung und zur Anerkennung des Anderen als gleichberechtigtem Partner.
- Interkulturelle Kompetenz verneint das Denken in Polaritäten (das Fremde – das Eigene), Stereotypen und Klischees und sucht die Gemeinsamkeiten und „Überschneidungen" bei allen Unterschieden.
- Interkulturelle Kompetenz rechnet damit, dass aus der Kommunikation kulturell verschiedener Gesprächspartner ein „kommunikativer Mehrwert" entstehen kann, der die Partner gleichermaßen verändert und Kreativität freisetzen kann (Wierlacher 1993; Wierlacher/Stötzel 1996).

6 Fazit

Kulturdifferenz verstehen heißt, kulturbedingt differentes Denken, Fühlen, Wollen, Können und Handeln in seiner spezifischen Fremdheit erfassen zu wollen. Das teilweise Verstandene und das teilweise Unverstandene machen gemeinsam das Kulturverstehen aus und verlangen nach Methoden der Logik und zugleich – komplementär – nach speziellen, kulturellen Methoden wie es die ethnologisch-ethnografischen sind, die Bedeutung und Geltung, also Verstehen, erst im Prozess der Selbstdeutung der Anderen entfalten. Fremdkulturelles Verstehen kann deshalb nur gelingen, wenn die Kommunikationspartner Offenheit und Transparenz praktizieren, wenn sie verstehen wollen und verstandenwerden wollen (Göller 2000, S.95). Die Standortgebundenheit des eigenen Denkens muss dabei jedem Kommunikationspartner bewusst werden, sie muss von ihm reflektiert werden, ohne dass er sie aufgeben oder durch eine andere ersetzen sollte. Dabei muss die Frage offen bleiben, welche der unterschiedlichen, kulturell bedingten Realitätsauffassungen, Denkformen, Sprachformen und Rationalitätsformen objektiv betrachtet geeigneter wäre, die Weltwirklichkeit darzustellen. Ein solches Gespräch zwischen Subjekten aus Kulturen, die sich fremd sind, bringt es in jedem Fall mit sich, dass die interagierenden Subjekte ihre Gedankenwelt ausweiten. Aus der Sinnverstehensproblematik wird so eine Sinnverständigungsproblematik.

7 Literatur

Apel, K.-O.: Verstehen. Eine Problemgeschichte als Begriffsgeschichte. In: Archiv für Begriffsgeschichte 1/1955, S.142-199

Apel, K.-O.: Die Erklären-Verstehen-Kontroverse in transzendentalpragmatischer Sicht. Frankfurt/M. 1979

Baecker, D./Kettner, M./Rustemeyer, D. (Hrsg.): Über Kultur. Theorie und Praxis der Kulturreflexion. Bielefeld 2008

Baireuther, P./Gerstberger, H. (Hrsg.): Perspektiven des Verstehens. Hohengehren 2002

Bausinger, H.: Artikel „Kultur". In : Wierlacher, A./Bohner, A. (Hrsg.): Handbuch Interkulturelle Germanistik. Stuttgart 2003, S.271-276

Begemann, E.: Lernen verstehen – Verstehen lernen. Frankfurt/M. 2000

Bogner, A.: Artikel „Fremdsprachenerwerb zwischen Natur- und Kulturwissenschaften. In: Wierlaher, A./Bogner, A. (Hrsg.): Handbuch interkulturelle Germanistik. Stuttgart 2003, S.407-313

Bredella, L.: Literarisches und interkulturelles Verstehen. Gießen 2002

Dibie, P./Wulf, C. (Hrsg.): Vom Verstehen des Nichtverstehens. Ethnosoziologie interkultureller Begegnungen. Frankfurt/M. 1999

Dilthey, W.: Einleitung in die Geisteswissenschaften. Gesammelte Schriften Bd. I. Stuttgart 1973 (7. Aufl.)

Dilthey, W.: Die Entstehung der Hermeneutik. In: Gesammelte Schriften Bd. V. Stuttgart 1982 (7. Aufl.)

Dilthey, W.: Die geistige Welt. Einleitung in die Philosophie des Lebens. Gesammelte Schriften Bd. V. Stuttgart 1982 (7. Aufl.)
Duncker, L.: Lernen als Kulturaneignung. Weinheim 1994
Ehlers, S.: Lesen als Verstehen. Zum Verstehen fremdsprachlicher literarischer Texte und zu ihrer Didaktik. Hagen 1998
Fuchs-Heinritz, W. u.a. (Hrsg.): Lexikon zur Soziologie. Wiesbaden 2007 (4. Aufl.)
Gadamer, H. G.: Wahrheit und Methode. Tübingen 1972 (3. Aufl.)
Göller, T.: Kulturverstehen. Grundprobleme einer epistemologischen Theorie der Kulturalität und kulturellen Erkenntnis. Würzburg 2000
Göller, T.: Sind Kulturen und kulturelle Realitätssichten inkommensurabel? In:
Habermas, J.: Erkenntnis und Interesse. Frankfurt/M. 1973
Groeben, N.: Handeln, Tun, Verhalten als Einheiten einer verstehend-erklärenden Psychologie. Tübingen 1986
Groeben, N.: Sprachliche Verständigung. In: Funke, J./Frensch, P. A. (Hrsg.): Handbuch der Allgemeinen Psychologie – Kognition. Göttingen 2003, S.630-637
Habermas, J.: Theorie des kommunikativen Handelns. Frankfurt/M. 1981
Habermas, J.: Soziale Interaktion und soziales Verstehen. Frankfurt/M. 1984
Haussmann, T.: Erklären und Verstehen. Frankfurt/M. 1991
Häcker, H. O./Stapf, K.-H. (Hrsg.): Dorsch Psychologisches Wörterbuch. Bern 2009 (15. Aufl.)
Heringer, H. J.: Verstehen – eine wahrhaft interdisziplinäre Disziplin. In: DAAD (Hrsg.): Materialien 12. Bonn 1988, S.230-253
Heringer, H. J.: Interkulturelle Kommunikation. Grundlagen und Konzepte. Tübingen 2004
Hofstede. G.: Lokales Denken, globales Handeln. München 2006 (3. Aufl.)
Kaufmann, M. (Hrsg.): Wahn und Wirklichkeit – Multiple Realitäten. Bd. 3. Frankfurt/M. 2003, S.269-283
Krapp, A./Weidenmann, B. (Hrsg.): Pädagogische Psychologie. Weinheim 2001 (4. Aufl.)
Luhmann, N.: Soziale Systeme. Grundriss einer allgemeinen Theorie. Frankfurt/M. 1987
Luhmann, N.: Kultur als historischer Begriff. In: Luhmann, N.: Gesellschaftsstruktur und Semantik. Bd. 4. Frankfurt/M. 1995, S.31-54
Maletzke, G.: Interkulturelle Kommunikation. Zur Interaktion zwischen Menschen verschiedener Kulturen. Opladen 1996
Merlin, D.: origins of the Modern Mind, Three Stages in the Evolution of Culture and Cognition. Harvard 1991
Michel, W.: Die Außensicht der Innensicht. Zur Hermeneutik einer interkulturell ausgerichteten Germanistik. In: Jahrbuch Deutsch als Fremdsprache 17/1991, S.13-33
Michel, W./Michel, E.: Theorientransfer. Eine metahermeneutische Skizze. In: Wierlacher, A./Stötzel, G.: Blickwinkel. Kulturelle Optik und interkulturelle Gegenstandskonstitution. München 1996, S. 465-475
Müller, E. H.: Verstehen und professionelles pädagogisches Handeln. In: Baireuther, P./Gerstberger, H. (Hrsg.): Perspektiven des Verstehens. Hohengehren 2002, S. 12-18
Kohl, K.-H.: Ethnologie. Die Wissenschaft vom kulturell Fremden. München 1993
Krusche, D./Wierlacher, A. (Hrsg.): Hermeneutik der Fremde. München 1990
Müller, K.: Konstruktivistische Lerntheorie und Fremdsprachendidaktik. In: jahrbuch Deutsch als Fremdsprache 23/1997, S. 158-169
Müller, K.: Artikel „Konstruktivistische Perspektiven kultureller Wirklichkeit" In: Wierlacher, A./Bogner, A. (Hrsg.): Handbuch interkulturelle Germanistik. Stuttgart 2003, S. 88-96
Oelkers, J.: Verstehen als Bildungsziel. In: Luhmann, N./Schorr, K. E. (Hrsg.): Zwischen Transparenz und Verstehen. Fragen an die Pädagogik. Frankfurt/M. 1986, S. 167-218
Prechtl, P./Burkard, F.-P. (Hrsg.): metzler Philosophie Lexikon. Stuttgart 1999 (2. Aufl.)
Rehbein, B./Saalmann, G.: Verstehen. Konstanz 2009
Rehfus, W. D. (Htsg.): Handwörterbuch Philosophie. Göttingen 2003

Reusser, K./Reusser, M.: Verstehen. Psychologischer Prozess und didaktische Aufgabe. Weinheim 1994
Riedel, M.: Verstehen oder Erklären: Zur Theorie und Geschichte der hermeneutischen Wissenschaften. Stuttgart 1978
Schleiermacher, F.: Hermeneutik. Hrs. V. H. Kimmerle. Heidelberg 1959
Schütz, A.: Gesammelte Aufsätze. Bd. 1-3. Den Haag 1971
Schurz, G. (Hrsg.): Erklären und Verstehen in der Wissenschaft. München 1990
Städtler, T.: Lexikon der Psychologie. Stuttgart 1998
Stagl, J.: Die Beschreibung des Fremden in der Wissenschaft. In: Duerr, H.-P. (Hrsg.): Der Wissenschaftler und das Irrationale. Bd. 1. Frankfurt/M. 1981, S. 272-295
Sundermeier, T.: Den Fremden verstehen. Eine praktische Hermeneutik. Göttingen 1996 1991
Steinmetz, H.: Artikel „Interkulturelle Rezeption und Interpretation. In: Wierlacher, A./Bogner, A. (Hrsg.): Handbuch Interkulturelle Germanistik. Stuttgart 2003, S. 461-476
Thomas, A./Kinast, E.-U./Schroll-Machl, S. (Hrsg.): Handbuch Interkulturelle Kommunikation und Kooperation. Bd. 1. Göttingen 2005 (2. Aufl.)
Wagenschein, M.: Verstehen lehren. Weinheim 1999 (12. Aufl.)
Weber, E.: Pädagogik. Eine Einführung. Bd. 1, T. 3. Donauwörth 1999
Weber, M. 1913
Wiater, W.: Kulturelle Integration durch das Schulbuch. In: Matthes, E./Heinze, C. (Hrsg.): Interkulturelles Verstehen und kulturelle Integration durch das Schulbuch? Bad Heilbrunn 2004, S. 35-48
Wiater, W.: Unterrichten und Lernen in der Schule. Donauwörth 2007
Wiater, W.: Theorie der Schule. Donauwörth 2009 (3. Aufl.)
Wierlacher, A. (Hrsg.): Kulturthema Fremdheit. Leitbegriffe und Problemfelder kulturwissenschaftlicher Fremdheitsforschung. München 1993
Wierlacher, A./Bogner, A. (Hrsg.): Handbuch interkulturelle Germanistik. Stuttgart 2003
Wierlacher, A./Stötzel, G. (Hrsg.): Blickwinkel. Kulturelle Optik und interkulturelle Gegenstandskonstitution. München 1996
Winch, P.: Die Idee der Sozialwissenschaft und ihr Verhältnis zur Philosophie. Frankfurt/M. 1966
v. Wright, G. H.: Erklären und Verstehen. Frankfurt/M. 1974
Zimbardo, P. G./Gerrig, R. J.: Psychologie. München 2004 (16. Aufl.)

Differenzen im Verstehen: Die Kulturelle Heterogenität mentaler Repräsentationen und Emotionen. Eine Pilotstudie an Migranten und Nichtmigranten.[1]

Doris Manschke

Der Ausgangspunkt unserer Überlegungen waren Untersuchungen, die kulturelle Unterschiede im Denken, Handeln und Fühlen nachwiesen. Die zentrale Fragestellung unseres Projektes war, ob Emotionen und mentale Repräsentationen kulturspezifische Unterschiede aufweisen, die die Wahrnehmungs- und Verstehensprozesse beeinflussen. Um diese kulturelle Heterogenität auf neuronaler Ebene nachzuweisen, wurde eine fMRT-Untersuchung geplant und Probanden aus zwei unterschiedlichen Kulturkreisen gesucht. Unser Ansatz verfolgte das Ziel, kulturelle Prägungen festzustellen, da wir davon ausgehen, dass die Kultur, in der wir sozialisiert sind, auch die Areale unseres Gehirns beeinflusst und verändert. Auch wenn die menschliche Grundausstattung überwiegend gleich ist, verändern kulturelle Prozesse das Verständnis unserer Wirklichkeit und haben Einfluss auf Denken, Fühlen und Handeln.

1 Darstellung der Untersuchungen

Wir haben daher ein Forschungsprojekt gestartet, dessen Ziel es u.a. war, kulturspezifische Ängste bei Menschen mit und ohne Migrationshintergrund zu ermitteln. Wir hofften damit neue Erkenntnisse über Verstehens- und Wahrnehmungsprozesse zu gewinnen, die es uns ermöglichen würden den Bildungserfolg von Schulkindern mit und ohne Migrationshintergrund zu unterstützen, indem die gewonnenen kognitions- und neurowissenschaftlichen Ergebnisse der Studie zu mentalen Repräsentationen, Emotionen und Lernen in die Methodik des Unterrichts, die Unterrichtsmaterialien und in die Aus- und Fortbildung der Lehr-

---

[1] Diese Studie wurde in Zusammenarbeit mit dem Transferzentrum für Neurowissenschaften und Lernen (znl) (Leitung: Prof. Dr. Dr. Manfred Spitzer) unter Mitwirkung von Herrn Professor Dr. Dr. M. Spitzer und Frau Dr. K. Hille (Forschungsleitung) durchgeführt. Wir bedanken uns für die gute Zusammenarbeit.

kräfte Eingang finden. Im Folgenden werden das Projekt und seine Ergebnisse erläutert. Der Fokus liegt hierbei auf der Frage, inwiefern sich kulturelle Prägungen im emotionalen Kontext auch durch Aktivierungen auf neuronaler Ebene nachweisen lassen. Wie nachfolgend beschrieben, sollten sich in unterschiedlicher Weise Aktivierungen der Amygdala, der Insula sowie des Hippokampus, des Hypothalamus und des präfrontalen Cortex feststellen lassen (LeDoux 2001; Damasio 2000). Die Ergebnisse der funktionellen Magnetresonanztomographie (fMRT) sowie die aus den beiden Vortests gewonnen kulturell divergierenden emotionalen Einschätzungen und die Ergebnisse einer dritten Verhaltensstudie (durchgeführt nach der fMRT-Untersuchung) wurden verglichen und durch teilstrukturierte Einzelinterviews mit den Probanden der Studie zu mentalen Repräsentationen bezogen auf einige selektierte Schlüsselbegriffe (prompts) ergänzt. Für die Studie wurden kulturspezifische visuelle Stimuli eingesetzt, die negative Emotionen wie Angst oder Trauer auslösen. In Vortests haben sich bereits deutliche kulturell bedingte Wahrnehmungsunterschiede bei der schriftlichen Interpretation des Bildmaterials und in der Bewertung der Bilder gezeigt, d.h. sowohl auf der Ebene der mentalen Repräsentationen als auch auf der Ebene der ausgelösten Emotionen unterscheiden sich die Ergebnisse kulturell bedingt.
Laut einer Erhebung (Kinder- und Jugendgesundheitssurvey, KiGGS) des Robert Koch- Instituts (durchgeführt von 2003 -2006) leiden insgesamt 11% der Mädchen und Jungen mit Migrationshintergrund im Alter von 3-17 Jahren an Ängsten und Depressionen, haben also emotionale Probleme. Bei den deutschen Kindern sind es 8,8 %. Diese Differenz ist statistisch signifikant. Zudem sind 8,0 % der Kinder mit Migrationshintergrund im Hinblick auf derartige emotionale Probleme als grenzwertig zu bezeichnen (bei Nicht-Migranten sind es 7,1%). Betrachtet man die Gesamtheit der emotionalen Probleme der untersuchten Kinder (Mädchen 9,7%; Jungen 8,6%) sind Kinder mit Migrationshintergrund von Ängsten und Depressionen häufiger betroffen (Hölling, Erhart et al. 2007). Weitere Beeinträchtigungen ergeben sich aus dem häufig niederen sozioökonomischen Status des Elternhauses von Kindern mit Migrationshintergrund, d.h. Armut und psychische bzw. emotionale Probleme behindern den schulischen Bildungserfolg der Kinder mit Migrationshintergrund. Hinzu kommen häufig noch sprachliche Schwierigkeiten. Daher ist es das Ziel dieser Untersuchung, den Benachteiligungen dieser Kinder entgegenzuwirken und den schulischen Bildungserfolg von Kindern mit Migrationshintergrund erheblich zu verbessern, indem neue neurowissenschaftliche und kognitionswissenschaftliche Erkenntnisse über kulturelle Einflussfaktoren bezogen auf Kognition und Emotionen im Rahmen dieser Studie gewonnen werden, die das Lernen der Kinder mit Migrationshintergrund in der Schule erheblich beeinflussen können. Die zentrale Aufgabe des Projekts ist es zu untersuchen, wie visuelle Stimuli mit emotional negati-

ver Valenz durch die kulturelle Prägung der deutschen und türkischen Probanden unterschiedlich rezipiert werden und welche Regionen des Gehirns hierbei aktiviert werden.

„Dass die Kultur, in der wir leben, unser Denken, Fühlen und Handeln beeinflusst, erfahren wir nicht nur sprichwörtlich spätestens im Urlaub: Fremde Länder – fremde Sitten. Aber wie tiefgreifend ist der Einfluss von Kultur? Sind die grundlegenden psychologischen Prozesse universell, also kulturunabhängig gültig? Häufig wird dies bestritten, indem argumentiert wird, Kultur könne allein die Denkinhalte bestimmen, wohingegen die den Denkvorgängen zugrundeliegenden Informationsverarbeitungsprozesse (i.e. Wahrnehmung, Aufmerksamkeit, Gedächtnis, induktives und deduktives Denken) universell gleich verliefen. Diese Auffassung mag mit dazu beigetragen haben, dass die kulturvergleichende Forschung für lange Zeit eher eine Randstellung innerhalb der Psychologie inne hatte. In meinem Vortrag (Kühnen 2005) habe ich einige jüngere Arbeiten aus der kulturvergleichenden Psychologie vorgestellt, deren gemeinsames Ziel darin bestand zu zeigen, dass auch die grundlegenden Prozesse der menschlichen Informationsverarbeitung - Wahrnehmung, Aufmerksamkeit, Gedächtnis, induktives und deduktives Denken – in lang tradierte Denkgewohnheiten eingebettet sind, und damit *kultureller Variabilität* (meine Hervorhebungen DM) unterliegen" (Kühnen 2005).

2 Forschungsüberblick

Studien mentaler Repräsentationen und kulturell geprägter Emotionen zeigen, dass kulturelle Unterschiede im Denken, Verstehen, Fühlen und in der Wahrnehmung sowie der Aufmerksamkeitssteuerung unter Menschen mit verschiedener kultureller Herkunft existieren (Nisbett/Miyamoto 2005; Moriguchi 2005; Kühnen et al. 2003; Grön et al. 2003). Diesen Studien zufolge sind Kognition und auch Emotionen geprägt und überformt durch unterschiedliche soziale Praktiken und kulturelle Sozialisation (Nisbett/Masuda 2003; Nisbett et al. 2001; Rogoff 2003; Ulich 1994; Wiater 1997; Strohschneider & Güss 1998).
Nisbett et al (2003) fanden folgende kulturelle Unterschiede zwischen Asiaten und Amerikanern: zum einen existieren Unterschiede in der Selbstbeschreibung der beiden Gruppen: die Amerikanern erzählen mehr über sich selbst, ihre persönlichen Züge und Charakteristika und bevorzugen Einzigartigkeit ihrer Person und Besitztümer. Auch bei der Kindererziehung sind Unterschiede feststellbar: japanische Babys sind immer bei der Mutter und chinesische Babys sind immer von einer Reihe Erwachsener umgeben. Beim Spielen verweisen amerikanische Mütter auf Gegenstände und ihre Teile, während japanische Mütter Beziehungen und Gefühle betonen. Es existieren weitere Differenzen kognitiver Art: Morris &Peng (1994) und Lee et al (1996) haben gezeigt, dass Amerikaner z.B. Morde oder auch Sportereignisse auf individuelle Taten und Leistungen zurückführen, während Chinesen die Ereignisse mit Bezug auf den Kontext, auch historischen Kontext interpretieren. In einem Experiment, das ein Aquarium mit einem gro-

ßen Fisch, mehreren kleinen Fischen und Schlingpflanzen etc. zeigte, führen Chinesen Einflüsse auf den großen Fisch auf externe Faktoren zurück, während Amerikaner die Ursachen in internen Ereignissen sehen (Morris & Peng 1994) Außerdem konzentrierten sich die Amerikaner auf das markanteste Objekt, den großen Fisch, während Asiaten stärker die Umgebung im Aquarium, also den Kontext berücksichtigten. Bei Logik und Dialektik ist festzustellen, dass Chinesische Probanden Paradoxien und scheinbar paradoxe Sprichwörter eher akzeptieren, nach einem „middle way" suchen, während für Amerikaner entweder das eine oder das andere richtig ist. Zur Kategorisierung ist zu sagen, dass Chinesen die Dinge nach ihren Beziehungen beurteilen und nach Familienähnlichkeit, während Amerikaner auf der Basis von Regeln vorgehen. Ein Experiment von Liung Hwang Chui (1972) veranschaulicht das augenfällig: Kindern wurden drei Begriffe gegeben, sie sollten sie gruppieren: eine Kuh, Grass und ein Huhn. Während amerikanische Kinder die Kuh und das Huhn zusammen gruppierten (beide sind Tiere), zählten chinesische Kinder die Kuh zum Grass (Begründung: die Kuh frisst Grass) (vgl. auch Norenzayan et al 2002 für ein ähnliches Experiment). Zu Aufmerksamkeit und Wahrnehmung ist festzustellen, dass Amerikaner sich auf das hervorstechende zentrale Objekt („focal object") konzentrieren, während East Asiaten den Kontext, das sog. „field" betonen. Ebenso ist eine „field dependency" bei den Asiaten feststellbar, d.h. die Schwierigkeit ein Objekt von seiner Umgebung zu trennen. (Bsp: Versuch rod-frame) Im Beispiel des gezeigten Fisch machten die Japaner 65% mehr Aussagen zum Hintergrund bei drei Variationen: originaler Hintergrund, neuer Hintergrund, kein Hintergrund. Vor allem bei einem neuen Hintergrund zeigten sie Verunsicherungen. Grundsätzlich betonen Amerikaner mehr das „focal object", die zentrale Figur, während Japaner den Kontext berücksichtigen. Auch bei Photographie und Malerei werden Amerikaner die Person in den Vordergrund rücken und vergrößern, während Japaner den Hintergrund betonen, den Horizont hochsetzen und die Figur verkleinern. Neuere Untersuchungen stellen fest, dass bei einem Vergleich dreier Szenen auch verschieden großen amerikanischen Städten, denen ebenso große japanische Städte zugeordnet wurden (post office, hotel, airport) die japanische Bilder 32% mehr Einzelheiten/Objekte enthielten. Viele der Unterschiede verordnet Nisbett in Wahrnehmung und Aufmerksamkeit, die wiederum auf sozialen Praktiken (Farmer, bewässerte Landwirtschaft) basieren (Nisbett et al 2003, S.11170).

Hot et al (2006) haben bei einer ERP-Untersuchung mittels spatial-temporaler Komponenten-Analyse Franzosen und Japanern, denen emotionale Bilder (aus Langs IAPS-Selektion mit einer zu bewertenden Skala) gezeigt wurden, herausgefunden, dass die Amplitude bei späten ERPs (jenseits von 170 ms, nach 250-450ms) bei Japanern im parieto-occipitalen Bereich abnimmt und deuten dies aufgrund der geringeren Neigung der Japaner emotionales Verhalten zu zeigen. (Hot et.al. 2006) Moriguchi et al (2005) fanden bei ihrer fMRT-Untersuchung von emotionalen Stimuli (angstvolle Gesichter) bei Kaukasiern die Amygdala aktiviert, bei Japanern den rechten frontalen Cortex. Die Schlussfolgerung, die Hot et al. aus diesen Studien ziehen (vgl. auch Kitayama et al 2000), ist das Kaukasier und Japaner unterschiedliche neuronale Netzwerke aktivieren beim Anblick von emotionalen Stimuli. Lewis et al (2006) führten wiederum eine ERP-Untersuchung mittels drei Versuchsbedingungen durch: d.h. dem sog. oddball task am Bildschirm, der zwischen „neuem P3", „Ziel P3" und „Nicht-Ziel P3"-Stimulus unterscheidet, also ist z.b. Zahl 8 der Ziel-Stimulus, Zahl 6 nicht das Ziel und die Buchstabenfolge PQ2 neu, also ein neuer P3-Stimulus. Unter P3 versteht man einen Höhepunkt der Messkurve nach 300-400ms, die dritte positive ERP Welle. Die Europäischen Amerikaner zeigten größere Ziel P3 Amplituden, das weist auf Aufmerksamkeit gegenüber dem Ziel hin; während die Ostasiatischen Amerikaner größeres Augenmerk auf neue P3 Stimuli legten und damit vorzugsweise auf vom Kontext abweichende Ereignisse. Größere Neuigkeits-P3 ERPs werden mit einem verteilten exekutiven Aufmerksamkeit-Netzwerk im frontalen Lappen und im anterior cingulate gyrus verbunden und mit dem Arbeitsgedächtnis assoziiert (Lewis et al 2006, S.632). Ferner wurde ein Zusammenhang zwischen Selbstkonstruktion/Selbstverständnis (selfconstrual) der beiden Gruppen festgestellt, gemessen anhand des Triandis individualism/ collectivism-Test (1995). Während Europäische Amerikaner sich als unabhängig, autonom, einzigartig und getrennt von anderen sehen, haben Ostasiatische Kulturen eher ein interdependentes Selbst, betonen soziales Verhalten und sehen Ihr Verhalten im Zusammenhang mit anderen. Die Autoren versuchen mit Ihrem Versuchsaufbau die neuronalen Korrelate dieser kognitiven Unterschiede zu finden. Ein Ergebnis der Studie könnte sein, zu verdeutlichen, wie Kultur die Aufmerksamkeit gegenüber der Umwelt beeinflusst. Eine weitere neue Studie von Hedden et al (2008) legt ebenfalls den Schluss nahe, dass bei nicht kulturell bevorzugten visuell-räumlichen Aufgaben eine gesteigerte Aufmerksamkeitskontrolle notwendig wird. Untersucht wurden Westliche und asiatische Teilnehmer in einer fMRT- Studie. Die Probanden hatten einfache visuell-räumliche Aufgaben zu lösen. Ausgangspunkt war die Hypothese, dass westliche Teilnehmer absolute, d.h. unabhängige Dimensionen bevorzugen, während Asiaten relativen, d.h. interdependenten Dimensionen den Vorzug gaben. Die absoluten Dimensionen ignorierten den Kontext, während die relativen ihn berücksichtigten. Es wurden größere Aktivierungen in den frontalen und parietalen Gehirnregionen bei kulturell nicht bevorzugten Aufgaben festgestellt, also ein größerer Aufwand an Aufmerksamkeitskontrolle. Die Studie dient als weiterer Beleg für die deutliche Beziehungs- und Kontextorientierung der Asiaten im Gegensatz zu individu-

ell-unabhängig-autonom orientierten westlichen Probanden (Hedden et al 2008). Eine Studie in Österreich fand jedoch eine deutlichere Amygdala-Aktivierung beim Erkennen von Gesichtern bei Asiaten, die erst vor kurzem in dieses Land eingereist waren. Dieser Fremdheitseffekt scheint durch die Dauer des Aufenthalts in einer andersartigen Kultur beeinflusst werden (Drentl et al. 2009).
Auf der Basis dieser Forschungsergebnisse haben wir die kulturelle Heterogenität von Emotionen und mentalen Repräsentationen, d.h. von mentalen Bildern, mentalen „Hirnkarten" oder mentalen Modellen (cf. Engelkamp & Pechmann 1993; Gentner/Stevens 1983; Seel 2003; Al-Diban 2002; Fauconnier 1994; Fauconnier 1997) und von Emotionen wie Angst und Trauer untersucht, indem wir die gleichen Bilder türkischen und deutschen Teilnehmern zeigten. Wir benutzen in unseren ersten Untersuchungen kulturspezifische visuelle Stimuli, um kulturell geprägte und kulturell überformte Emotionen, wie z. B. Angst, hervorzurufen.
Neuere Studien zu Emotionen und emotionaler Verarbeitung, unter Berücksichtigung neuer bildgebender Verfahren (Peper et al.2006), sowie zur mentalen Bewertung und emotionaler Beteiligung von Versuchspersonen durch Emotionen auslösende Stimuli, wie z.b. Bilder und Wörter (Kensinger/Schacter 2006) und zu lebenslangem Lernen, ermöglicht durch die neuronale Plastizität (Bavelier/ Neville in: Johnson/Munakata/Gilmore 2002) des menschlichen Gehirns, bilden die Grundlage unseres Forschungsansatzes, der emotionale Prozesse im Gehirn, besonders jedoch die Emotion Angst, unter dem oben dargelegten kulturellen Fokus auf kulturelle Unterschiede untersucht. Im Hinblick auf die Emotion Angst wird durch Bedrohung und/oder Gefahr das limbische System und speziell der Amygdala-Komplex aktiviert. Der Amygdala-Komplex ist demnach an der Verarbeitung von Informationen bezogen auf Angstreaktionen beteiligt (Adolphs 1995; LeDoux 2001). Außerdem werden der Hippokampus, der Hypothalamus, der Thalamus, die Insula und der präfrontale Cortex durch Paradigmen, die sich auf die Verarbeitung und Erfahrung von Angst beziehen, aktiviert (LeDoux 2001; LeDoux 2002; Damasio 1999). Sogar das Erinnern einer angsterzeugenden Situation aus dem Gedächtnis (Damasio et al 2000) ebenso wie das Beobachten von anderen Menschen in einer Gefahrensituation löst beim Beobachter Ängste aus (Olsson/Phelps 2007).
Bis heute gibt es allerdings noch keine eindeutige und präzise Definition, was unter „Emotionen" genau zu verstehen ist. Auch bleibt die Abgrenzung Emotion – Affekt (und auch Stimmung „mood") schwierig. Zudem gestalten sich emotionsauslösende Reize unterschiedlich: z.B. genügt häufig die bloße Vorstellung einer Emotion, um diese abzurufen bzw. zu aktivieren. Emotionen laufen darüber hinaus nicht nur bewusst, sondern auch unbewusst ab. Sie werden demnach auch dann abgespeichert, wenn sie unbewusst sind. Zu den Funktionen von Emotio-

nen zählen zum einen die Mitteilung des inneren Zustandes eines Individuums an ein anderes Individuum, zum anderen die Aufrechterhaltung der Lebensfunktionen und die optimale Anpassung an die Umwelt. Das geschieht mittels körpersprachlichen und sprachlichen Ausdrucks (Überblick nach: Pritzel et al. 2003, S.385/386).

In der Pädagogik und den Nachbardisziplinen nahm seit den neunziger Jahren des 20. Jahrhunderts die Beschäftigung mit der emotionalen Unterrichtsforschung kontinuierlich zu. Die Bedeutung von Emotionen für das Lehren und Lernen in der Schule wurde erkannt und die Ergebnisse der relevanten Disziplinen, wie z.b. der Psychologie und der Neurowissenschaften, fanden zunehmend Beachtung (Pekrun 2005; Schutz/Pekrun 2007). Es entstanden Forschergruppen und Forschungszentren, wie z.b. das Swiss Center for Affective Sciences mit der Geneva Emotion Research Group unter Leitung von Prof. Klaus Scherer oder der Forschungsbereich „Culture and Emotion" unter Leitung von Professorin J. Tsai an der University of Stanford, USA. Die Anzahl der Publikationen bezogen auf die Bereiche Emotionen, Motivation und Kognition auf dem Gebiet der Pädagogik, der pädagogischen Psychologie und der Psychologie nimmt stetig zu (vgl. u.a. das Journal Cognition and Emotion). Von besonderem Interesse ist z.B. die in diesem Journal veröffentlichte Metaanalyse von Studien zu Kultur und Emotionen der Jahre 1967-2000 (van Hemert, Poortinga & van de Vijver 2007). Kürzlich erschien zudem ein Sammelband „Emotion in Education" (Schutz/Pekrun 2007), in dem Emotionen und Emotionskontrolle aus pädagogischer Perspektive, d.h. in ihrer Bedeutung für das Unterrichtsgeschehen, untersucht werden. In diesem Band werden auch verschiedene Emotionen aus der Perspektive von Schülern und Lehrern in verschiedenen Beiträgen bezogen auf unterschiedliche wissenschaftliche Standpunkte und Positionen näher beleuchtet. Auch eine psychologische Theorie der Emotionen unter Einbeziehung der „Kultur(en)" wird dargelegt (Ratner in: Schutz/Pekrun 2007, S.89-104).

Heutzutage wird Emotionen demnach eine wichtige Rolle im Unterrichtsgeschehen eingeräumt, sodass z.B. Edlinger und Hascher (2008) den wissenschaftlichen Forschungsprozess zu Emotionen in den Erziehungswissenschaften – ausgehend von der Stimmungsforschung der achtziger Jahre des 20. Jahrhunderts bis zur aktuellen emotionalen Unterrichtsforschung – nachzeichnen. Zu den relevanten neueren Erkenntnisse zählt die Tatsache, dass der Grad der emotionalen Beteiligung ausschlaggebend für ein besseres Lernen der Lerninhalte ist, unabhängig davon, ob es sich um positive oder negative Emotionen handelt (Edlinger und Hascher 2008, S.61/62). Ebenso wichtig wie der Grad der Beteiligung ist die Sinnhaftigkeit und Relevanz des Lerninhaltes. Auch der Schwierigkeitsgrad einer Aufgabe und die Art der Aufgabe im Unterricht spielen eine Rolle. Weitere Einflussfaktoren sind in diesem Prozess Kognition und Motivation. Edlinger und

Hascher (2008) legen in ihrem aktuellen Beitrag überzeugend dar, dass die lange Zeit anerkannte Stimmungskongruenzhypothese (nach Bower 1981), die ein Lernen in Abhängigkeit von emotionalen Befinden beim Lernen des Sachverhalts und ebenso bei der Wiedergabe für eine optimale Aneignung sowie „zustandsabhängige Erinnerung" für den entsprechenden Wiederabruf postuliert, nicht mehr uneingeschränkt zutrifft (Edlinger und Hascher 2008). Zu den weiteren Ergebnissen, wie Emotionen das Lernen in der Schule positiv beeinflussen können, zählen ein „flexibler" Denkstil (vgl. die von den Autoren kritisierte Denkstilhypothese nach Kuhl 1983) und die Verwendung höherer kognitiver Strategien. Positive Emotionen fördern einerseits Kreativität und Phantasie und andererseits logisch-analytisches Denken. Die vermittelnden Variablen – mobilisierte Anstrengungsbereitschaft, vorhergehende Erfolgs- oder Misserfolgserlebnisse, Relevanz der Aufgabe sowie der Unterrichtsphasen (Aneignungsphase und leistungsorientierte Praxisphase) – werden von Stimmungen und Emotionen beeinflusst und haben ihrerseits Einfluss auf schulisches Lernen und Leisten (vgl. auch Schüler-Necker 1984, 1994 in: Edlinger und Hascher 2008; sowie darin Abb.2, S.63). Weitere aktuelle Forschungen gehen der durch das Lesen von Texten im Unterricht ausgelösten emotionalen Aktivierung nach, allerdings unter den Aspekten Motivation und Interesse (Ainley, Corrigan und Richardson 2005). Idealerweise spielen positive Stimmung und affektiver Gehalt des Lernmaterials (Edlinger und Hascher 2008) ebenso eine Rolle wie der emotionale Kontext, d.h. die Lernsituation und die Interaktion der Beteiligten (Caine & Caine 1994; 2005). Negative Stimmung jedoch bedingt keinen eigenen Denkstil, sondern führt zu einer verstärkten Beschäftigung mit dem subjektiven Erlebensprozessen und verursacht dadurch einen Leistungsabfall (Edlinger und Hascher 2008; vgl. auch die Argumente zum emotional sinnvollen und angst- und repressionsfreien Lernen in: Caine & Caine 1994; 2005).

In einem zweiten folgenden Schritt soll daher untersucht werden, wie die in der fMRT-Untersuchung nachgewiesene kulturell unterschiedliche neuronale Aktivierung das Lehren und Lernen in der Schule beeinflusst. Pädagogische Untersuchungen zu gehirnkonformen Lehren und Lernen haben die wichtige Rolle von Emotionen im schulischen Kontext mehrfach nachgewiesen (Caine & Caine 1994; Caine & Caine 2005; Kovalic/Olsen 1997). Auch in der relativ neu etablierten Disziplin der Neurodidaktik (Hermann 2006; Friedrich 1995) manifestiert sich die zentrale Beziehung zwischen der Neurowissenschaft und der Lehr-Lernforschung. Manche Vertreter der Lehr-Lernforschung unter einer neurowissenschaftlicher Perspektive (Stern et al. 2005; Hermann 2006) weisen allerdings auch auf die Gefahr einer zu direkten Übertragung der neurowissenschaftlichen Ergebnisse auf die Lehr-Lernforschung hin, insgesamt wird jedoch die Bedeutung der Gehirnforschung für das Unterrichten und Lernen (Roth in: Hermann

2006; Spitzer 2005) stets betont, da Lernprozesse ihre zentrale Verarbeitung im menschlichen Gehirn haben und Lernen besonders durch eine emotional geprägte Informationsverarbeitung in den verschiedenen Gedächtnisspeichern (Baddeley 2007) ausgelöst wird. Daher versucht unser Forschungsprojekt neurowissenschaftlich-pädagogische Grundlagenforschung mit einem anwendungsorientierten Ansatz zu verbinden, indem neben Verhaltensstudien und neurowissenschaftlichen Gehirnaufnahmen zu emotionalen Reaktionsweisen, die direkte Anwendung der bisher erzielten Ergebnisse im Klassenzimmer angestrebt wird (Eine mögliche sinnvolle Ergänzung der bisherigen Untersuchungen wären z.B. Herzfrequenzmessungen mittels einer Pulsuhr in einzelnen kulturell heterogenen Lerngruppen bzw. im Klassenverband, deren Signal direkt vor Ort per Computer aufgezeichnet werden könnte in Kombination mit Messungen und Aufzeichnungen des subjektiven Gefühlserlebens der Schüler/innen, sodass beide Aspekte von Emotionen – tatsächlich gefühlte und subjektiv empfundene – berücksichtigt werden können.).

Der dem Forschungsprojekt zugrunde gelegte offene Kulturbegriff (Rogoff 2003) geht von einer dynamisch Interaktion des Selbst mit seiner spezifischen Lebensumwelt aus, die subjektiv sinnstiftende Konstruktions-, Rekonstruktions- und Dekonstruktionsprozesse des Menschen voraussetzt (vgl. hierzu den interaktionistischen-konstruktivistischen Ansatz in der Didaktik; Wiater 2007) und der durch die kulturelle Sozialisation des Individuums mit bedingt ist. Kultur im weitesten Sinne umfasst demnach alle menschlichen verbalen und nonverbalen Akte, Praktiken, Rituale und Handlungen (Rogoff 2003). Der Ansatz des Forschungsprojektes ist sich auch der Tatsache bewusst, dass „Kultur" als ein theoretisch angenommenes Konstrukt zu sehen ist, dass sich in vielfältigen Erscheinung- und Mischformen (vgl. die Konzepte der Transdifferenz und Transkulturation; in: Allolio-Näcke et. al. 2005 und die Überlegungen zu Hybridisierung, Überschneidungen und Mehrfachzugehörigkeiten von Kultur(en) im Rahmen der Postcolonial Studies und der Cultural Studies; u.a. Hall 1994) äußert. Daraus folgt, dass soziale wie kulturelle „Identitäten" häufig Grenzüberschreitungen, Vermengungen und Mehrfachzugehörigkeiten bedingen. Kulturelle Identitäten sind nach Lösch (in Allolio-Näcke et al. 2005) demnach ein flüchtiger, sich immer wieder selbst schaffender Moment, der zwischen verschiedenen kulturellen Ausprägungen und so genannten „Ethnien" oszilliert.

Unter „Kultureller Heterogenität von mentalen Repräsentationen und Emotionen" sind kulturelle Unterschiede im Wahrnehmen, Verstehen, Denken und Fühlen der beteiligten kulturellen Gruppen zu verstehen, d.h. der Ansatz geht von einer postulierten kulturellen Differenz aus, die durch das Aufwachsen und die Sozialisation in unterschiedlichen Kulturkreisen bedingt ist. In der Schulpädagogik und verwandten Disziplinen versteht man unter „Heterogenität" die

Verschiedenheit der Schulkinder nach Geschlecht, Alter, kultureller Herkunft, Leistungsfähigkeit und Können etc.(Warzecha 2003) Dieser Heterogenität wird im Unterricht durch verschiedene didaktische und fördernde Maßnahmen, wie z.B. Individualisierung und Differenzierung oder auch Selbsttätigkeit Rechnung getragen (Wiater 2001). Im Rahmen unseres Forschungsprojektes interessierten uns kulturelle Unterschiede im Verstehen, wie sie in der Unterrichtspraxis heutzutage in kulturell heterogenen Klassen deutlich werden. Unser Ansatz zielt demnach auf Inklusion, nicht auf Abgrenzung oder Ausgrenzung der Kinder mit Migrationshintergrund. Die zwei zentralen Fragen unseres Forschungsprojektes sind zum einen, ob sich diese kulturellen Unterschiede empirisch belegen lassen und zweitens, wie man Kinder mit Migrationshintergrund unterstützen kann, mögliche kulturbedingte Verstehenslücken („gaps") zu schließen, die durch einen anderen kulturellen Hintergrund entstehen und daher möglicherweise den schulischen Bildungserfolg dieser Kinder behindern oder beeinträchtigen. Das relativ junge Forschungsgebiet der Interkulturellen Pädagogik (Auernheimer 2007; Gogolin/Krüger-Potratz 2006), die Migrationsforschung und Forschungen zur interkulturellen Kommunikation, etwa die Überlegungen zu den „critical incidents", den interkulturellen Missverständnissen im Miteinander der Kulturen (Heringer 2004), dienen als grundlegende Bezugspunkte. Diese interkulturellen Missverständnisse basieren u.a. auf unterschiedlicher kultureller Sozialisation und stützen somit unsere Hypothese von einer „Kulturalität des Verstehens".

3 Die fMRT-Studie

3.1 *Darstellung des Forschungsprojekts*

Nach erfolgreicher Durchführung von zwei Verhaltensstudien mit deutschen und türkischen Probanden mit dem Schwerpunkt auf durch visuelle Stimuli ausgelöste Emotionen, fand im Oktober/November 2007 eine funktionelle Magnetresonanztomographie-Studie in Ulm mit deutschen und türkischen Teilnehmern statt. Das Forschungsprojekt beinhaltet eine umfassende Kooperation mit dem Transferzentrum für Neurowissenschaften und Lernen (ZNL) in Ulm (Leitung: Prof. Dr. Dr. Manfred Spitzer). Mittlerweile fand die Auswertung der fMRT-Studie statt, deren Absicht es ist, ein neuronales Korrelat im menschlichen Gehirn für die in den Verhaltensstudien bereits nachgewiesenen kulturellen Unterschiede zu finden.

In einem zweiten Schritt sollen Lehrer, Eltern, Schüler und Verlage über die erzielten Ergebnisse informiert werden. Die praktische Umsetzung und Anwendung der Ergebnisse findet in der Unterrichtsgestaltung, der Unterrichtsmethodik

und den Unterrichtsmaterialien ihren Niederschlag. Zudem sollen diese neuen wissenschaftlichen Erkenntnisse in die Aus- und Fortbildung der Lehrkräfte eingehen.
Leitende Forschungsfragen waren u.a.:

1. Lässt sich durch Emotionen auslösende Stimuli (ausgewählte Bilder) die kulturelle Heterogenität von kulturspezifischer Angst/Ängsten im menschlichen Gehirn nachweisen?
2. Lassen sich im menschlichen Gehirn – in Abhängigkeit von emotionalen Stimuli und mittels der damit im Gehirn ausgelösten emotionalen Reaktionen – Areale besonderer neuronaler Aktivität je nach kultureller Prägung der Probanden lokalisieren und zuordnen?
3. Ermöglichen die im Gehirn aufscheinenden Areale Rückschlüsse auf bestimmte (emotional besetzte) mentale Repräsentationen, wie z.b. mentale Vorstellungen, mentale „Bilder", „Hirnkarten" oder mentale Modelle auf der Grundlage von semantisch-assoziativen sowie neuronalen Netzwerken? (durch teilstrukturierte Interviews erfasst)

Der erste Vortest mit 16 Teilnehmern am 26. Februar 2007 zum Testen von Valenz und arousal der eingesetzten Stimuli (Bilder, die Emotionen auslösen) wurde an der Universität Augsburg durchgeführt. Kulturspezifische Angst- und Trauerbilder sowie positive, negative und neutrale Bilder wurden eingesetzt. Gesamtzahl: 49 Bilder, davon 21 kulturspezifische Angststimuli; fünf allgemeine Angststimuli und vier kulturspezifische Trauerbilder. Material: eine kleine Auswahl von IAPS-Stimuli (allgemein) und selbst gewählte, im Internet frei zugängliche Bilder (kulturspezifische und andere Bilder).
Es handelt sich um zwei Gruppen von deutschen und türkischen Teilnehmern (sieben deutsche TN; neun türkische TN). Es wurde versucht auch auf ein relativ ausgewogenes Geschlechterverhältnis zu achten (vier dt. Studentinnen, drei dt. Studenten; fünf türkische Studentinnen, vier türkische Studenten. Gesamtzahl: 16 TN). Die türkische Gruppe bildete die Experimentalgruppe, die deutsche Gruppe die Kontrollgruppe. Die Dauer der Beamer-Präsentationen belief sich auf 90 Minuten. Der ausgehändigte Fragebogen bestehend aus – Teil 1 persönliche Angaben – wurde vor dem Test ausgefüllt. Teil 2 des Fragebogens die *Emotionseinschätzung* wurde von den TN während der Präsentation ausgefüllt. Dieser Fragebogen enthielt zusätzlich eine Skala, um die Intensität der angekreuzten Emotion zu messen. Der Test verlief ohne besondere Vorkommnisse: eine weibliche dt. Teilnehmerin (TN 17) war nicht erschienen; zum Teil wurden die Antworten in dem Teil, in dem um Erläuterung der Emotionseinschätzung gebeten wurde, auf Türkisch gegeben. (Diese Texte wurden mittlerweile ins Deutsche übersetzt in Stil, Wortwahl, Grammatik jedoch unverändert wiedergegeben.). Die

Daten wurden am Lehrstuhl für Schulpädagogik/Universität Augsburg mittels einer quantitativen statistischen Analyse ausgewertet (Häufigkeit der Nennung; prozentualer Anteil der Nennung; Stärke der genannten Emotion) und in Tabellenform bzw. Balkendiagrammen dargestellt.

Nur bei einer geringen Anzahl der von uns selektierten kulturspezifischen Angstbilder wurde von den Teilnehmern tatsächlich Angst als vorherrschende Emotion angekreuzt. Reaktionen, wie vor allem Trauer, aber auch Ekel und Ärger überwiegen (vgl. Grafiken). Es erwies sich demnach als schwierig kulturspezifische Ängste herauszufiltern, während allgemeine Angstreaktionen auf ausgewählte allgemeine Angststimuli von beiden Gruppen in ähnlicher Weise gezeigt wurden. Kulturspezifische Ängste, wie z.B. die Angst vor Erdbeben oder vor Massenprotesten (Bilder 3 und 36) wurden deutlich, ansonsten zeigten sich vor allem graduelle Unterschiede bei den Angstbildern (der durchschnittliche Prozentsatz der Angstnennungen der türkischen Teilnehmer/innen bei den kulturspezifischen Angstbildern bewegt sich zwischen 22% und 33%; bei allgemeinen Angstbildern liegt er deutlich höher). Die überwiegende Reaktion der türkischen Teilnehmer auf kulturspezifische Angstbilder war *Trauer*. Möglicherweise ist Trauer die sozial und kulturell am weitestgehend akzeptierte emotionale Reaktion auf Angst auslösende Bilder. Kulturspezifische Ängste können sich in normhaften, kulturell kodierten emotionalen Reaktionen, wie in diesem Fall z.B. Trauer, äußern (Ulich 1994). Trauer kann auch als eine angemessene Form der Bewältigung von zugrunde liegenden Ängsten/ zugrunde liegender Angst fungieren. Durch kulturell geprägte Emotionskontrolle und bewusster bzw. unbewusster Emotionsregulierung (vgl. Mauss 2007) werden dann – in einer Art Verdrängungsmechanismus – nur sozial akzeptierte, genormte und eingeübte emotionale Reaktionen geäußert. Hierbei ist allerdings zu unterscheiden zwischen so genannten grundlegenden Emotionen erster Ordnung (körperliche Angstreaktion; Flucht oder Abwehrverhalten bei Bedrohung) und sozial bzw. kulturell geprägten Ängsten zweiter Ordnung. Trauer fungiert demnach möglicherweise als eine „andere" Form von Angst. Sicher ist jedoch, dass bei den durch die kulturspezifischen Angstbildern ausgelösten Emotionen „unangenehme Gefühle", d.h. negative Emotionen, überwiegen.

Der spezifische Stellenwert einer bewussten kulturellen Emotion prägt demnach auch das kulturelle Empfinden der Gruppe: Bild 44 verdeutlicht die unterschiedliche kulturspezifische Reaktion auf Angst auslösende Bilder: die deutschen Teilnehmer äußern Angst, die türkischen Trauer (vgl. Grafik). Die starke Betonung der Emotion Trauer (bei zehn von 21 kulturspezifischen Angstbildern) unter den türkischen Teilnehmern hat uns veranlasst, unsere These anhand von vier kulturspezifischen Trauerbildern (Bilder 18; 33; 40; 47) noch einmal zu überprüfen. Die Häufigkeit der Nennung (vgl. Tabellen und Grafik) von Trauer

ist signifikant im Unterschied zu den deutschen Teilnehmern. Der prozentuale Anteil der Trauernennung ist bei den türkischen Teilnehmern ebenfalls signifikant höher (vgl. Tabelle).
Die Stärke der genannten Emotion (d.h. alle wählbaren Emotionen – Angst; Ärger; Ekel; Neutral; Freude; Trauer und Überraschung) bei den kulturspezifischen und allgemeinen Angstbildern bewegt sich bei den türkischen Teilnehmern um Mittelwerte von 2,00 bis 3,44; bei den deutschen Teilnehmern ist die Stärke der genannten Emotion etwas höher. Es werden Mittelwerte von 2,43 bis 3,71 erzielt. Bei den kulturspezifischen Trauerbildern sind jedoch die Mittelwerte der Stärke der genannten Emotion bei den türkischen Teilnehmern (mit einer Ausnahme) durchgehend und signifikant höher und bewegen sich zwischen 2,56 und 3,78. (Zum Vergleich: deutsche Teilnehmer erzielen Mittelwerte der Stärke der genannten Emotion von 2,14 bis 2,71.)
Ein weiterer, ebenso wichtiger Befund des Vortests war der Nachweis unterschiedlicher mentaler Repräsentationen in der Interpretation der Bilder zwischen der deutschen und der türkischen Gruppe. Während z.B. die deutschen Teilnehmer in Bild 26 einen Terroristen identifizierten, interpretierten die türkischen Teilnehmer den Mann als Journalisten und/oder Nachrichtensprecher. Auch inhaltlich ergaben sich in der kurzen Erläuterung zur Emotionseinschätzung signifikante Unterschiede. Um nur einige Beispiele zu erwähnen: während türkische Teilnehmer durch Erdbeben zerstörte Häuser identifizierten, beklagten deutsche Teilnehmer den schlimmen Zustand/die Verwahrlosung der Häuser (Bild 3). Ebenso wurde eine Trauerzeremonie mit Ehrengarde (Mutter; zwei Soldaten, die sie stützen; Sohn gefallen) von deutschen Teilnehmern als „Verhaftung der Frau" interpretiert (Bild 18) oder es wurde bei einer über den Sarg ihres gefallenen Sohnes trauernden türkischen Mutter (Bild 40) von deutscher Seite die Frage gestellt: „Was soll das? Empfindet sie Freude oder Trauer?" Die türkischen Teilnehmer/innen hingegen identifizierten überwiegend Terror und Terroropfer auf diesen Bildern. Es wurden demnach kulturelle Unterschiede in den mentalen Repräsentationen der deutschen und türkischen Teilnehmer/innen festgestellt. Diese Unterschiede wurden in kurze Einzelinterviews im SS08 und im WS08/09 mit allen Teilnehmern der Studie anhand von vorgelegten Kontrollfragen untermauert und vervollständigt. Mittels der Einzelinterviews lassen sich zum einen weitere mentale Repräsentationen ermitteln und kulturelle Unterschiede in der Wahrnehmung und Beurteilung von Realität weiter verifizieren.

Die Kultur beeinflusst demnach auch die zugelassenen, angemessenen Ausdrucksformen von Angst/Ängsten in verschiedenen kulturellen Gruppierungen, wenngleich die kulturelle Heterogenität im Fall von Angst bei deutschen und türkischen Teilnehmern nicht so deutlich ausgefallen ist wie bei Untersuchungen zwischen Chinesen/Japanern und Amerikanern/Westeuropäern (wegweisend sind hier die bekannten Untersuchungen zur Objektfokussierung etc. von Nisbett/ Miyamoto 2005). Das festgestellte Resultat von ausschließlich graduellen Unterschieden im Fall der Angstbilder ist zum einen in der geographischen Nähe der beiden Staaten, sowie dem Einfluss der konsumierten Medien und zum anderen in der längeren Verweildauer der türkischen Teilnehmer in Deutschland begründet. Dennoch rechtfertigten die Ergebnisse des Vortests im Hinblick auf kulturell heterogene Emotionen (Trauer, Ekel, Ärger) und die festgestellten unterschiedlichen mentalen Repräsentationen, die mit verschiedenen Emotionen auslösenden Bildern verbunden wurden, eine weiterführende medizinische Untersuchung (fMRT), um neuronale Nachweise der Aktivierung bestimmter Gehirnzonen zu finden.

Für das längerfristige Ziel dieser Untersuchungen – Aufschlüsse über kulturell heterogene Emotionen und mentale Vorstellungen bei Kindern mit Migrationshintergrund – zu gewinnen, deren Angst/Ängste in der Regel noch vielfach stärker ausgeprägt sind als bei den erwachsenen Probanden des Vortests, wurden demnach erste Belege gefunden. Durch den Vortest konnten demzufolge verschiedene Nachweise unserer Hypothese der kulturellen Heterogenität mentaler Repräsentationen und Emotionen gewonnen werden, die sich letztendlich auf den Schulbesuch der Kinder mit Migrationshintergrund, die Unterrichtsmethoden und Unterrichtsmaterialien sowie auch auf die Aus- und Fortbildung der Lehrkräfte auswirken werden.

Der 2. Vortest fand am 16.Juni 2007 an der Universität Augsburg statt. Ausgewählte Bilder (IAPS und kulturspezifische Bilder) wurden eingesetzt, um die emotionalen Reaktionen(valence and/or arousal) der Teilnehmer der Studie auf negative und neutrale Stimuli zu ermitteln und die mit den Emotionen gekoppelte neuronale Aktivität in bestimmten Hirnregionen (u.a. im Neocortex, der Amygdala, dem Hippokampus, dem Hirnstamm sowie in weiteren Arealen) darzustellen. Das Vorgehen bei den Interviews beinhaltet die induktive Kategorienbildung des ermittelten und ausgewerteten Datenmaterials (nach Mayring 2002) sowie die bildhafte Darstellung dieser neurophysiologischen Prozesse durch fMRT-Screenings. Diese empirischen Untersuchungen sollen den wissenschaftlichen Nachweis der kulturellen Heterogenität mentaler Repräsentationen und Emotionen erbringen, der in der wissenschaftlichen Literatur und Theorienbildung bereits antizipiert wird und wurde. Am Lehrstuhl für Schulpädagogik wurden den Probanden per Beamer ausgewählte Bilder (Auswahl von IAPS und kulturspezifischen Darstellungen) präsentiert. Während der Präsentation (in kurzen Pausen) erfolgt die Bewertung der Bilder durch die Probanden anhand einer vorgegebenen Skala. Zu einem späteren Zeitpunkt wurden in strukturierten Interviews mittels Leitfragen bewusste (und unbewusste) kulturell heterogene mentale Repräsentationen und deren evozierter Bedeutungsgehalt benannt und herausgefiltert. Es wurden zwei Gruppen im Vortest, je zehn deutsche und türkische Teilnehmer, befragt.

Für den am Lehrstuhl für Schulpädagogik/Universität Augsburg am 16. Juni 2007 durchgeführten 2. Test im Rahmen des obengenannten Forschungsprojektes wurden 60 angstauslösende negative visuelle Stimuli (kulturspezifische Bilder) mittels Beamer präsentiert. Der eingesetzte Fragebogen der Emotionseinschätzung enthielt drei Fragen nach a) unangenehmen Gefühlen, b) Angst und c) Trauer pro Bild mit einer Rating-Skala für jede Frage von 1 bis 7 (von „sehr ängstlich" über „teilweise ängstlich" bis hin zu „nicht ängstlich"). Die deutschen und türkischen Probanden (10 pro Gruppe) bildeten eine nach Alter und Herkunft gemischte Gruppe aus allen Gesellschaftsschichten.

Der Test diente wiederum der Überprüfung der Eignung der Bilder für die geplante fMRT-Untersuchung, d.h. es wurden Valenz und Grad der Erregung („arousal") bei den Teilnehmern angesichts der Präsentation der Stimuli getestet.

Die Ergebnisse stellen sich wie folgt dar: Die statistische Auswertung der Ergebnisse zeigt, dass es große Unterschiede in den Angst- und Trauerreaktionen zwischen deutschen und türkischen Teilnehmern gibt. Die türkischen Teilnehmer reagierten fast durchwegs mit stärkeren Emotionen auf die für sie speziell selektierten kulturspezifischen Bilder. Unangenehme Gefühle wurden massiv deutlich. Im Hinblick auf die Emotionen Angst und Trauer hingegen, waren *innerhalb* der Gruppe der türkischen Teilnehmer nur graduelle Unterschiede zwischen diesen Emotionen feststellbar. Die kulturellen Unterschiede zwischen der deutschen und der türkischen Gruppe sind jedoch deutlich erkennbar und nachweisbar. Bei ungefähr 30 von 60 Bildern übertraf zudem die Intensität der Angstreaktion die Intensität der Trauerreaktion bei den türkischen Teilnehmern. Um herauszufinden, wie groß die Unterschiede in den emotionalen Reaktionen in beiden Gruppen (Experimentalgruppe und Kontrollgruppe) tatsächlich sind, wurden die Effektgrößen und die statistische Signifikanz bei der statistischen Auswertung, die am Lehrstuhl für Schulpädagogik/Universität Augsburg durchgeführt wurde, berechnet (vgl. hierzu die beigefügte Übersicht, S.1-4). Auch die Auswertung dieser beiden Koeffizienten bestätigte in überwiegendem Maße die antizipierten kulturellen Unterschiede in den Angst- und Trauerreaktionen zwischen deutschen und türkischen Teilnehmern der Studie. Jedoch wurde wiederum wie auch im 1. Test der Einfluss der Emotion Trauer angesichts des angstauslösenden und schockierenden Charakters der Bilder deutlich. Zu bedenken ist jedoch beim Untersuchungsdesign, dass die angstauslösenden Bilder durch ihre mediale Vermittlung den Probanden nur mittelbar ansprechen, er sich demnach nicht in einer realen Angstsituation befindet. Außerdem muss man die Aktivierung im Gehirn bei angeborenen Ängste (Fluchtverhalten, Abwehr) von der Aktivierung bei sozial erworbenen „erlernten" Ängsten, die immer auch kulturell bedingt sind, unterscheiden, wie eine neue Studie belegt (Corcoran & Quirk 2007). Demnach ist bei angeborenen Ängsten vor allem die Amygdala bezogen auf konditionierte Reize aktiv, während Emotionsregulation und erlernte bzw. erworbene kulturspezifische Ängste zusätzlich den präfrontalen Cortex betreffen. Auch der Hippokampus als Gedächtniszentrum ist bei Angstreaktionen, z.B. durch Erinnern („recall") sowie durch Abspeichern und Wieder-Erkennen von angstauslösenden Stimuli, aktiv beteiligt. Zu den durch den Test identifizierbaren kulturspezifische Ängste auslösenden Bildern zählen u.a. Darstellungen von Terroropfern, Erdbeben zerstörte Häuser, Massenproteste verbunden mit massiven Polizeieinsätzen, Abbildungen von Terroristen, Bilder von verstümmelten Kindern infolge äußerer Gewalt sowie Aufnahmen von ausländerfeindlichen rechten Skinheads und Punks.

Sowohl türkische als auch deutsche Teilnehmer der Untersuchung befanden sich bereits seit längerer Zeit in Deutschland, jedoch war die Gruppe der türkischen Teilnehmer sehr stark türkisch sozialisiert, wie auch die sich an den Test anschließende Diskussionsrunde mit allen Teilnehmern unter Verwendung von einigen vorab entwickelten Leitfragen (u.a. nach Vorschlägen zur Verbesserung des schulischen Bildungserfolges von Kindern mit Migrationshintergrund) ergab.

Im Unterschied zu unserem 1. Test mit einer Mischung aus positiven, negativen und neutralen kulturspezifischen Stimuli, fokussierte der 2. Test durch die Beschränkung auf ausschließlich negative angstauslösende kulturspezifische Stimuli somit die kulturellen Unterschiede zwischen beiden Gruppen und verdeutlichte sie weiter. Ein medizinischer Beleg für die kulturelle Heterogenität von Emotionen ist demnach ein weiterer Forschungsschritt, um letztendlich den schulischen Bildungserfolg von Kindern mit Migrationshintergrund zu verbessern, indem grundlegende Einblicke in die kulturelle Heterogenität von Emotionen von Migranten und Nicht-Migranten ermöglicht werden, die zu einem besseren Verstehen von kulturellen Prägungen und Überformungen beitragen. Eine geplante erste Konsequenz der Ergebnisse dieser Grundlagenforschung ist ihre praxiswirksame Anwendung im Rahmen innovativer Prozesse innerhalb der Pädagogik auf die Bereiche des Lernen und Lehrens in den Schulen.

3.2 fMRT-Untersuchung Okt/Nov 2007 in Ulm

fMRT-Studie: Es wurden stichprobenartige Pre-Tests durchgeführt. Im Anschluss wurden eine Experimentalgruppe und eine Kontrollgruppe mit deutschen und türkischen Probanden gebildet, die untersucht wurden. Der Experimentalgruppe wurden sowohl eine Auswahl von IAPS-Stimuli als auch visuelle kulturspezifische Stimuli präsentiert. Der Kontrollgruppe werden ebenso beide Typen von Stimuli gezeigt. Beide Gruppen bestehen aus deutschen und türkischen Probanden. Den Probanden wurden die visuellen Stimuli präsentiert. Der Grad der emotionalen „Erregung"/Beteiligung auf präsentierte Stimuli liefert Rückschlüsse auf kulturspezifische Emotionen durch die Entladung von Neuronen in bestimmten Hirnarealen. Die neurophysiologischen Gehirnaktivitäten werden am Monitor sichtbar gemacht, d. h. die erkennbare und messbare Gehirnaktivität in bestimmten Regionen wird durch die dreidimensionalen Aufnahmen des Magnetresonanztomographen veranschaulicht. Dieses Verfahren ermöglicht eine Lokalisation kulturell differenter emotionaler Reaktionen (und ihrer angenommenen mentalen Repräsentationen) in bestimmten Gehirnregionen. Rückschlüsse auf den Charakter und die Gestalt kulturell heterogener mentaler Repräsentationen sind auf diesem Wege jedoch nur indirekt möglich und theoretisch legitimierbar.

In unserer Untersuchung mit türkischen und deutschen Teilnehmern wurde die funktionelle Magnetresonanztomographie (fMRT) eingesetzt, um die bereits durch Voruntersuchungen bekannte kulturelle Heterogenität der Stimulusverarbeitung nachzuweisen, die durch das Hervorrufen von Angst auf kortikale und subkortikale Strukturen entsteht, welche bekanntermaßen bei der Angstverarbeitung beteiligt sind. Wir erwarteten unterschiedliche neuronale Gehirnaktivierungsmuster zu finden im Hinblick auf den unterschiedlichen kulturellen Hintergrund der Probanden und der Stimuli, die eingesetzt wurden, um Angstreaktionen hervorzurufen. Da neuronale Schaltkreise durch unsere Erfahrungen mit unserem jeweiligen Kulturkreis gebildet und aktiviert werden, formen auch kulturelle Einflüsse bekanntermaßen das menschliche Gehirn. Zum Beispiel findet das Lernen von Sehmustern auf der Verhaltensebene mit der gleichen Geschwindigkeit bei deutschen und chinesischen Probanden statt. Wie die fMRT zeigte, war das neuronale Substrat dieses Lernprozesses jedoch überaus unterschiedlich, bei den Chinesen ist der ventrale visuelle Pfad/Weg beteiligt, während bei den Deutschen der dorsale visuelle Pfad hauptsächlich aktiv ist. Dieses Ergebnis kann auf Unterschiede in der kulturellen Sozialisation, speziell auf Unterschiede im Schreibsystem zurückgeführt werden (Grön et al. 2003). Genauso wie vor allem die kognitiven Systeme die Ausrichtung von Wahrnehmungsmuster und den motorischen Output (beim Lesen und Schreiben) beeinflussen, hat man gezeigt, dass Kultur die emotionale Informationsverarbeitung beeinflusst (Nisbett/ Miyamoto 2005; Mauss 2007; Ulich 1994). In unserer Studie erwarteten wir daher, dass wir die neuronale Signatur dieser unterschiedlichen kulturspezifischen emotionalen Verarbeitung zu finden, indem wir die fMRT-Untersuchung in Verbindung mit einem Untersuchungsparadigma einsetzten, das bewiesenermaßen kulturspezifische Reaktionen im Verhalten hervorruft.

Kulturelle Unterschiede bei Emotionen sind seit einigen Jahren untersucht worden (Mesquita & Frijda 1992). Studien bezogen auf das Erkennen von angstvollen Gesichtern (Moriguchi 2005), das Erkennen und Verarbeiten von Objekten (Gutchess et al. 2006) oder der Fokussierung von Objekten (Nisbett/ Miyamoto 2005) wurden durchgeführt.

Im Hinblick auf Emotionen und Lernen hat sich herausgestellt, dass Emotionen eine signifikanten Einfluss auf das Lernen und die Lernprozesse haben (Wiater 2007; Ulich 1994). Emotionen beeinflussen die Haltung der Schüler gegenüber den Inhalten des gelehrten Fach ebenso wie ihre Bereitschaft zu Lernen. Emotionen sind entscheidend für die Auswahl und Bewertung ebenso wie die Konsolidierung der Informationen. Sie spielen demnach eine Rolle bei der Beurteilung und Aufnahme der wahrgenommenen Stimuli. Das Zusammenwirken von Kognition und Emotionen strukturiert neue Informationen, vermittelt ihre Relevanz und lässt uns ihre Verbindung zu bereits existierendem Wissen verstehen (Arnold 2002; Caine & Caine 2005).

Bezogen auf mentale Repräsentationen nimmt die vorherrschende Lehrmeinung an, dass mentale Schemata oder sogar mentale Modelle vorhanden sind, d.h. bereits existierende „frames of knowledge" werden aktiviert und dazu benutzt, sich neue Informationen oder Wissensbestände anzueignen (Seel 2003; Al-Diban 2002; Johnson Laird 1983). Auch in der kognitiven Linguistik wird seit den frühen neunziger Jahren das Verhältnis von Sprache, Bedeutung und mentalen „Räumen" untersucht (Fauconnier 1994; Fauconnier 1997). Von Interesse sind in diesem Zusammenhang Überlegungen der sog. „blending theory", die ebenso Prozesse wie „blending" und „mapping", d.h. die Überlappungen von Elementen und Propositionen in mentalen Räumen untersucht (Coulson/Oakley 2000). Außerdem haben Untersuchungen an Patienten mit Schädigungen des präfrontalen Cortex die Rolle von „high level" kortikalen Repräsentationen in der Regulierung und Wiedergabe von Emotionen bei Ratten und Menschen nachgewiesen (Damasio 1999; Damasio et al. 2000; Corcoran & Quirk 2007).

Während Kognition und mentale Repräsentationen ebenso wie die verschiedenen Gedächtnisformen (Baddeley 2007) seit längerem untersucht worden sind, konzentriert sich die Forschung erst seit Mitte der neunziger Jahre des 20. Jahrhundert auf Emotionen und Die Bedeutung der Amygdala ist durch LeDoux' Studien fest etabliert worden anhand von Tierversuchen und Studien am Menschen (LeDoux 2001; Phelps/LeDoux 2005). Wegweisend war in der Emotionsforschung vor allem A. Damasios Ansatz, der besagt, dass Gefühle aus den Momentaufnahmen, die das Gehirn vom Zustand seines Körpers aufnimmt, entstehen (Damasio 1999).

Wie unsere Vorstudien ebenfalls bereits belegt haben, unterscheiden sich diese emotionalen Reaktionen und mentale Repräsentationen bei unterschiedlichen kulturellen Gruppen.

Im Rahmen unseres Forschungsprojektes untersuchten wir daher, wie visuelle Stimuli mit einer emotional negativen Valenz (Angst) unterschiedlich aufgenommen werden aufgrund von kulturellen Unterschieden zwischen türkischen und deutschen Probanden der Studie. Unser Ziel war es zu untersuchen, welche Areale im Gehirn dabei aktiviert werden und in welchem Ausmaß sie aktiviert werden. Als einen weiteren Schritt untersuchen wir, wie die Unterschiede, die in der fMRT-Studie gefunden werden, benutzt werden können, um die Planung und Gestaltung des Unterrichtes und das Lernen in der Schule zu beeinflussen. Es werden demnach weitergehende empirische Untersuchungen in Schulen durchgeführt werden, um die Bedeutung von Emotionen, wie Angst oder Trauer für den Lernprozess präziser zu bestimmen. Speziell in Abhängigkeit von der Beteiligung der kortikalen Strukturen und ebenso der subkortikalen Strukturen bei kulturell abhängiger Angstverarbeitung könnten demnach unterschiedliche Lehr-Lernstrategien entwickelt werden.

Genauso wie es ein vorausgehender, aber notwendiger Schritt in der neurobiologischen Forschung im Hinblick auf die Psychotherapie war, die Schaltkreise zu kartieren, die an Obsessionen, Depressionen oder Angststörungen beteiligt sind, um Veränderungen zu bewirken, ist es ein notwendiger Schritt die emotionalen Prozesse in gesunden Probanden zu kartieren, um unser Verständnis auf lange Sicht zu erweitern, wenn wir mit ihnen im Klassenzimmer umgehen. Wir erwarten nicht, dass wir die Ergebnisse dieser einen Studie dazu benutzen können, um radikal die schulischen Curricula zu ändern, aber wir erachten diese Studie als notwendig, um die Basis für einen langsamen, aber stetigen Wandel in der empirischen Pädagogik zu legen.

Unser forschungsmethodischer Ansatz wird im folgendem anhand der fMRT-Studie weiter ausgeführt: 44 gesunde deutsche und türkische Teilnehmer im Alter zwischen 20-45 Jahren konnten als Probanden für die Studie gewonnen werden. Jedem Teilnehmer wurden 60 Bilder in randomisierter Folge gezeigt. 30 Bilder sind neutrale Bilder (ausgewählt aus der IAPS- Selektion, University of Florida), während die weiteren 30 Bilder Angst auslösende kulturspezifische Stimuli sind, die bewusst ausgewählt wurden und in zwei Vorstudien auf ihre Valenz und auf den Grad von „arousal" getestet wurden.

3.2.1 Vorgehensweise/Methode

Es erfolgte zunächst eine gründliche Einarbeitung in den aktuellen Forschungsstand zu Kognition und Emotionen. In den Monaten September 2006 bis Februar 2007 wurde die erste Vorstudie geplant, die kulturspezifischen Stimuli (Bilder) ausgewählt und die deutschen und türkischen Teilnehmer kontaktiert. Außerdem wurde der Fragebogen zur Emotionseinschätzung entworfen. Es fanden regelmäßige Treffen mit den Kooperationspartnern des ZNL in Ulm statt, in denen das Forschungsdesign entwickelt wurde. Es wurden regelmäßige Informationsveranstaltungen und falls nötig Einzelgespräche mit den Teilnehmern vorab zur Aufklärung über das Projekt durchgeführt. Im Februar 2007 wurde der erste Vortest mit ca. 16 Teilnehmern beider kultureller Gruppen durchgeführt. Es handelte sich um eine Beamer-Präsentation anhand von eigens ausgewählten kulturspezifischen Stimuli. Die Probanden konnten eine Auswahl (je ein Kreuz) von sechs Emotionen ankreuzen (Freude, Trauer, Angst, Neutral etc.) und wurden gebeten eine kurze schriftliche Erläuterung zu ihrer Wahl zu schreiben. Im März/April 2007 erfolgte die Eingabe der Daten und die statistische Auswertung der Daten(SPSS) durch einen Mitarbeiter am Lehrstuhl für Schulpädagogik. Erste Ergebnisse waren überzeugend. Es zeigten sich signifikante Unterschiede in der Wahrnehmung und im Verstehen der Bilder ebenso wie in der emotionalen Bewertung.

Die ersten Ergebnisse veranlassten uns einen zweiten Tests des Stimulusmaterials durchzuführen, dieses Mal eingeengt auf die Emotionen a) unangenehme Gefühle b) Angst c) Trauer, die anhand einer Skala von 1 (sehr ängstlich) bis 7 (nicht ängstlich) zu jedem Bild zu beantworten waren. Es handelte sich wiederum um 16 Teilnehmern der beiden Kulturkreise. Wiederum wurde eine Beamer-Präsentation durchgeführt. Die Planung, das Kontaktieren und Aufklären der Teilnehmer ebenso wie die Durchführung in den Monaten April 2007 bis Juni 2007 sind mit der erste Vorstudie vergleichbar. Es wurde jedoch ein neuer Fragebogen (s.o.) entworfen. Kulturspezifische visuelle Stimuli wurden auf ihren Emotionsgehalt, ihre Valenz und den erzielten Grad der Erregung („arousal") getestet, um eine Auswahl dieser Bilder in der nachfolgenden fMRT- Studie einzusetzen. Zudem erfolgte eine gemeinsame Plenumsdiskussion anhand strukturierter Fragen mit allen Teilnehmern. Die Diskussion wurde schriftlich protokolliert. Die Eingabe der Daten aus dem Test und die statistische Auswertung erfolgte im Juli 2007. Es zeigten sich erhebliche Unterschiede zwischen den beiden Gruppen im Hinblick auf statistische Signifikanz, Mittelwerte und Standardabweichung sowie besonders bei den ermittelten Effektgrößen bezogen auf die vorab von uns selektierten kulturspezifischen Bilder. Daher wurde in den Monaten Juli 2007 bis September 2007 die fMRT-Studie geplant und vorbereitet, die Probanden informiert und die aussagekräftigsten Bilder in Zusammenarbeit mit dem ZNL ausgewählt. Es wurde – ebenfalls in Zusammenarbeit mit den Kooperationspartnern des ZNL – ein Untersuchungsparadigma entwickelt. Im Oktober/November 2007 fand die fMRT-Studie mit ca. 44 Teilnehmern beider Kulturen statt. Den Teilnehmern wurden gemäß dem Untersuchungsdesign 60 Bilder über eine Videobrille gezeigt, und sie beantworteten eine einfache Frage „Sind Menschen (auch Körperteile zählen als Menschen) zu sehen?" Die Teilnehmer antworteten liegend mittels einer Tastatur mit Ja/Nein. Diese Aufgabe konzentriert einerseits die Aufmerksamkeit auf die gezeigten Bilder und verhindert andererseits eine „bewusste, intentionale" Steuerung der emotionalen Reaktionen. Zwischen den Bildern herrscht ein kurzes Intervall von 14-16 Sekunden, um die erzielte emotionale Reaktion genau zu erfassen. Es wurden während die Bilder gezeigt mehrschichtige Aufnahmen des Gehirns des Probanden gemacht. Im Anschluss wurden die Probanden gebeten noch einen neuen Fragebogen mit den gleichen Bildern in randomisierter und vom Scanning abweichender Reihenfolge auszufüllen. Anhand der farbigen Bilder beantworteten die Probanden drei Fragen zu jedem Bild a) unangenehme Gefühle b) Angst c) Trauer auf einer Skala von 1-7. Die gesamte Untersuchung dauerte pro Proband ca. 75 Minuten. Da pro Tag nur 4-6 Probanden untersucht werden können, waren mehrtägige Fahrten nach Ulm notwendig. Der gesamte Untersuchungszeitraum betrug ca. 14 Tage.

3.2.2 Interpretationsansatz für die vorliegenden fMRT-Ergebnisse:

A) Mittler frontaler Gyrus

Ausgehend von unserem fMRT-Ergebnis, dass dt. Teilnehmer stärker *visuell-analytisch* reagiert haben (Beleg: deutliche Aktivierung *des mittleren frontalen Gyrus*; zuständig für Arbeitsgedächtnis, Aufmerksamkeitskontrolle, entscheiden und beurteilen, exekutive Funktionen; auch Kontrolle von und Initiierung von freiwilligen Bewegungen; Persönlichkeit, Einsicht and Voraussicht; (vgl. Orrison 2008, Atlas of Brain Functions) lassen sich folgende kulturelle Prägungen ableiten:

1   Wie transkulturelle Untersuchungen gezeigt haben (Nisbett et al. 2003) tendieren West-Europäer und Amerikaner stärker zu individualisierten, unabhängigen, fokusorientierten Einstellungen und Haltungen, wobei Kontext und Beziehungen (Relationen) weniger berücksichtigt werden Ein Grund hierfür könnte die Schulung der Westeuropäer in experimentellen, problemlösenden Denken sein, dass geprägt ist von gegliederter Vorgehensweise (z.B. Oberbegriffe/Kategorien finden).

2   Im Gegensatz dazu neigen asiatische/orientalische Teilnehmer zu ganzheitlichen, auf soziale Beziehungen (Familie, Verwandte) gerichtete Orientierungen (Triandis 1995) und konzentrieren sich auf kulturell bedingte Relationen und Kontexte (vgl. Chiu 1972; Nisbett et al 2003; Nisbett et al 2008). Auch bei türk. Familien spielen das sozio-kulturelle Umfeld und die Betonung sozialer Beziehungen (die „Familie"; die weniger stark industrialisierte Lebensweise – mit Ausnahme der Städte, Nisbett et al 2008) und eine schulische Erziehung, die Frontalunterricht; Memorieren des Stoffs und schnelle Wiedergabe ohne wirkliches Verständnis betont, eine

Rolle. Das führt zum Trainieren des Kurzzeitgedächtnisses und durch das Memorieren zu vornehmlich deklarativen Wissen. Unsere türk. Interviewpartner betonen demnach entsprechend immer wieder die Bedeutung der Familie, ihre Verantwortung gegenüber der Familie und die Angst vor dem starken Druck in der Schule (vgl. Anhang). Insgesamt stellt sich deutlich, der von der fMRT-Untersuchung ausgehende statistisch signifikante Unterschied zw. Dt. und Türken dar. Wir führten in der Zwischenzeit weitere Fragebogenerhebungen durch bei denen nach Herkunft (ländlich/städtisch) und Beruf der Eltern gefragt wird, um diese Aussage weiter zu belegen.

3   Die deutlich feststellbare und statistisch signifikante Aktivierung des mittleren frontalen Gyrus bei den Deutschen im Vergleich zu den türkischen Teilnehmern kann auf eine größere Fokussierung der Aufmerksamkeit angesichts ungewohnter und möglicherweise fremder Bilder, die überwiegend dem türkischen Kulturkreis entnommen waren, zurückgeführt werden. Hedden et al (2008) legt den Schluss nahe, dass bei nicht kulturell bevorzugten visuell-räumlichen Aufgaben eine gesteigerte Aufmerksamkeitskontrolle notwendig wird. Untersucht wurden westliche und asiatische Teilnehmer in einer fMRT- Studie. Die Probanden hatten einfache visuell-räumliche Aufgaben zu lösen. Ausgangspunkt war die Hypothese, dass westliche Teilnehmer absolute, d.h. unabhängige Dimensionen bevorzugen, während Asiaten relativen, d.h. interdependenten Dimensionen den Vorzug gaben. Die absoluten Dimensionen ignorierten den Kontext, während die relativen ihn berücksichtigten. Es wurden größere Aktivierungen in den frontalen und parietalen Gehirnregionen bei kulturell nicht bevorzugten Aufgaben festgestellt, also ein größerer Aufwand an Aufmerksamkeitskontrolle. Die Studie dient als weiterer Beleg für die deutliche Beziehungs- und Kontextorientierung der Asiaten im Gegensatz zu individuell-unabhängig-autonom orientierten westlichen Probanden (Hedden et al 2008). Wie also Hedden (2008) in einer fMRT-Untersuchung von Westlichen und Asiatischen Teilnehmern feststellte, benötigten Probanden für kulturell ungewohnte Stimuli zur Anpassung einen Mehraufwand an Aufmerksamkeit (attention adjustment).

B) Amygdala-Insula-Aktivierungen

1   Auch die fehlende Amygdala-Aktivierung bei türkischen Männern lässt sich sozio-kulturell begründen. Wie soziologisch-pädagogische Untersuchungen belegt haben, dürfen türkische Männer keine Angst/Ängste in ihrer Kultur zeigen, haben eine Beschützerfunktion, vertreten eher eine gewisse „Macho-Identität" und verteidigen die Ehre ihrer Familie, notfalls sogar mit Gewalt. Auch hier liegt der gesellschaftliche Fokus auf der Familie verbunden mit einem traditionellen Ehrbegriff (vgl. Kelek 2007; Kelek 2008 Giordano, im Druck). Als einzige „zulässige" Angst gilt die Angst vor Gott. Das gesamte soziale Gefüge ist hierarchisch-patriachalisch geordnet. Zudem unterscheiden sich empfundene Ängste (geringfügige Amygdala-Aktivierungen bei einigen türkischen Männern) von geäußerten und gezeigten Ängsten (vgl. Pretests). Auch wird inzwischen in der Fachliteratur

unterschieden zwischen angeborenen Ängsten und erworbenen, sozial erlernten Ängsten (Corcoran & Quirk 2007, Wiater 1997, Ulich 1994). Die stärkeren Amygdala-Aktivierungen der deutschen Teilnehmer liegen wahrscheinlich in der Tatsache begründet, dass fremde ungewohnte Bilder – wie die selektierten kulturspezisch Bilder des türkischen Kulturkreises- bei den Deutschen größere Ängste auslösen als bei den Türken, denen diese Bilder zumindest vertraut bzw. bekannt sind.

2   Der Befund der Aktivierung des inferioren frontalen Cortex bei türkischen Probanden, der für Hemmung (inhibition) und Kontrolle zuständig ist, belegt die kulturelle Prägung durch eine – nach Triandis (1995) kollektivistische Gesellschaft weiter. Die Kontrolle über ihre Emotionen hat eine große Bedeutung für türkische Männer. Häufig wird Angst mit „komischen bzw. unangenehmen" Gefühlen umschrieben (vgl. Interview Frage 7). Auf Nachfrage werden als Begründung irrationale Ängste vor dem Scanner (Gefahr von Impotenz, Chemische Strahlung, Schädigung des Gehirns) angegeben (vgl. Interviews).

3   Die Insula-Aktivierungen links bei türkischen Probanden im Vergleich zu Deutschen stehen für Angst bzw. Trauer (Damasio 2000). Grundsätzlich ist die Tendenz Trauer zu empfinden schon in den Vortests auffällig. Trauerreaktionen sind als die sozial akzeptierte Emotion auf kulturspezifische Angstbilder bei allen türk. Teilnehmern festzustellen (Männer und Frauen).

4   Moriguchi et al. (2005) hat in einer fMRT-Studie mit emotionalen Stimuli (fearful faces) unter Kaukasiern und Japanern herausgefunden, dass bei Kaukasiern die Amygdala aktiviert war, bei Japanern der rechte frontale Cortex. Die Schlussfolgerung aus diesen Studien (vgl. auch Kitayama et al. 2000) ist dass Kaukasier und Japaner unterschiedliche neuronale Netzwerke aktivieren beim Betrachten emotionaler Stimuli. Das entspricht auch den Ergebnissen unserer Untersuchung: bei den Deutschen war vorwiegend die Amygdala aktiviert, d.h. sie reagierten emotionaler, zeigten eine deutliche Angstreaktion, jedoch waren auch Regionen des präfrontalen Cortex (Denken, Erkennen) aktiviert, welche der Analyse und verstärkten Aufmerksamkeitskontrolle dienen sollen. Die türkischen Teilnehmer hingegen reagierten vorwiegend kontrolliert, möglicherweise auch gehemmt und ohne größere empfundene Ängste vor den ihnen wohl hinlänglich vertrauten kulturspezifischen Bildern.

C) Aktivierung des Supramarginalen Gyrus bei deutschen und türkischen Teilnehmern

Diese gemeinsame Aktivierung weist auf phonologische und artikulatorische Prozesse der Wortverarbeitung hin. Während der angular gyrus vorwiegend mit der semantischen Verarbeitung von Wörtern beschäftigt scheint, scheint der supramarginale Gyrus den phonologischen Gehalt von Wörtern zu verarbeiten. Beide zählen zum inferioren parietalen Lobul. Sicherlich ist der supramarginale Gyrus mit seiner Nähe zur Wernicke Region auch mit der Sprachaufnahme und

Verarbeitung beschäftigt. Auch beim Lesen scheint der supramarginale Gyrus mit dem Erkennen visuell präsentierter Wörter eine Funktion auszuüben (Stoeckel et al. 2009).

Die Aktivierung der Cerebellar lingualen Region(Stammhirn) und des Culmen (Vermis, Stammhirn), dient nicht nur wie lange angenommen der motorischen Kontrolle und dem motorisches Lernen, sondern nach neueren Untersuchungen finden sich auch kognitive Funktionen in diesen Regionen, die der Spracheverarbeitung, Aufmerksamkeitssteuerung und der Verarbeitung von mental imagery dienen sollen (Orrison 2008).

4 Interviewauswertungen

Es wurden nach der fMRT-Untersuchung in Ulm mit allen 45 Probanden mündliche (in einigen, wenigen Fällen, wegen räumlicher Abwesenheit schriftliche) teilstrukturierte Interviews durchgeführt (Dauer ca. 20-25 Minuten). Diese teilstrukturierten Interviews wurden mittels eines Aufnahmegeräts aufgezeichnet und im Anschluss transkribiert. Dann wurden die Interviews mittels MaxQda2 kodiert, ein Codebaum relevanter Begriffe erstellt und die Ergebnisse ausgewertet. In den teilstrukturierten Interviews wurden z.B. nach bevorzugten Begriffen, nach Angst/Ängste vor Menschen, Tieren und Gegenständen und nach Assoziationen mit den Begriffen Schule, Unterricht und Lernen gefragt. Auch beschäftigte sich eine Frage mit der Erfahrung von kulturellen Konflikten bzw. Missverständnissen. Die letzte Frage bezog sich auf Angst/Ängste vor dem Scanner/vor der Untersuchung. Insgesamt ist festzuhalten, dass die deutschen Teilnehmer durchwegs emotionaler, aber auch unterschiedlicher und breitgefächerter reagierten. Auch haben sie tendenziell mehr Angst vor verschiedenen Situationen/Objekten als die türkischen Teilnehmer. Der hohe Stellenwert der Familie/Großfamilie wurde bei den türkischen Teilnehmern deutlich (44,8% nannten die Familie an erster Stelle, wenn sie nach bedeutungsvollen Begriffen gefragt wurden.). Bei den deutschen Teilnehmern waren es 35,7% für den Begriff Familie. Die beigefügte Assoziationsketten zum Begriff Familie bei den beiden Gruppen verdeutlichen die unterschiedliche Konzeption der Begriffe: hier die Familie/Großfamilie, die Heimat bietet, aber auch Verantwortung impliziert; dort verstärkt der emotionale Rückhalt (vgl. Anhang). Nachdem die Interviews kodiert waren und ein Codebaum angelegt war, wurden u.a. die Worthäufigkeiten untersucht. Veranschaulicht wurden die Ergebnisse z.T. in Assoziationsketten oder Gegenüberstellungen mit Prozentangaben. Bei den Worthäufigkeiten in den Interviews ist der Begriff Angst bei Deutschen und Türken annähernd gleich häufig (Dt. Teilnehmer, 0,64% 146 Nennungen; Türkische Teilnehmer 0,69% 283 Nennungen).

Unterschiede zeigen sich in der Häufigkeit der Nennung von Wörtern wie „anders", „Vater", „Eltern", „Schwierigkeiten" bei den türkischen Teilnehmern. Ähnlichkeiten bestehen bei kulturellen Konflikten und Missverständnissen, Unterricht bzw. Schule und Vertrauen und Freiheit. Beide Gruppen erwähnen am häufigsten in aufsteigender Linie Schule (dt; 0,29%) Familie und Angst; die türk. Teilnehmer erwähnen statt Schule den Unterricht (0,27%). Die türkischen Teilnehmer wiesen zudem eine überproportional hohe Angst vor Schlangen auf, nennen auch z.T. andere Tiere als die deutschen Teilnehmer z.B. Skorpione (30,7%). Bei den deutschen Teilnehmern ist verstärkt die Angst vor Spinnen und zu einem geringeren Prozentsatz auch vor Schlangen festzustellen. Angst vor Hunden wird von beiden Gruppen erwähnt. Deutsche Teilnehmer äußern Angst vor Extremisten, Fundamentalisten, Entführer (Osama Bin Laden) und aggressiven Menschen, gewalttätigen Menschen. Türkische Teilnehmer haben keine Antwort gegeben oder haben scheinbar keine speziellen Ängste. Die individuellen Ängste, die von den türkischen Teilnehmern genannt wurden verteilen sich gleichmäßig auf die einzelnen Teilnehmer, d.h. es ist keine prozentuale Häufung ersichtlich.

Insgesamt bestätigen die Interviewergebnisse, die hier nur auszugsweise wiedergegeben werden können, die fMRT-Ergebnisse, nämlich dass die deutschen Teilnehmer durchwegs emotionaler – auch angstbehafteter – reagierten als die türkischen Teilnehmer. Die Auswertung der Interviews im Detail ergibt zumindest graduelle kulturelle verursachte Unterschiede in Weltwahrnehmung, emotionaler Relevanz bestimmter Erfahrungen und in den geäußerten Assoziationen und Ängsten zwischen beiden Gruppen. Diese kulturellen Unterschiede wurden auch bereits in den Vortests deutlich. Hauptsächliches Ergebnis der fMRt ist die deutlichere Amygdala-Aktivierung bei den deutschen Teilnehmern und die Aktivierung des mittleren frontalen Gyrus bei den deutschen Teilnehmern. Es sind demnach in allen Untersuchungen Unterschiede festzustellen, wenn gleich zum Teil nur graduell. Wie die fMRT-Ergebnisse zu interpretieren sind, habe ich oben unter Punkt 3.2.2 versucht darzulegen.

Ergebnisstabelle des fMRT-Scanning für Deutsche und Türkische Männer: Angsterleben beider Gruppen gemeinsam (conj.) und bei der Interaktion der Gruppen (interact.)

Left	x	y	z				cluster extent	Z	nearest GM			range
Conj:D&T, Fear												
	-52	-40	38	Parietal Lobe	Inferior Parietal Lobule	GM BA 40	700	3,87	Parietal Lobe	Inferior Parietal Lobule	BA 40	1
	-38	-40	38	Parietal Lobe	Inferior Parietal Lobule	WM *	[700]	3,42	Parietal Lobe	Inferior Parietal Lobule	BA 40	6
Conj:D&T, -Fear												
	-20	-84	-10	Occipital Lobe	Lingual Gyrus	WM *	[996]	3,25	Occipital Lobe	Middle Occipital Gyrus	BA 18	4
	-12	-84	2	Occipital Lobe	Lingual Gyrus	WM *	[996]	3,81	Occipital Lobe	Lingual Gyrus	BA 17	12
	-44	-76	2	Occipital Lobe	Middle Occipital Gyrus	WM *	116	3,60	Occipital Lobe	Inferior Temporal Gyrus	BA 19	3
	-18	-70	-6	Occipital Lobe	Lingual Gyrus	GM BA 18	996	4,38	Occipital Lobe	Lingual Gyrus	BA 18	1
	-46	-60	16	Occipital Lobe	Middle Temporal Gyrus	GM BA 19	90	2,93	Occipital Lobe	Middle Temporal Gyrus	BA 19	1
	0	-54	18	Limbic Lobe	Posterior Cingulate	* *	96	2,99	Limbic Lobe	Posterior Cingulate	BA 23	8
	-42	-44	-18	Temporal Lobe	Fusiform Gyrus	WM *	174	4,35	Anterior Lobe	Culmen	*	9
Interact:D<T,Fear												
	-12	-48	-20	Anterior Lobe	*	GM Dentat	[2573]	3,67	Anterior Lobe	*	Dentat	1
	-4	-44	-8	Anterior Lobe	Cerebellar Lingual	GM *	2573	3,93	Anterior Lobe	Cerebellar Lingual	*	1
	-46	-38	56	Parietal Lobe	Inferior Parietal Lobule	WM *	[163]	3,09	Parietal Lobe	Inferior Parietal Lobule	BA 40	9
	-58	-26	46	*	*	* *	163	3,69	Parietal Lobe	Postcentral Gyrus	BA 2	9
	-40	-6	20	Frontal Lobe	Sub-Gyral	WM *	152	3,19	Sub-lobar	Insula	BA 13	23
	-26	38	-18	Frontal Lobe	Middle Frontal Gyrus	GM BA 11	157	3,88	Frontal Lobe	Middle Frontal Gyrus	BA 11	1
	-42	42	-16	*	*	* *	[157]	2,92	Frontal Lobe	Middle Frontal Gyrus	BA 11	4
	-44	50	-6	Frontal Lobe	Middle Frontal Gyrus	WM *	[157]	2,90	Frontal Lobe	Middle Frontal Gyrus	BA 10	3
Interact:D>T,Fear												
	empty											

Right	x	y	z				cluster extent	Z	nearest GM			range
	64	-46	36	Parietal Lobe	Supramarginal Gyrus	GM BA 40	[881]	3,81	Parietal Lobe	Supramarginal Gyrus	BA 40	1
	58	-40	34	Parietal Lobe	Supramarginal Gyrus	GM BA 40		881	3,92	Parietal Lobe	Supramarginal Gyrus	BA 40	1
	46	-38	34	Parietal Lobe	Supramarginal Gyrus	WM *	[881]	3,63	Parietal Lobe	Supramarginal Gyrus	BA 40	9
	48	-74	4	Occipital Lobe	Middle Occipital Gyrus	WM *		1718	4,39	Occipital Lobe	Middle Occipital Gyrus	BA 19	6
	48	-60	10	Temporal Lobe	Middle Temporal Gyrus	WM *	[1718]	3,63	Temporal Lobe	Middle Temporal Gyrus	BA 39	12
	42	-52	-14	Temporal Lobe	Fusiform Gyrus	WM *	[1718]	4,14	Temporal Lobe	Fusiform Gyrus	BA 37	5
	2	54	20	Frontal Lobe	Medial Frontal Gyrus	* *		622	3,87	Frontal Lobe	Medial Frontal Gyrus	BA 9	3
	4	-68	-38	Posterior Lobe	Inferior Semi-Lunar Lobule	GM *	[246]	2,96	Posterior Lobe	Inferior Semi-Lunar Lobul *		1
	16	-62	-48	not specified				246	3,23	not specified			
	28	-60	-50	not specified			[246]	3,02	not specified				
	14	-52	-12	Anterior Lobe	Culmen	GM *	[2573]	3,72	Anterior Lobe	Culmen	*	1

Figure 2: Gruppenunterschiede. A, Sagittale und koronare Darstellung der Unterschiede im mittleren frontalen Gyrus. Das Fadenkreuz trifft sich an der höchsten Voxelanzahl mit den MNI Koordinaten [-44, 50, -6]. B, Durchschnittliche Regressionskoeffizienten für den Angst-Regressor für Deutsche und Türkische Teilnehmer.

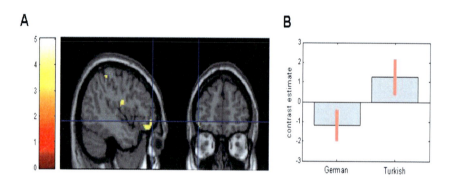

5 Probleme/Schwierigkeiten/offene Fragen der fMRT-Untersuchung

Im Gegensatz zu unseren Erwartungen zeigten die deutschen Teilnehmer eine stärkere Angstreaktion als die türkischen Teilnehmer in der fMRT-Studie. Die Amygdala-Aktivierung war bei den deutschen Teilnehmern stärker. Gründe (vgl. Punkt 2.2. Interpretationsansatz). Außerdem erwies sich die Kopplung von neutralen IAPS-Bildern mit aus dem Internet selektierten kulturspezifischen Bildern als problematisch, da sich die Bilder in Intensität, Kontrast und Farben deutlich unterschieden haben. Der Versuch die neuronale Signatur der Emotion Angst kulturspezifisch zu unterscheiden ist nur begrenzt gelungen, da eine aktuelle Angst-Bedrohung nicht bestand, die Stimuli statisch medial vermittelt wurden und in der Qualität zu unterschiedlich waren. Zudem war das Untersuchungsparadigma nicht ausgefeilt genug und das eingesetzte Messinstrument, der fMRT-Scanner, erwies sich als zu grobmaschig, um graduelle kulturelle Unterschiede feststellen zu können (jedoch zu einer erfolgreichen Untersuchung mittels fMRT vgl. Drentl et al 2009). Es fanden zwei Auswertungen der fMRT-Ergebnisse statt, die erste im Dezember 2007, die zweite im März 2009. Beide Auswertungen bestätigten das oben erwähnte Amygdala-Ergebnis, fanden jedoch unterschiedliche Aktivierungen im präfrontalen Cortex: Auswertung 2 zeigte eine deutliche Aktivierung des mittleren frontalen Gyrus bei den deutschen Männern im Vergleich zu den türkischen Männer; Auswertung 1 fand eine Aktivierung des inferioren frontalen Gyrus und des superioren frontalen Gyrus (Türken). Weitere Aktivierungen betreffen den supramarginalen Gyrus, das linguale Cerebellum und das Culmen. Ein weiteres Problem der Studie war das unausgewogene Geschlechterverhältnis: während sich deutlich mehr deutsche Frauen als türkische Frauen bereit fanden teilzunehmen, war die Bereitschaft der deutschen Männer im Vergleich zu den türkischen Männern nur geringfügig unterschiedlich. Das hatte zur Folge, dass sich die endgültige Auswertung auf deutsche und türkische Männer beschränkte. Mögliche weitere Probleme entstanden durch:

- gleiche Stimulusreihenfolge (Reihenfolge-/Ermüdungseffekte)
- ungleichverteilter Jitter (schnelle Antworten)
- fehlende T1-Messungen (2)
- [zu lange Bildpräsentation] = 60 Bilder

6 Diskussion

Im Gruppenvergleich wiegen sich die Unterschiede zwischen Deutschen und Türkischen Angstreaktionen gegeneinander auf. Eine geringe Amygdala-Reaktion bei den türkischen Teilnehmern und eine hohe Angstreaktion bei dt. TN. wurde nachgewiesen. Nur bei den Deutschen Teilnehmern wurde eine erhöhte Aktivierung des mittleren frontalen Gyrus (BA47; BA10) (Aufmerksamkeitskontrolle) festgestellt. Wie die Ergebnisse zu interpretieren sind, ist noch offen. Während Drentl et al. 2009 eine deutliche Angstreaktion bei Asiaten gegenüber Deutschen feststellten und dies mit dem Neuigkeits- und Fremdheitsgefühl der neu in Österreich angekommenen Probanden belegen, stellten Moriguchi und auch Chiao hingegen eine stärkere Angstreaktionen bei Kaukasiern beim Zeigen angstvoller Gesichter/Bilder fest. Asiaten reagierten in beiden Untersuchungen verstärkt mit Aktivierung des präfrontalen Cortex (PFC). Unser Ergebnis entspricht diesen Befunden zum Teil: einerseits fanden wir deutlich mehr Angstreaktionen bei den Deutschen Teilnehmern, andererseits reagierten beide Gruppen, wenn gleich die Deutschen verstärkt, mit einer Reaktion des PFC: während bei den Deutschen vorwiegend der mittlere frontale Gyrus aktiv waren, fanden sich jedoch bei den türkischen TN Aktivierungen des inferioren und superioren präfrontalen Gyrus. Die verschieden Regionen liegen jedoch nah zusammen, haben aber durchaus – wie dargelegt – unterschiedliche Funktionen. Insgesamt ist festzustellen, dass die empirische Untersuchung ein uneinheitliches und interpretierbares Ergebnis zeigte. Die Anfangshypothese – stärkere Angstreaktion der türkischen TN auf kulturspezifische Bilder – erwies sich als zu einfach und wurde durch die fMRT-Untersuchung widerlegt. Nicht leugnen lassen sich jedoch graduelle kulturelle Unterschiede in der Wahrnehmung der Wirklichkeit, die vielleicht bald schlüssig und auf neuronaler Ebene nachgewiesen werden können. Es bleibt festzuhalten, dass Kultur die Erkenntnisprozesse im Gehirn beeinflusst und unterschiedliche Reaktionen bei beiden Gruppen auf die gezeigten Stimuli hervorruft. Wie diese Ergebnisse letztlich einzuordnen und zu interpretieren sind, ist momentan jedoch noch eine offene Frage wie auch die uneinheitlichen Forschungsergebnisse anderer Untersuchungen belegen. Als Fazit lässt sich festhalten: Kulturelle Unterschiede im Denken, Fühlen, Handeln sind vorhanden und nachweisbar, wie jedoch die jeweiligen neuronalen Aktivierungen im Gehirn zu beurteilen sind, bleibt abzuwarten. Für die Schule und den Unterricht von Kindern mit/ohne Migrationshintergrund wurden durch unsere Pilotstudie dennoch wichtige grundlegende Einblicke in den Zusammenwirken von Kultur, Emotionen und mentalen Repräsentationen im menschlichen Gehirn gewonnen, die als Ausgangsbasis für weitere Untersuchungen dienen können.

Anhang:

Balkendiagramme Pre-Test 1

Diagramm

[DatenSet1] E:\universitaet\lehrstuhl\projekte\emotionen\daten\emotionen.sav

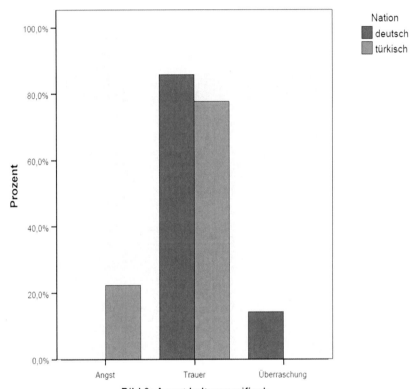

Bild 3: Angst kulturspezifisch

```
GRAPH
 /BAR(GROUPED)=PCT BY bild6 BY Nation .
```

Diagramm

[DatenSet1] E:\universitaet\lehrstuhl\projekte\emotionen\daten\emotionen.sav

Pre-Test 2: Beispiel

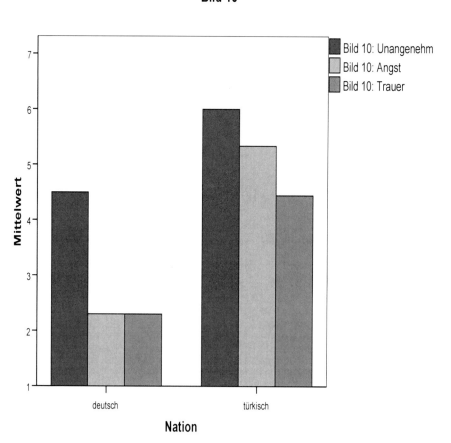

Kulturelle Heterogenität

	deutsch		türkisch		Sign.	Effekt
	MW	s	MW	s	p	d
Bild 1: Unangenehm	3,40	1,506	3,80	1,317	0,535	0,28
Bild 1: Angst	1,90	1,663	3,30	1,567	0,069	0,87
Bild 1: Trauer	1,60	1,075	3,44	1,424	0,005	1,46
Bild 2: Unangenehm	5,10	0,994	6,44	1,014	0,010	1,33
Bild 2: Angst	3,00	1,944	5,78	1,641	0,004	1,55
Bild 2: Trauer	3,20	1,814	6,22	1,394	0,001	1,87
Bild 3: Unangenehm	6,20	0,919	6,70	0,675	0,182	0,62
Bild 3: Angst	2,50	1,509	6,20	1,398	0,000	2,54
Bild 3: Trauer	5,10	1,449	6,50	0,972	0,021	1,13
Bild 4: Unangenehm	4,10	1,370	3,80	1,751	0,675	-0,19
Bild 4: Angst	1,30	0,483	3,10	2,079	0,016	1,19
Bild 4: Trauer	1,50	1,269	2,90	2,079	0,086	0,81
Bild 5: Unangenehm	4,50	0,972	4,70	1,494	0,727	0,16
Bild 5: Angst	2,10	1,197	3,70	2,406	0,076	0,84
Bild 5: Trauer	2,50	1,179	3,90	1,969	0,070	0,86
Bild 6: Unangenehm	5,50	1,080	5,00	1,944	0,486	-0,32
Bild 6: Angst	3,80	2,044	4,70	2,452	0,384	0,40
Bild 6: Trauer	2,70	1,703	5,00	2,055	0,014	1,22
Bild 7: Unangenehm	4,90	1,101	5,60	1,647	0,278	0,50
Bild 7: Angst	3,40	1,713	4,90	2,234	0,109	0,75
Bild 7: Trauer	2,70	1,567	5,10	1,595	0,003	1,52
Bild 8: Unangenehm	5,00	0,943	5,10	1,449	0,857	0,08
Bild 8: Angst	3,00	1,563	4,00	2,449	0,291	0,49
Bild 8: Trauer	2,80	2,150	4,90	2,183	0,044	0,97
Bild 9: Unangenehm	3,60	1,776	4,10	1,449	0,499	0,31
Bild 9: Angst	1,40	0,843	3,20	2,150	0,024	1,10
Bild 9: Trauer	1,20	0,632	2,80	1,751	0,014	1,22
Bild 10: Unangenehm	4,50	1,179	6,00	1,414	0,022	1,15
Bild 10: Angst	2,30	1,418	5,33	2,291	0,003	1,59
Bild 10: Trauer	2,30	1,636	4,44	2,555	0,042	1,00
Bild 11: Unangenehm	2,10	1,287	4,20	1,932	0,010	1,28
Bild 11: Angst	1,40	0,699	3,60	2,221	0,008	1,34
Bild 11: Trauer	2,60	1,955	4,00	2,108	0,141	0,69
Bild 12: Unangenehm	5,00	1,563	6,20	1,476	0,095	0,79
Bild 12: Angst	3,60	2,171	5,90	1,853	0,020	1,14
Bild 12: Trauer	1,80	1,135	5,40	2,011	0,000	2,20
Bild 13: Unangenehm	5,00	1,054	4,88	2,031	0,868	-0,07
Bild 13: Angst	3,10	1,792	4,25	2,252	0,244	0,57
Bild 13: Trauer	2,70	1,767	3,88	2,642	0,275	0,53
Bild 14: Unangenehm	4,70	1,494	5,30	1,703	0,413	0,37
Bild 14: Angst	3,10	2,378	4,50	2,321	0,199	0,60
Bild 14: Trauer	3,10	2,234	4,30	2,359	0,258	0,52
Bild 15: Unangenehm	4,60	0,843	6,30	1,337	0,003	1,52
Bild 15: Angst	2,50	1,434	6,00	1,700	0,000	2,23
Bild 15: Trauer	3,60	1,713	6,00	1,700	0,006	1,41

Auswahl Effektgrößen Pre-Test 2

fMRT-Auswertung:

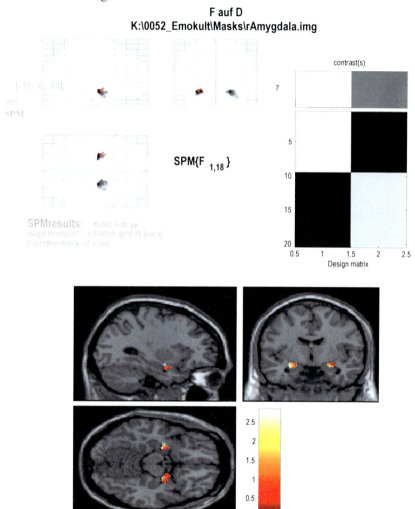

Bild 3: Angst bei der deutschen Gruppe

Varianz innerhalb der Gruppen

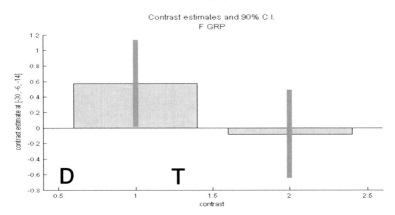

Varianz der Gruppendifferenz

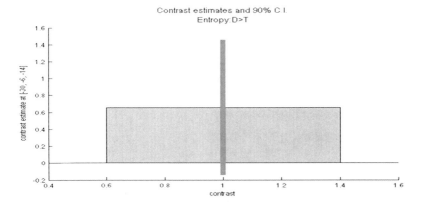

Haupteffekt Angst, D 2009

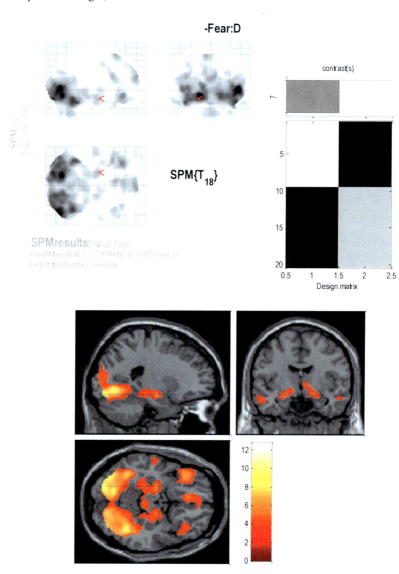

Interact:D>T,AF>NE, p<0.001 uncorrected

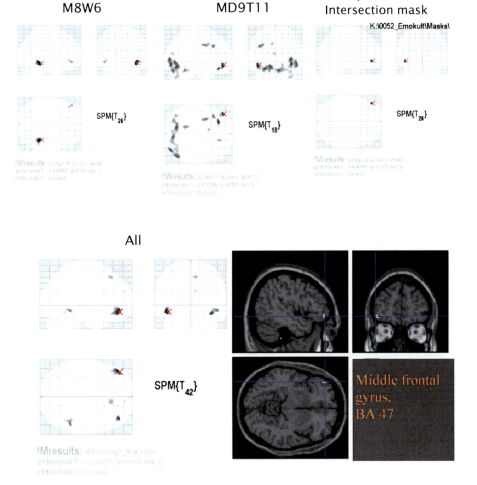

7 Literaturverzeichnis

Aaron, A.R., Robbins, T.W., Poldrack, R.A.: Inhibition and the right inferior frontal cortex. Trends in cognitive sciences. Bd 8, 170-177
Adolphs, R.: Fear and the Human Amygdala. The journal of neuroscience. 1995 Bd. 15 (H.9), 5879-5891
Al-Diban, S.: Diagnose mentaler Modelle. Studienreihe psychologische Forschungsergebnisse Bd. 87. Hamburg 2002
Altarriba, J. (ed.): *Cognition and Culture. A Cross-Cultural Approach to Cognitive Psychology.* Amsterdam 1993
Allolio-Näcke, L. et al.(Hrsg.): *Differenzen anders denken: Bausteine zu einer Kulturtheorie der Transdifferenz.* Franfurt a. M. 2005
Arnold, M.: *Aspekte einer modernen Neurodidaktik. Emotionen und Kognitionen im Lernprozess.* München 2002
Astleitner, H.: Designing emotionally sound instruction: The FEASP-approach. Instructional Science 28, 2000, 169-198
Berry, John W., Dasen, Pierre R., Savasumathi, T.S. (eds.): Handbook of Cross-cultural psychology Vol 2 Basic Processes and Human Development, sec. ed. 1997 Chap 8: Culture and Emotion, S. 255-297
Bronfenbrenner, U. *The Ecology of Development. Experiments by Nature and Design.* Cambridge Mass 1979
Bruner, J.: *The Culture of Education.* Cambridge Mass. 1996
Butler, Th.: *Memory. History, Culture and the Mind.* Oxford 1989
Caine R., et al: *12 Brain/Mind Learning Principles in Action. The fieldbook for Making Connections, Teaching, and the Human Brain.* Thousand Oaks CA 2004
Coulson, S./Oakley, T.: Blending basics. Cognitive Linguistics Vol 11-3/4 (2000), 175-196
Damasio, A.: *Ich fühle, also bin ich. Die Entschlüsselung des Bewusstseins.* München 2000 (Damasio, A.): *The feeling of what happens* New York 1999 (Englische Ausgabe))
Edlinger, H./Hascher, T.: Von der Stimmungs- zur Unterrichtsforschung: Überlegungen zur Wirkung von Emotionen auf schulisches Lernen und Leisten. Unterrichtswissenschaft 36, Jg 2008, H.1, 55-70
Elias, G.C. & Ingram, D.E.: *Cultural Components of reading. An examination of psycholinguistic processes in reading and implications for the bilingual classroom.* Singapore 1977
Etkin, A., Egner, T., Peraza, D.M. , Kandel, E. R., Hirsch, J.: Resolving Emotional Conflict: A Role for the rostral anterior cingulate cortex in modulating activity in the amygdale. Neuron 51, Sept 21, 2006, 871-882
Faihe, Y.: *Hierarchical problem solving using reinforcement learning: Methodology and Methods.* Diss. University of Neuchâtel. Neuchâtel 1999
Fauconnier, G.: *Mental Spaces: Aspects of Meaning Construction in Natural Language.* Cambridge 1994
Fauconnier, G. & Sweetser, E. (Eds.): *Spaces, World, and Grammar.* Chicago London 1996
Fauconnier, G.: *Mappings in Thought and Language.* Cambridge 1997
Friederici, A.D. et al.: The brain differentiates human and non-human grammars: Functional localization and structural connectivity. PNAS; February 14, 2006; vol. 103; no 7, 2458-2463
Fuster, J.: *Cortex and Mind: Unifying Cognition.* New York 2003
Gazzaniga, M.S./Ivry, R.B./Mangun, G.R.: *Cognitive Neuroscience. The biology of the mind.* (Sec. ed.) New York 2002.
Geertz, C.: *The interpretation of cultures: selected essays.* New York 1997
Grön, G., Schul, D., Bretschneider, V., Wunderlich, A.P., Riepe, Matthias A., Alike performance during nonverbal episodic learning from diversely imprinted neural networks. European Journal of Neuroscience 2003 Vol 18, 1-9

Hall, St.: *Rassismus und kulturelle Identität.* 1. Aufl. Hamburg 1994
Herrmann, U. (Hrsg.): *Neurodidaktik. Grundlagen und Vorschläge für gehirngerechtes Lehren und Lernen.* Beltz Verlag Weinheim und Basel 2006
Hölling, H. Erhart, M., Ravens-Sieberer, U., Schlack, R. Verhaltensauffälligkeiten bei Kindern und Jugendlichen. Erste Ergebnisse aus dem Kinder- und Jugendlichensurvey (KiGGS). Bundesgesundheitsblatt-Gesundheitsforschung-Gesundheitsschutz 5/6 2007, 50: 784-793
Hot, P., Saito, Y., Mandai, S., Kobayashi, T.,Sequeira, H.: An ERP investigation of emotional processing in European and Japanese individuals. Brain research 2006 Bd 1122, 171-178 (1)
Johnson, M.H./Munakata, Y./Gilmore, R.O. (Eds.) *Brain development and Cognition. A Reader.* 2nd. ed. Oxford 2002
Kensinger, E.A.; Schacter, D.L.: Processing emotional pictures and words: Effects of valence and arousal. Cognitive, affective and behavioural neuroscience 2006, 6 (2), 110-126
Kitayama, S. /Karasawa, M./ Mesquita, B.: Cultural Affordances and Emotional Experience: Socially Engaging and Disengaging Emotions in Japan and the United States. Journal of Personality and Social Psychology 2006 Vol 91, No 5, 890-903
Kühnen, U.: Denken auf Asiatisch. Gehirn & Geist 2003 Bd. 2, 10-15
Lancaster JL, Woldorff MG, Parsons LM, Liotti M, Freitas CS, Rainey L, Kochunov PV, Nickerson D, Mikiten SA, Fox PT, "Automated Talairach Atlas labels for functional brain mapping". Human Brain Mapping 10:120-131, 2000. http://www.talairach.org/
LeDoux, J.: *Das Netz der Gefühle. Wie Emotionen entstehen.* 3. Aufl. München 2004
LeDoux, J.: Synaptic Self. How our brains become who we are. New York 2002
Lewis, R.S., Goto, Sh. G., Kong, L.: Culture and Context: East Asian American and European American Differences in P3 Event-Related Potentials and Self-Construal. Personality and Social Psychology Bulletin 2008, 34, 623-634
Marshall, S.P.: *Schemas in problem solving.* Cambridge 1995
Mauss, IB et al. Individual differences in cognitive reappraisal: Experiential and physiological responses to an anger reaction. International Journal of Psychophysiology 2007doi: 10.1016/j-ijpsycho.2007.03.017 last retrieved 16th of September 2010
Mayer, R.E.: *Thinking, problem solving, cognition.* 2nd ed. New York 1992
Merlin, D.: *Origins of the Modern Mind. Three stages in the evolution of culture and cognition.* Harvard 1991
Mesquita, B./Frijda, N.H. Cultural Variations in Emotions: A Review. Psychological Bulletin 1992 Vol 112 No 2, 179-204
Moriguchi, Y.: Specific brain activation in Japanese and Caucasian people to fearful faces. Neuroreport 200516 (2), 133-136
Neil Martin, G.: *Human Neuropsychology.* Hemel Hempstead 1998 ; 2nd ed. 2006)
Neville, H.J. & Bavelier, D.: Specifity and plasticity in neurocognitive development in humans. In: Johnson M.H./ Munakata, Y/ Gilmore, R.O. (eds.): *Brain development and Cognition. A Reader.* 2nd ed. Oxford 2002, p.251-271
Nießeler, A.: Individualität und Kulturalität – Aspekte grundlegender Bildung aus Sicht der Kulturtheorie. In: Götz, M. /Müller, K. (Hrsg.): *Grundschule zwischen den Ansprüchen der Individualisierung und Standardisierung.* Wiesbaden 2005, S. 31-36
Nisbett, R.E., Kitayama, S., Uskul, A.K. Ecocultural basis of cognition : Farmers and fishermen are more holistic than herders. PNAS published online June 24, 2008 vol 105, no 25, p. 8552-8556
Nisbett, R.E./Miyamoto, Y. The influence of culture: holistic versus analytic perception Trends in Cognitive Sciences 2005 Bd.9, 10, 467-473
Nisbett, R.E./Masuda, T.: Culture and point of view. PNAS (Inaugural article) Sept 16, 2003, Vol 100, No 19, 11163-11170.
Orrison, William W., Jr. Atlas of Brain Function. New York 2008
Panksepp, J.: *Affective neuroscience.* New York 1998
Pekrun, R./Schutz, P.A. (eds.): Emotion in Education Amsterdam 2007

Pekrun, R., Frenzel, A.C., Goetz, Th., Perry R.P.: The Control- Value Theory of Achievement Emotions: An integrative Approach to Emotions in Education. In: Pekrun, R./Schutz, P.A.: Emotion in Education, Amsterdam 2007, S.13-35
Peper, M., Herpers M., Spreer, J., Hennig, J., Zentner, J.: Functional Neuroimaging of emotional learning and autonomic reactions. Journal of Physiology Paris 2005 99 (H.4-6), 342-354
Phelps, E.A./LeDoux, J.E. Contributions of the Amygdala to Emotion Processing: From Animal Models to Human Behavior. Neuron Vol 48 Issue 2, 20. Oct 2005, 175-187
Prengel, A.: Kinder akzeptieren, diagnostizieren, etikettieren? – Kulturen- und Leistungsvielfalt im Bildungswesen. In: Warzecha, B. (Hrsg.): *Heterogenität macht Schule. Beiträge aus sonderpädagogischer und interkultureller Perspektive.* Münster 2003, S. 27- 39
Pirozzolo, F. J. & Wittrock, M.C.(eds.): *Neuropsychological and cognitive processes in reading.* New York 1981
Pritzel, M./Brand, M./Markowitsch, H.J.: Gehirn und Verhalten. Ein Grundkurs der physiologischen Psychologie. Heidelberg Berlin 2003
Reich, E.: Denken und Lernen. Hirnforschung und pädagogische Praxis. Wiss. Buchgesellschaft Darmstadt 2005
Reyer, J.: „Fremde Gesichter nicht abwehren!" Historische Notizen zur Universalität, Kulturalität und Nationalität der Erziehungswissenschaft in Deutschland. In: Neue Sammlung, 42 (2002) 3, 287-317
Rogoff, B.: *Apprenticeship in thinking. Cognitive Development in Social Context.* New York and Oxford 1990
Rogoff, B. et al.; Human Development. (2002) 45, No 4., 209-322
Rogoff, B.: *The cultural nature of human development.* Oxford 2003
Rubner, J.: *Vom Wissen und Fühlen. Einführung in die Erforschung des Gehirns* dtv München 1999
Seel, N. M.: *Psychologie des Lernens. Lehrbuch für Pädagogen und Psychologen.* 2. Auflage Ernst Reinhardt Verlag München Basel 2003.
Schrage, M.: *Shared minds: the new technologies of collaboration.* New York 1990
Shore, B.: *Culture in mind. Cognition, Culture and the Problem of Meaning.* New York and Oxford 1996
Stoeckel, C. et al: Supramarginal gyrus involvement in visual word recognition. In: Cortex 2009 October; 45(9), 1091-1096
Strohschneider, S.; Güss, D.. Planning and problem solving: differences between Brazilian and German students. Journal of Cross-Cultural Psychology (1998) 29, 695-716
Tsai, J.L. Culture In: Levinson, D., Ponzetti, JJ., Jorgensen, PF (Eds.): Encyclopedia of Human Emotion. New York 1999, p. 159-166
Van Hemert, Dianne A., Poortinga, Y.H., van de Vijver, F.J.R.: Emotion and culture: A metaanalysis. Cognition and emotion 2007, 21 (5), 913-943
Warzecha, B. (Hrsg.): *Heterogenität macht Schule. Beiträge aus sonderpädagogischer und interkultureller Perspektive.* Münster 2003
Welsch, W.: Auf dem Weg zu transkulturellen Gesellschaften. In: Allolio-Näcke, L. et al. (Hrsg.): *Differenzen anders denken: Bausteine zu einer Kulturtheorie der Transdifferenz.* Franfurt a. M. 2005, S. 314-341
Wiater, W.: *Unterrichten und Lernen in der Schule. Eine Einführung in die Didaktik.* Auer Verlag Donauwörth 2007, S.99-106

Die Kulturalität des Verstehens

Carmela Grassi

1 Einleitung: Was verstehen wir eigentlich?

„Sire, nun habe ich dir von allen Städten gesprochen, die ich kenne."
„Da ist noch eine, von der du nie sprichst."
Marco Polo senkte den Kopf.
„Venedig", sagte der Khan.
Marco lächelte. „Wovon dachtest du denn, dass ich dir gesprochen hätte?"
Der Kaiser zuckte nicht mit der Wimper. „Doch hörte ich dich nie den Namen auszusprechen."
Und Polo: „Jedesmal, wenn ich dir eine Stadt beschreibe, sage ich etwas über Venedig."
„Wenn ich dich über andere Städte befrage, will ich dich über sie sprechen hören. Und über Venedig, wenn ich dich über Venedig befrage."
„Um die Eigenschaften der anderen zu unterscheiden, muss ich von einer Stadt ausgehen, die inbegriffen ist. Für mich ist sie Venedig."
Italo Calvino: Die unsichtbaren Städte. Roman. 7. Aufl., München 1994, S.100

Wie aus dem Zitat aus Calvinos Roman „Die unsichtbaren Städte" (Le città invisibili, 1972) ersichtlich wird, ist für den weit gereisten Marco Polo seine Heimatstadt Venedig das Maß für den Vergleich mit allen Erfahrungen, mit allen anderen realen und imaginären Städten, von denen er dem Mongolenherrscher Kublai Khan berichtet. Das Fremde, das neu Erworbene wird mit dem Vertrauten in Zusammenhang gebracht und somit „verstanden".
Was verstanden wird, gehört also zum Subjekt, das sich bei seinem Agieren in den „Schablonen" des Bekannten bewegt und darin teilweise verhaftet bleibt. Die eigenen kulturellen Wurzeln bestimmen aber nur einen Teil des Verstehensprozesses, vielmehr ist es dem Subjekt überlassen, inwieweit es bereit oder fähig ist, die Deutungsmuster der eigenen Sprache, Kultur und Geschichte zu erkennen, sie auszulegen und bewusst wahrzunehmen. Das eröffnet weitere Fragen: zuerst wie Kultur zu definieren ist, welcher Kulturbegriff sich als nütz-

lich erweisen kann, um das Verstehen zu erleichtern oder überhaupt zu ermöglichen; desweiteren wie das Verhältnis Individuum/Kultur zu beschreiben ist.

2 Der Begriff „Kultur"

„Kultur" ist ein mehrdeutiger, heute besonders in die Kritik gekommener Begriff, der oft in Kontrast zum Begriff der „Natur" gestellt wird. Während der Mensch als Teil der Natur z.B. biologischen Gesetzen unterworfen ist, schafft er durch die Kultur frei gestaltete Räume. Das Gelernte und Geschaffene ist in weitem Sinne Kultur.

Wenn von *einzelnen Kulturen* die Rede ist, sind damit Handlungs- und Denkweisen, aber auch materielle Hervorbringungen gemeint, in denen bestimmte menschliche Gemeinschaften übereinstimmen. Dabei bleibt der Grad der Übereinstimmung bei Kulturdefinitionen immer offen und ist stark von Modellierungen abhängig.

Mentalistische Ansätze betonen gemeinsame Wert-, Normen-, und Haltungskonstellationen, die dem Verhalten bestimmter Gruppen unterliegen. In funktionalistischen Ansätzen wird Kultur allgemein als Orientierungssystem gesehen, das kollektiv geteilte Konventionen und Interaktionsmuster bereitstellt. Diese werden von den Mitgliedern der Gruppe unbewusst ausgeführt und selten hinterfragt.

Viele Kritiker meinen, dass ein einheitlicher Kulturbegriff an sich obsolet sei, da Menschen heutzutage als mehreren Kulturfeldern zugehörig angesehen werden sollten. Die Globalisierung führt zu einer neuen Definition von Raum- und Zeitzugehörigkeit, mediale Vernetzung und globale Mobilität lassen Raumkonstanz schwinden. Es entwickelt sich eine neue Perspektive, die Kultur als *work in progress* deutet und die Handlungskompetenz der Menschen betont, die zu Produzenten und Akteuren und damit zum konstitutiven Kern der Kultur werden. Ihre „Kulturalität" wird zum Merkmal einer Differenz, die sie ständig neu bestimmen, da sie über die Fähigkeit zur individuellen Stellungnahme, Reflexion und Distanzierung gegenüber kulturellen Bedeutungsmustern verfügen. Hier finden wir eine Akzentuierung der Sinngestaltung und Sinnproduktion, die das Subjekt aufweist. Nach diesem teils konstruktivistischen Ansatz sind weder Kultur noch Subjekt ein souveränes und homogenes Gebilde, sondern im Hier und Jetzt zu definierende Konstrukte.

Die Beziehung Individuum/Kultur wird in einem stets sich neu orientierenden Sprach- und Lebensraum und in einer dynamischen Bewegung zwischen Individuellem und Allgemeinem verortet. Das Individuum braucht soziokulturelle Konstrukte und referentielle Kategorien als wichtige Teile des Selbst, da sie „im

Prozess der Sozialisation internalisiert werden und zugleich die Mittel für Repräsentation und Reflexion bereitstellen" (cf. Vygotskij 2002, S.125ff und Witte 2007, S.12). Der Sozialkonstruktivismus von Vygotskij beschreibt den Sozialisationsprozess als Aneignung von zunächst unhinterfragten Sinn- und Verstehenskategorien, die das Individuum in einer bestimmten (Sub-) Kultur und in sprachlichen Interaktionen mit anderen übernimmt. Diese bestimmen aber keine universellen, identischen und allgemeinen Standards oder Merkmale, die alle Menschen einer bestimmten Gruppe charakterisieren. Sie sind vielmehr individuell spezifische und notwendige Strukturen, die dem Einzelnen im Austausch mit seiner Lebenswelt erlauben, sich durch sozial vorgegebene sprachliche und soziokulturelle Muster immer wieder neu zu konstituieren und zu positionieren. Die aktive Sinnproduktion im jeweiligen Sprachkontext und im Sozialisationsprozess kann sicher als ein Merkmal aller Mitglieder einer Kulturgemeinschaft gesehen werden, wenn man gleichzeitig betont, dass die Beziehung Individuum/Kultur ein dialektisches Interdependenzverhältnis zwischen Elementen, die soziokulturell konstruiert sind, und Elementen, die das Subjekt immer wieder neu konstruiert, aufweist.

„Dieser Spalt zwischen Allgemeinem und Individuellem, der das Bewusstsein durchzieht, ist daher der wahre Ort des Verstehens, der auch stets darauf verweist, dass andere Menschen ebenso wie das ‚Ich' keine geschlossenen Systeme sind, sondern sozial und kulturell generiert und räumlich und historisch positioniert sind. […] ‚Verstehen' erweist sich damit als ständiger Prozess des Vergleichens und In-Beziehung-Setzens, in den die eigene Situation und ihre soziokulturellen Bedingtheiten ebenso eingehen wie die Erfahrungen und Informationen über die andere Kultur." (Witte 2007, S.13, Hervorhebung C.G).

Eine solche Theorie des Kulturverstehens lehnt jeglichen kulturellen Reduktionismus oder Determinismus ab, und könnte sich andere Reflektionen aus philosophischen oder psychologischen Studien zueigen machen, ohne in die von A. Sen genannte Identitätsfalle[1] zu geraten.

3 Die Kulturdimensionen

Zu der starken Kritik, unter die der Kulturbegriff geraten ist, gehören die Ergebnisse unterschiedlicher Studien, die kulturelle Unterschiede anhand makroanaly-

---

1 Amartya Sen zufolge setzt sich die Identität eines Menschen aus einer ganzen Reihe von Teilidentitäten zusammen; Wenn diese aber auf einen einzigen Identitätsaspekt verkürzt und dieser Aspekt wiederum in einem weiteren Schritt einer anderen Identität kontrastierend und dichotomisierend gegenübergestellt wird, schnappt die Identitätsfalle zu („Der Westen", „Der Islam", „Die Vorreiter von Demokratie und Freiheit", „Der globale Terrorismus", Ideen, die Huntington (2002) in seinem Buch „Kampf der Kulturen" verbreitet hat).

tischer Ansätze zu erfassen versuchen. Eine der nach wie vor einflussreichsten Untersuchungen ist die groß angelegte Studie des Anthropologen E. T. Hall und des Sozialwissenschaftlers Geert Hofstede. Trotz aller gut fundierten[2] Kritik ist dieses Modell sehr aufschlussreich und verdient eine (relativierende) Beschreibung seiner Stärke und Verwendbarkeit.

Hofstede führte in den Sechziger Jahren eine groß angelegte Studie in 50 Ländern zur Klärung von kultureller Varianz im sozialen Verhalten durch, für die er 116.000 Mitarbeiter der Firma IBM befragte. In der Tradition der kulturvergleichenden Psychologie, zu der auch diese Studie gehört, wird „Kultur" als ein mehrdimensionales Konstrukt verstanden, das die Funktion eines Orientierungssystems übernimmt, dessen Eigenschaften Wahrnehmung, Denkmuster, Interaktionen und Emotionen einer Gesellschaftsgruppe beeinflussen. Das Konstrukt „Kultur" setzt sich zusammen aus einem komplexen Geflecht von Symbolen, Helden, Ritualen und Werten[3], die die Mitglieder einer Gruppe teilen: sie tendieren dazu, ein bestimmtes Ereignis in ähnlicher Form zu bewerten und zu „verstehen", vergleichbare Gefühle zu empfinden und mit ähnlichem, als allgemein angemessen empfundenen Verhalten zu reagieren. Die Lebenswelt weist in diesem Sinn eine „kulturelle Brille" auf, ähnlich wie die Rolle, die Venedig für Marco Polo spielt.

Diese Studie und viele anderen Untersuchungen der letzten dreißig Jahre führten zur Entwicklung eines Indexsystems, das die Wertorientierungen unterschiedlicher Kulturen misst. Die Unterschiede werden auf Basis mehrerer Dimensionen beschrieben: *Machtdistanz, Kollektivismus/Individualismus, Maskulinität/ Femininität* und *Unsicherheitsvermeidung* sind davon die meist untersuchten.

Die Dimension *Machtdistanz* beschreibt „das Ausmaß, zu welchem die weniger mächtigen Mitglieder von Institutionen bzw. Organisationen eines Landes erwarten und akzeptieren, dass Macht ungleich verteilt ist" (Hofstede 2001, S.33). Mitglieder einer Organisation oder Institution, deren Kultur eine hohe

---

2 Die Kritik betrifft die begrifflich-theoretische sowie die methodische Ebene: siehe McSweeney (2002), Bolten (2002), Baskerville (2003). Hansen (2000) betont: „Jene Psychologen, Soziologen und Wirtschafts-wissenschaftler, die nur empirischen Analysen trauen, wurden durch Hofstedes Statistik davon überzeugt, dass Kultur aus hard facts bestehe, die man messen und wiegen kann" (Hansen 2000, S.285).

3 Hier einige Begriffe: Symbole sind nach Hofstede Worte, Gesten, Bilder oder Objekte, die eine bestimmte Bedeutung haben, welche nur von denjenigen erkannt wird, die der gleichen Kultur angehören; Helden sind für Personen, tot oder lebendig, echt oder fiktiv, die Eigenschaften besitzen, die in einer Kultur hoch angesehen sind und daher als Verhaltensvorbilder dienen; Rituale werden von Hofstede als kollektive Tätigkeiten bezeichnet, die für das Erreichen der angestrebten Ziele als sozial notwendig gelten; Werte bezeichnen die allgemeine Neigung, bestimmte Umstände anderen vorzuziehen (entnommen aus Hofstede 2001, S.8ff). Eine Auseinandersetzung mit diesen Begriffen, insbesondere mit der Definition von „Ritualen", würde den Rahmen dieses Artikels sprengen.

Machtdistanz aufweist, folgen strikt dem hierarchischen Weg, um ihr Anliegen voranzutreiben, während eine niedrige Machtdistanz die Kommunikation zwischen den Mitglieder unterschiedlicher hierarchischer Positionen erleichtert. Richard D. Lewis (1999, S.65-77) stellt grafisch die Leadership-Stile von italienischen und deutschen Managern dar: In den Machtstrukturen eines deutschen kleinen bis mittelgroßen Unternehmens spielt der Konsens eine wichtige Rolle, z.B. werden die Mitarbeiter oft in Entscheidungsprozesse involviert. In den italienischen Firmen spielt die Hierarchie eine viel wichtigere Rolle, z.b. sind die Verhandlungen innerhalb der Institution strikt hierarchisch geregelt. Aber die Flexibilität hat dort noch einen höheren Wert, wenn schnelle Lösungen und unkonventionelle Vorgehensweise vonnöten sind.

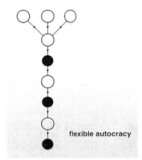
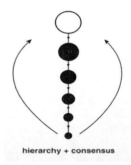

Interessant sind auch die Beobachtungen von Preuss (1992), die die Führung einer kleinen bis mittelgroßen Firma im italienisch-deutschen Vergleich darstellen:

„... die Italiener führen ihre Firma als würden sie ein schnelles Motorboot lenken. Sie können schnell Gas geben und schnell wenden, aber weiter als 100 oder 150 Meilen kommen sie mit dem Kraftstoff nicht. In Deutschland gleicht das Management größerer Firmen dagegen dem Führen eines Überseeschiffes. Da gilt es, die Route zu analysieren, zu wissen, wie viele Tage man unterwegs ist, wie viel Kraftstoff und Proviant benötigt werden. Erst wenn alles an Bord verstaut wird, wird langsam gestartet. Aber dann kommen alle viel weiter als das fixe italienische Rennboot. Wird allerdings ein Fehler gemacht, dann fällt das Wenden des behäbigen Überseeschiffes viel schwerer als bei dem kleinen Boot." (Preuss 1992, S.8).

Die zweite Dimension in Hofstedes Modell ist *Individualismus* versus *Kollektivismus: Individualismus* stellt eine Dimension von Kulturen dar, in denen deren Mitglieder tendenziell primär versuchen, ihre Interessen und lediglich die ihrer engsten Familienangehörigen zu verwirklichen. In *kollektivistischen Kulturen* dagegen fühlen ihre Mitglieder ein starkes Zugehörigkeitsgefühl gegenüber einer oder mehreren sozialen Gruppen. Diese Gemeinschaft (es kann der „Stamm", oder eine Kirche aber auch ein Unternehmen sein) wird als Schutz der Interessen ihrer Mitglieder empfunden: Sie fördert die Einbindung ihrer Mitglieder und verlangt im Gegenzug ihre permanente Loyalität.

Kollektivismus/Individualismus beschreiben also das Ausmaß und die Qualität von wechselseitiger sozialer Abhängigkeit („social relatedness") in verschiedenen Lebensbereichen. Für das Lernsetting z.B. sind Studien[4] vorhanden, die die Interaktionsmuster Lehrer/Schüler im Unterricht untersucht haben: Es wurde beobachtet, wie in „individualistischen" Kulturen selbst gesteuertes Lernen gefördert wird, während „kollektivistische" Regionen die Anpassung der Schüler an die Klasse sogar mit Sanktionen einfordern.

> „Als Konsequenz kommt Prüfungen in stark kollektivistischen Ländern eine extrem hohe Bedeutung zu, was zu höheren Versagensängsten und einer stärkeren indirekt ausgerichteten Interaktion mit dem Lehrer führen kann [...]. In der Tradition der humanistischen Bildung betrachten individualistische Kulturen höhere Bildungseinrichtungen als Stätten des persönlichen Wachstums, die für jeden, der die Aufnahmebedingungen erfüllt, zugänglich und finanzierbar sein sollten." (Ringeisen 2007, S.34).

Die Dimension *Maskulinität/Femininität* bezieht sich nicht (nur) auf die Verteilung von Rollen zwischen den Geschlechtern: „Maskuline Kulturen" orientieren sich eher materiell und legen viel Wert auf Ehrgeiz, Selbstbehauptung und Erfolg, während feminine Kulturen von einer flexibleren Definition der Geschlechterrollen ausgehen und mehr kooperatives Verhalten und eine starke Aufmerksamkeit auf die Bedürfnissen des Einzelnen aufweisen. Im Arbeits- und Schulkontext führt ein hoher maskuliner Wert zu Konkurrenzdenken und Aggressivität sowie zu Leistungswettbewerb.

In dieser Hinsicht sind die Ergebnisse, auf die Ringeisen (2007) aufweist, sehr interessant:

> „Vor allem für leistungsschwache Schüler ist diese offene Konkurrenz mit einer Absenkung ihres fachspezifischen Selbstkonzeptes, des Selbstwertes und der tatsächlichen Leistungsfähigkeit verbunden (Marsh 1990, Trautwein / Lüdtke / Köller 2006). Als Konsequenz haben einige maskuline Bildungssysteme wie in Deutschland ein mehrgliedriges Schulsystem eingeführt, in dem die Schüler nach ihrer Leistung auf drei Schulformen verteilt werden. Der damit erzielte

---

4   Interessante Beiträge und Studien, sowie Kritiken und Anregungen sind in der Online- Zeitschrift „Interculture Journal" zu finden. Interculture Journal (http://www.interculture-journal.com) veröffentlicht deutsch- und englischsprachige Artikel aus Wissenschaft, Forschung und Praxis zu gegenwartsbezogenen Frage- und Problemstellungen zum Thema Interkulturalität. Die Forschungsarbeiten von Ringeisen (2008), Buchwald und Ringeisen (2007) beschäftigen sich mit der Frage, inwieweit sich das Modell von Hofstede im Schulkontext als nützlich erweisen kann, insbesondere zur Erklärung kulturspezifische Variationen im Verhalten von Lehrern und Schülern und bezüglich der Bewältigung von interkulturellen Konflikten.

kurzfristig positive Effekt auf die Schülerleistung wirkt sich jedoch vor allem für schwache Schüler langfristig negativ aus. (...). Als mögliche Folge konnten mit zunehmend maskuliner Orientierung eines Schulsystems steigende Selbstmordraten unter Schülern beobachtet werden." (Ringeisen 2007, S.36).

In „femininen" Kulturen dagegen werden von Lehrern soziale Kompetenz und Einfühlungsvermögen erwartet, sowie eine starke Differenzierung der Lernangebote innerhalb der gemeinsamen Schule verlangt, sodass die Bedürfnisse der Einzelnen respektiert und ihre Kompetenzen aufgewertet werden können. Als Beispiel kann man die Schulsysteme in Skandinavien nehmen, die eine breite Auswahl an Förder- und Unterstützungskonzepten aufweisen, damit kognitive und allgemeine Schwächen so schnell wie möglich ausgeglichen werden. Ein anderes Beispiel ist die Einführung von Lerntutoren (meist Klassenlehrer mit zusätzlicher Ausbildung oder Intergrationslehrer) in vielen finnischen Schulen.

Die vierte Dimension, *Unsicherheitsvermeidung,* beschreibt das Ausmaß, in welchem unstrukturierte, mehrdeutige oder unbekannte Situationen als bedrohlich empfunden werden. Je höher dieser Index ist, desto stärker ist die Tendenz zur strikten Planung und Kontrolle, um die Vorhersehbarkeit zu erhöhen und den Stress zu reduzieren. Tendenziell kann man beobachten, dass Kulturen, die Unsicherheit vermeiden, großen Wert auf (manchmal allzu) spezifische Ausbildungen legen. Man denke an die besondere Neigung der Italiener zu Titelvergabe (*Dottore, Ragioniere, Cavaliere, Professore*, u.s.w.), die die Leistung eines Managers mehr nach dem *Curriculum Studiorum* bewerten als nach den effektiven Resultaten (Cerrutti 2006, S.VI). Im Schulkontext zeigt sich die Unsicherheitsvermeidung in der formalen Unterrichtsgestaltung: Um Unerwartetes in der Lernumgebung zu minimieren, tendiert man zu starken und klaren Unterrichtsstrukturen, sowie zu detaillierten Arbeitsanweisungen. Wenn Unsicherheit keine Bedrohung darstellt, sind Manager in Firmen für Experimente sehr offen und Lehrer an Schulen bereit, mehrere Methoden auszuprobieren und flexible Situationen mit halboffenem Ausgang zuzulassen.

In den letzen Jahrzehnten wurden dagegen unterschiedliche Untersuchungen[5] durchgeführt, die die Gültigkeit für den Kulturvergleich der anderen vier Dimensionen dieses Modells in Arbeits- und Schulkontexten erforschen und das Modell von Hofstede partiell verwenden. Vor allem wurde die Kovarianz der Eigenschaften der Dimensionen in ihrer Beziehung untereinander in spezifischen Kontexten überprüft: Die Auffassung, dass die Dimensionen, wie Hofstede immer wieder betont, allgemein und universell zu interpretieren sind, hat sich stark

---

5 Siehe die Studien von Ringeisen (2008), Ehren (2009), Kells (1999) und auch die Analyse von Döbert u.A. (2004). Während Ehren und Kells sich mit schulischer Evaluation beschäftigen, bieten letztere eine ausführliche Analyse der Ergebnisse der PISA-Studie anhand des Modells der Kulturdimensionen in verschiedenen Ländern.

relativiert, weil sich die grundlegende Annahme von Kultur als stabiles, messbares Konstrukt als Chimäre erwiesen hat. Kultur als „mentales Programm" oder „mentale Software" zu definieren, wie es in Hofstede's Modellierung vorzufinden ist, und Nationalkultur sogar als „kollektive Programmierung des Geistes" zu verstehen, scheint heutzutage nicht nur naiv, sondern vielmehr theoretisch nicht erträglich. Die Grundannahme von einer homogenen kulturellen Identität stellt sich sehr problematisch heraus, genauso wie die Übergeneralisierung einiger Dimensionen, wie im ersten Teil dieser Schrift erläutert wurde. Hier sei nur darauf hingewiesen, dass die Gefahr, Stereotypisierungen zu stärken, nicht zu unterschätzen ist, vor allem wenn man feststellt, dass die Lektüre von Hofstedes Büchern zur Grundausbildung von Sozialarbeitern und Erzieherinnen in vielen deutschen Ländern gehören. „Kulturdimensionen" sowie „Kulturstandards", genau wie Stereotypen, sind Ergebnis von Selektion und Generalisierung und können zu Kategorisierungen von Gemeinsamkeiten führen, wobei die Stereotypen generell widersprüchliche Anschauungen vermeiden. Die Kulturdimensionen stellen im Gegensatz dazu keine unreflektierten und vereinfachten Wahrnehmungen und Meinungen dar, sie entstehen aus systematischer Analyse von Handlungssituationen und basieren auf Reflexion und empirischen Befunden. Die Gefahr, dass sie zu Stereotypen führen, kann entstehen, wenn man an ihre „Objektivität" kritiklos glaubt.

Das Ausblenden von binnenkulturellen Differenzen, die Fixierung von Individuen in vordefinierten Rollen stellen sicher keine große Hilfe dar, um das „Kulturverstehen" zu erleichtern. Im Gegenteil, die Identitätsfalle kann zu einer kindischen Vereinfachung der zwischenkulturellen Beziehungen führen, ohne dass „Verstehen" überhaupt stattfindet.

Nichtsdestotrotz können die Kulturdimensionen sicher interessante Schlussfolgerungen aus kollektiven Verhaltensmustern anbieten, aber *nur* wenn die Kontexte, in denen diese Muster beobachtet und analysiert werden, sehr eng definiert sind. Zum Beispiel können für Untersuchungen in spezifischen Firmen im kontrastiven kulturellen Vergleich die Interpretationen von Leadership- Stilen nach dieser Modellierung nützlich sein, wenn sie langfristig und qualitativ angelegt sind. Auch im Schulbereich könnten die Dimensionen, vor allem in der Beziehung untereinander analysiert, am besten für kleine und qualitativ strukturierte Studien im Ländervergleich verwendet werden[6].

---

6   Es wurden schon einige bedeutende Forschungsprojekte bezüglich der Effekte von externen und internen Evaluation an Schulen und Hochschulen durchgeführt, wie z.B. die Studie von M. Ehren (2009), die sich mit den Auswirkungen von schulischen internen Evaluation in interkulturellen Kontexten beschäftigt, oder die Studie von H.R. Kells (1999) über den Vergleich der Evaluationssysteme an Hochschulen in unterschiedlichen Ländern.

4 Die Kulturalität des Verstehens

Damit aus Kulturdimensionen keine Stereotypen entstehen und damit sie nicht ein Hindernis auf dem Weg des Verstehens werden, ist eine reflektierende Auseinandersetzung mit ihnen gefragt. Distanz zu der eigenen Kulturalität gewinnen, um neue Perspektiven einzunehmen, die fremden Teile des Selbst bewusst beobachten, um eine konstruktiv skeptische In-Frage-Stellung des Bekannten zu erreichen – dies wären wünschenswerte Ziele bei der Intersubjektivierung von Kulturdifferenzen.

Die Betrachtung verschiedener Kulturdimensionen (oder Kulturstandards, Kulturmodelle usw.) kann im pragmatischen Sinne nützliche Instrumente anbieten, um die eigene, im Hier und Jetzt situierte Position bewusst wahrzunehmen. Diese Position stellt die eigene „Kulturalität" dar, die hier allgemein als das menschliche Angewiesensein auf die kulturelle Sphäre als auch die Bedingtheit durch sie definiert wird. Die Kulturalität ist an sich aber immer mehrdimensional: als Individuen, die zu mehreren Kontexten gehören und in mehreren Kontexten interagieren, weisen wir mehrere Identitäten auf. Diese bilden sich während des Lebens aus zwischenmenschlichen Beziehungen, beruhen auf mehreren Wertvorstellungen, beinhalten vielfältige „Helden" und Rituale und handeln mit immer neu konstruierten Symbolen – um Hofstedes Definition von Kultur wieder zu zitieren.

Aber die Kulturalität ist auch die Definition einer Grenze, nämlich die der eigenen Muster und Verhaltensweisen: Sie wird sichtbar, wenn sich Allgemeines und Individuelles, Fremdes und Eigenes treffen. Wir können über diese Grenze schwerlich gehen, aber die Erfahrung ihrer Existenz ist schon der Anfang des interkulturellen Verstehensprozesses. „Durch den Akt der Interkulturalität, wird Kulturalität reflektierbar" betont Gürses (2008), um den „interkulturellen Blick" außerhalb von Universalismus und Relativismus[7] zu definieren.

Kulturalität als menschlichen Angewiesenheit auf die kulturelle Sphäre ist auch Erfahrung von Ordnung, wie Foucault betont:

> „Die fundamentalen Codes einer Kultur, die ihre Sprache, ihre Wahrnehmungsschemata, ihren Austausch, ihre Techniken, ihre Werte, die Hierarchie ihrer Praktiken beherrschen, fixieren gleich zu Anfang für jeden Menschen die empirischen Ordnungen, mit denen er zu tun haben und in denen er sich wiederfinden wird." (Foucault 1980, S.22).

---

[7] Der kulturelle Universalismus erhebt den Anspruch, dass universelle Gesetze und Gemeinsamkeiten in allen Kulturen zu finden sind, wobei diese „Universalien" in Kategorien wie „Wahrheit" und „das Gute" formuliert werden. Dagegen betont der Relativismus, dass Kulturen nur von innen beschrieben und beurteilt werden können. Beide Ansätze liefern noch heute viel Zündstoff für heftige politische Diskussionen, wie die aktuelle „interkulturelle Debatte" in Deutschland zeigt.

Modelle, Theorien über Kulturstandards oder Kulturdimensionen lassen verschiedene mögliche Ordnungen sichtbar werden, öffnen die Möglichkeit, die eigenen Grenzen ins Bewusstsein zu heben, und lassen genug Raum für Pluralität und Differenzierungen, wenn man sie als ein „Werkzeug" unter anderen versteht, die den Verstehensprozess zwischen verschiedenen Kulturen erleichtern können.

Die Kulturalität des Verstehens ist in diesem Sinne inhärent zum Verstehensprozess und ein komplexes Geflecht aus kognitiven, intellektuellen, emotionalen Elementen sowie Wissen und Fähigkeiten. Sie wird im Lauf des Lebens zu einem bewussten Teil unserer verschiedenen Identitäten.

In dem Roman von Calvino weiß Marco Polo, dass alle von ihm beschriebenen Städte mit seinem Bild von Venedig verbunden sind und ihr Verstehen auf dem Hintergrund der eigenen kulturellen Dimensionen interpretiert wird. Seine Erzählungen aber sind die Darstellung eines Erkenntnisinteresses, das Unbekanntes mit bereits Gesichertem, Neuartiges mit bereits Erforschtem immer wieder vergleicht und damit die Grenzen der Erkenntnis selbst weiter erkundet. Venedig stellt den Rahmen und das Vorbild aller Städte, aber auch Marco Polos Orientierungssystem dar. In diesem Sinne erweist sich unsere Kulturalität auch als Chance, um ein tieferes Erfassen der vorläufigen Definition von uns selbst zu ergründen. „Orientierungssysteme" und „Modellierungen", sowie offene Interaktionen und Reflexion können uns helfen, ihre Grenzen zu betrachten, auszulegen und bestenfalls zu erweitern.

5 Literatur

Baskerville, R. F. (2003). Hofstede never studied culture. In: Accounting, Organizations and Society, 28, (1), S. 114.
Bolten, J. (2002). Kann man Kulturen beschreiben oder erklären, ohne Stereotypen zu verwenden? Einige programmatische Überlegungen zur kulturellen Stilforschung. In: Interculture Online (1) 2002.
http://www2.uni-jena.de/philosophie/iwk/publikationen/kulturbeschreibung.pdf [29.06.2010].
Buchwald, P., Ringeisen, T. (2007). Wie bewältigen Lehrer interkulturelle Konflikte in der Schule? Eine Wirksamkeitsanalyse im Kontext des multiaxialen Coping-Modell. In Interculture Journal, 5, S. 71-98.
Cerutti, C. (2006). Sulle differenze interculturali nelle trattative commerciali tra tedeschi e italiani. In Economia Aziendale 2000 web, 2/2006, S. I-XVII.
http://ea2000.unipv.it/file%20per%20numero2-2006/numero2-2006.htm [20.03.2010].
Calvino, I.(1994). Die unsichtbaren Städte. 7. Aufl. München: Deutscher Taschenbuchverlag (Le città immaginarie, 1972, Torino: Einaudi).
Döbert, H., Klieme E., Sroka W. (2004) (Hrg.). Germany. In Conditions of School Performance in Seven Countries- A Quest for Understanding the International Variation of PISA Results. Münster, New York: Waxmann, 3, S. 298-385.

Ehren, M. (2009). Incentives structures in accountability system using internal evaluations of schools (Paper vorgestellt bei ECER 2009)
Foucault, M. (1980). Die Ordnung der Dinge. Eine Archeologie der Humanwissenschaften. Frankfurt: Suhrkamp Verlag.
Gürses, H. (2008). Des Kaisers Tiere. IG Kultur Österreich. http://igkultur.at/igkultur/kulturrisse/1240414253/1242744517 [03.04.2010].
Hansen, K. P. (2000). Kultur und Kulturwissenschaft. Eine Einführung. Tübingen, Basel: Francke.
Hofstede, G. (2001). Lokales Denken, globales Handeln. München: Deutscher Taschenbuch Verlag.
Huntington, S. P. (2002). Kampf der Kulturen. Die Neugestaltung der Weltpolitik im 21. Jahrhundert. München: Goldmann.
Kells, H.R. (1999). National higher education evaluation systems: Methods for analysis and some propositions for the research and policy void. In Higher Education, 38, S. 209-232.
Lewis, R. D. (1999). Cross Cultural Communication – A visual Approach. London: Transcreen Publications.
Preuss, K.J. (1992). Als deutscher Manager nach Bella Italia. In Harvard Manager, 4, S. 26-34.
McSweeney, B. (2002). Hofstede's model of national cultural differences and their consequences: A triumph of faith a failure of analysis. In Human Relations, 1(55), S. 89–118.
Ringeisen, T., Buchwald, P., Mienert, M. (2008). Die Bedeutung interkultureller Lernumgebungen. In Ringeisen, T., Buchwald, P., Schwarzer, C. (Hrsg). Interkulturelle Kompetenz in Schule und Weiterbildung. Münster, New York: LIT- Verlag, S. 25-38.
Sen, A.K. (2007). Die Identitätsfalle. Warum es keinen Krieg der Kulturen gibt. München: C.H. Beck.
Vygotskij, L. (2002). Denken und Sprechen. Psychologische Untersuchungen. Weinheim, Basel: Beltz.
Witte, A. (2007). Das Verstehen des fremdkulturellen Kontextes- eine vernachlässigte Komponente im Fremdsprachenunterricht. In eDUSA 2/1, S. 7-17.
http://www.sagv.org.za/eDUSA/eDUSA_2-07-1/Witte_Verstehen.pdf [30.03.2010].

Der tote Fisch in der Hand – von der Kulturalität des Missverstehens von Mimik und Gestik beim Zusammentreffen von Deutschen und Chinesen

Ruth Schaefer

1 Wie Zahlen gezeigt werden

Der deutsche Ingenieur war ziemlich erstaunt, als er in einem Fast-Food-Restaurant in einer chinesischen Stadt von der freundlichen Chinesin, die die Bestellung aufgenommen hatte, auf einem Tablett acht Hamburger überreicht bekam. Eigentlich hatte er nur zwei bestellt? Die Chinesin bemerkte natürlich sofort seinen von Erstaunen geprägten Gesichtsausdruck und fragte sich, was wohl mit der Bestellung nicht in Ordnung gewesen sein könnte. Acht Hamburger sind schon etwas viel, dachte sie. Der deutsche Ingenieur zeigte aber just in diesem Moment nochmals auf das Bild eines Hamburgers und machte mit den Fingern die Geste für die Zahl acht: ein ausgestreckter Daumen und ein ausgestreckter Zeigefinger, beides zeigte nach oben und die anderen Finger waren angezogen. Also war doch alles in Ordnung. Acht Hamburger. Was die Chinesin nicht wusste ist, dass diese Geste in Deutschland „zwei" bedeutet.

8

Bei Auseinandersetzung mit der in Mimik und Gestik begründeten *Kulturalität des Verstehens* aus Sicht der deutschen Sinologin mit dem Blick auf China drängt sich unmittelbar die Begrifflichkeit einer Kulturalität des *Missverstehens* auf. Nicht nur verbale, sondern auch nonverbal übermittelte Informationen können in den beiden Kulturen ganz gegensätzlich kodiert und dekodiert werden. Allein schon betreffend das Zeigen der Zahlen von 1 bis 10 können sich allerlei Missverständnisse auftun. Zwar werden im Geschäftsleben die uns bekannten arabischen Zahlen im Dezimalsystem verwendet, im Alltag aber auch das traditionelle Zahlensystem. Und zur Verdeutlichung wird die gemeinte Zahl häufig mit den Fingern gezeigt, auch deshalb, weil die chinesische Sprache aufgrund der vielen Dialekte und Homophone Mehrdeutigkeit mit sich bringt. Dem Chinareisenden sei deshalb als erste Auseinandersetzung mit der Sprache die Gestik der Zahlen empfohlen.

1

—

Die Zahl 1 wird in Deutschland oft mit ausgestrecktem Daumen bedeutet. Unter dieser Geste versteht man in China „sehr gut".

2

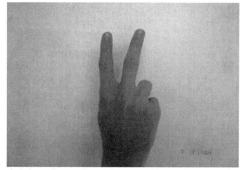

=

Die Zahl 2 wurde in obigem Beispiel bereits näher dargestellt und sorgt im deutsch-chinesischen Kontext für die meiste Verwirrung.

3

三

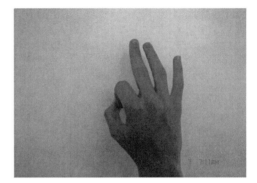

Beim Zeigen der Zahl 3 wird in China nie der Daumen involviert. Entweder werden Zeige-, Mittel- und Ringfinger ausgestreckt. Oder aber der kleine Finger zeigt zusammen mit dem Mittel- und Ringfinger in einer Reihe gen Himmel, dabei formen dann Zeigefinger und Daumen einen Kreis – eine Geste, die in Italien für einige Verwirrung sorgen könnte, da sie dort auf ein Körperteil hinweist, das auch als Schimpfwort benutzt wird. Unter der bei uns üblichen Geste, nämlich ein ausgestreckter Daumen, Zeige- und Mittelfinger, könnte ein Chinese 7 verstehen.

4

四

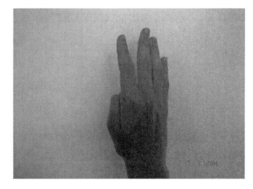

Die 4 ist in vielen chinesischen Regionen eine nicht sehr positive Zahl. Gezeigt wird sie trotzdem.

5

五

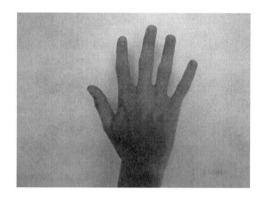

Wie die Abbildung zeigt ist die Zahl 5 unmissverständlich. Sie wird genauso angezeigt wie in unserer Kultur: alle fünf Finger einer Hand werden ausgestreckt.

6

六

Die chinesisch gezeigte 6 erinnert an einen Surfaufenthalt auf Hawaii: Ausgestreckter Daumen und ausgestreckter kleiner Finger werden dort unter Surfern zum Gruß genutzt und sollen gleichzeitig *hang loose* sagen. Unsere Art die Zahl 6 zu zeigen würde in China „5, das ist sehr gut!" heißen.

7

七

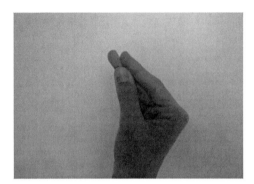

Die Geste zum Zeigen der Zahl 7 könnte in unseren Breitengraden an erzürnte Italiener erinnern. Möglich wäre auch Daumen, Zeige- und Mittelfinger entsprechend der Art, wie wir die Zahl 3 andeuten, auszustrecken.

9

九

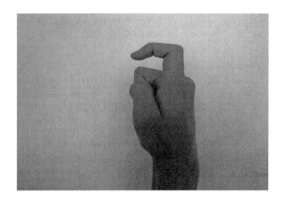

Die Zahl 9 wird mit einem zu einem U geformten Zeigefinger angezeigt, wobei das U nach unten offen ist. Alle anderen Finger werden dazu angezogen.

10

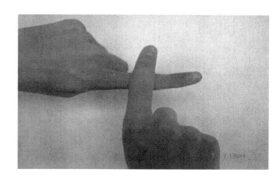

+

Eine 10 erkennen Chinesen auch, wenn jemand die Faust ballt – etwas, was bei uns eine Drohung wäre.

Wie den Abbildungen zu entnehmen ist, wurde in China die Schreibweise der Zahlen auf die Art, diese mittels Geste auszudrücken, übertragen. Zahlen werden in China nicht nur anders gezeigt, sie haben darüber hinausgehend eine symbolische Bedeutung[1]. Diese ist teilweise begründet in den vielen Homophonen im Chinesischen. So wird beispielsweise die Zahl 4 fast genauso ausgesprochen wie das Zeichen für „Tod". Die Zahl 4 erhält dadurch in vielen Regionen China eine sehr negative Bedeutung und wird vermieden.[2]

2 Wie jemand oder etwas herbei gewunken wird

Das deutsche Paar war nach China gereist, um sich vor Antritt des Auslandsaufenthaltes ein eigenes Bild vor der Situation in der südchinesischen Millionenstadt zu machen, die bei uns keiner kennt. Sie trugen – wie empfohlen – alle Adressen in chinesischen Schriftzeichen bei sich. So sollte die Möglichkeit gegeben sein, sich auch ohne Anwesenheit des Dolmetschers zu bewegen. Das Paar winkte ein Taxi herbei. Der Taxifahrer blickte zwar kurz in ihre Richtung, fuhr aber dann weiter. Das passierte fast immer, wenn sie versuchten, ein Taxi anzuhalten. Sie waren ziemlich frustriert darüber, dass chinesische Taxifahrer offen-

---

[1] Zur Symbolik in der chinesischen Kultur s. Eberhard, Wolfram. *Lexikon chinesischer Symbole. Die Bildsprache der Chinesen.* München (Hugendubel), 2004.
[2] Über die symbolische Bedeutung hinausgehend haben viele Zahlen, aber auch Farben und Gegenstände in China eine sich meist aus Homophonen ergebende Bedeutung, die dem Aberglauben zuzuordnen ist.

sichtlich keine westlichen Gäste transportieren wollten. Zurück in Deutschland erfuhren sie dann, dass Chinesen einfach nur eine andere Geste verwenden, um jemanden herbei zu winken: Die Hand wird leicht erhoben und zeigt mit dem Handrücken gen Himmel. Gewunken wird von dieser Haltung ausgehend mit ausgestreckten Fingern, die in einer schnellen Bewegung immer wieder nach unten bewegt werden. Dabei beschreiben Sie mindestens einen Winkel von neunzig Grad. Natürlich transportieren die geschäftstüchtigen chinesischen Taxifahrer gerne westliche Reisende – außer, sie sind gerade auf dem Weg zum Essen.

3 Der tote Fisch

Ob der chinesische Bewerber in unser Unternehmen passt, so wie er mir gerade die Hand gegeben hat, dachte die Personalleiterin. Der junge Chinese hatte seine Hand bei der Begrüßung in ihre gelegt wie einen toten Fisch, ohne jegliche Erwiderung ihres Händedrucks! Ein fester Händedruck zeigt eine stabile Persönlichkeit. So haben wir es von Kindesbeinen an gelernt. So wird es in jedem Bewerbertraining vermittelt. Der feste Händedruck sollte außerdem von einem offenen und direkten Blickkontakt begleitet sein. Auch das hatte sie bei dem chinesischen Bewerber vermisst. Hatte er etwas zu verbergen? Sie war ziemlich verunsichert.

In China lernen Kinder, das Fokussieren anderer sei unverschämt und ein Zeichen der Auflehnung. Der direkte Blickkontakt kann von Ranghöheren eingesetzt werden, die Rangniedrigere schelten wollen und ruft bei Chinesen nicht selten die Assoziation einer Verhörssituation hervor. Er gilt außerdem ebenso wie ein fester Händedruck als aggressiv. Im Gespräch wird der Kopf dem Gesprächspartner zwar zugewandt, verweilt aber unterhalb der Augen auf den Wangenknochen.

Das Händeschütteln als Teil des Begrüßungs- und Verabschiedungsrituals ist erst mit den westlichen Missionaren nach China gekommen. Und ist dort – wie viele andere Kulturimporte auch – der chinesischen Kultur angepasst, also sinisiert worden. Im Zuge der Verabschiedung kann es passieren, dass die Hand des Gegenübers die gesamte Dauer der verbalen Verabschiedung begleitend geschüttelt wird. Für deutsches Empfinden zu lange. Von chinesischer Seite ein Zeichen der guten Beziehung. Manchmal wird dazu noch die zweite Hand auf die beiden sich schüttelnden Hände gelegt.

Eine leichte Verbeugung kann ebenfalls zur Begrüßung des Gegenübers eingesetzt werden. Dabei wird der Kopf in einem Winkel von maximal 45 Grad gebeugt. Verbeugungen mit Körpereinsatz sind aus dem chinesischen Begrüßungs-

zeremoniell verschwunden. Sie waren allerdings wichtiger Bestandteil der traditionellen und ritualisierten Verbeugung vor dem Kaiser, dem Koutou (Kotau).[3] Der Koutou machende kniete vor dem Kaiser nieder, legte seine Hände auf den Boden und berührte mit dem Kopf den Boden. Allerdings hat es der Koutou als symbolische Geste bis in die Neuzeit geschafft. Wie diese Geste ausgeführt wird und wo sie Ihren Ursprung hat, erklärt diese überlieferte Geschichte:
Kaiser Kangxi führte einmal inkognito eine Inspektionsreise im Land durch, um sich mit eigenen Augen vor Ort von den Gegebenheiten ein Bild zu machen. Eines Tages rastete er mit seinem Gefolge in einem Teehaus. Dabei ergab es sich, dass er einem seiner Bediensteten Tee nachgoss. Unter normalen Umständen hätte der Bedienstete daraufhin einen Koutou gemacht. Hätte er das an jenem Tag getan, wäre aber die Tarnung des Kaisers zunichte gemacht worden. Deshalb klopfte er mit allen fünf Fingern leicht auf den Tisch. Die fünf Finger wurden dabei stellvertretend für die fünf „Extremitäten" eingesetzt, die beim Koutou den Boden berührten, nämlich Arme, Beine und der Kopf. Diese Geste des leichten Klopfens mit den Fingern der rechten Hand wird bis heute als sehr höfliche Form des Dankens eingesetzt, wenn man Tee nachgegossen bekommt. Die Teetasse wird währenddessen mit der linken Hand berührt.

4 Die Familie Harmonie mit den beiden Töchtern Beherrschung und Geduld

In China finden sich bei näherer Betrachtung schnell weitere Beispiele für kulturell verwurzelte Mimik und Gestik. Kultur soll in diesem Zusammenhang als ein System von Werten, Helden, Symbolen und Ritualen begriffen werden, wobei die Werte das Zentrum der Kultur bilden.[4] Werte bestimmen unser Verhalten und sind das Ergebnis eines Lernprozesses. Wir erlernen, was innerhalb der Gruppen, in denen wir uns bewegen, normales, angemessenes Verhalten ist. In China gilt es als normal und angemessen, nicht zu sehr zu gestikulieren, nicht zu viel Mimik zu zeigen und seine Emotionen zu beherrschen. Dahinter steht die Idee des Lebens in der Mitte und des Vermeidens von Extremen, die im konfuzianisch und daoistisch geprägten Wertesystem zu finden ist. Sich in Extremen zu bewegen schadet diesen Gedanken folgend dem Menschen. Auch Emotionen sollten diesem Grundsatz folgen. Sie zu beherrschen gilt als Zeichen der Kultiviertheit, die ihren Ausdruck in mit zunehmendem Alter eher reduzierter Mimik und Ges-

---

[3] „Kotau" wird im Duden als „demütige Ehrerweisung" beschrieben und hat in unserer Sprache mit der Begrifflichkeit „den Kotau machen" die Bedeutung „sich unterwerfen."
[4] Vgl. dazu Hofstede, Geert.und Hofstede, Gert Jan: Lokales Denken, globales Handeln. Interkulturelle Zusammenarbeit und globales Management. München (dtv), 2006.

tik findet. So erscheinen dem mit der chinesischen Kultur unerfahrenen westlichen Ausländer chinesische Gesichter oft maskenhaft. Die westliche Interpretation könnte sein, dieser Mensch hätte wenig Gefühle und außerdem etwas zu verbergen. Selbstverständlich fühlen Chinesen Schmerz, Trauer, Wut und Freude genauso wie jeder andere Mensch auch. Nur sollten Gefühle wie diese eben eher im Menschen gehalten und kontrolliert werden. Die Folge dieses Beherrschens von Emotionen ist, dass es Chinesen gelingt an kleinen Veränderungen der Mimik Änderungen in der Befindlichkeit abzulesen. Nuancen, die westliche Ausländer zu offenen Büchern werden lässt. Insbesondere bei geschäftlichen Verhandlungen ist dies selten förderlich.

Zu schnelles und deutliches Zeigen von Ungeduld wird ebenfalls nicht positiv bewertet. Der nach außen Gelassene und Geduldige kommt in China leichter zum Ziel:

Die Autorin kam eines Tages nach verrichteter Arbeit in Xi'an am Flughafen an. Beim Betreten der Abflughalle sah sie, dass ihr Flug nach Beijing annulliert war. Es war der letzte an diesem Abend. In Beijing wartete ein schönes Hotelzimmer und am nächsten Morgen, bevor es zurück nach Deutschland ging, ein Frühstück mit guten Freunden. Sie wollte nicht noch einen Tag in Xi'an bleiben! Die Autorin ging an den Schalter der Fluggesellschaft und sagte mit ruhiger, freundlicher Stimme, mein Flug ist annulliert. Die Mitarbeiterin der chinesischen Fluggesellschaft entschuldigte sich und suchte nach einer Lösung, die aber nicht wirklich zu finden war. Die Autorin zwang sich ruhig zu bleiben – und beharrlich. Sie wiederholte, sie müsse heute in jedem Fall nach Beijing und unterstrich dies mit Begründungen. Die Chinesin wurde nervös und sagte, es würde gleich ein Flugzeug nach Beijing abheben, aber dieser Flug sei bereits geschlossen. Die Autorin stand ruhig am Schalter und wiederholte ihren Wunsch heute noch nach Beijing reisen zu wollen. Die junge Chinesin begann zu telefonieren, sagte wieder, es täte ihr leid. Aber die Autorin blieb beharrlich, ruhig und gelassen stehen. Nach ein, zwei weiteren Telefonaten sagte die Chinesin, die Autorin solle schnell mitkommen, der bereits geschlossene Flug nach Beijing sei wieder aufgemacht worden und so könne sie heute doch noch fliegen.

Wäre die Autorin ungeduldig drängend oder lauter geworden, hätte sie die Nacht bestimmt in Xi'an verbracht. Durch die – wenngleich gespielte – Gelassenheit verbunden mit freundlichem Beharren gewann sie Gesicht. Gesicht gewinnen geht einher mit Respekt gewinnen. Gesicht verlieren geht demzufolge einher mit einem Verlust an Ansehen und Respekt. Sofern man zum gleichen Netzwerk[5]

---

5 Netzwerke oder Beziehungsnetzwerke, *Guanxi*, sind ein System von wechselseitigen Verpflichtungen, die das Zusammenleben von Chinesen weit über die Grenzen der Volksrepublik hinweg bestimmen. Das Pflichtbewusstsein veranlasst die Menschen zu vertrauenswürdigem Handeln. Der Kernfaktor von *Guanxi* ist die Verpflichtung Gunsterweisungen zurück zu zah-

gehört kann ein solcher Gesichtsverlust gleichbedeutend sein mit einem Autoritätsverlust. Wird ein Chef beispielsweise im Konfliktfall laut oder gestikuliert wild, so verliert er deutlich an Gesicht. Mitarbeiter führen danach unter Umständen seine Anweisungen nicht mehr aus oder boykottieren ihn.
Geduld ist eine sehr geschätzte Haltung in China. Sie ist die Schwester der Beherrschung von Gefühlen. Mit beiden im Gepäck kommt man in China oft ganz unverhofft ans Ziel. Die Mutter dieser Familie ist die Harmonie, die Vorbild in allerlei Lebenssituationen ist.

5 Es läuft gut!

Auch im beruflichen Kontext spielt Harmonie eine große Rolle. Davon hatten die deutschen Manager gehört. Und bisher verlief alles recht harmonisch! Die chinesischen Delegationsmitglieder saßen nickend in der Präsentation. Sie schienen alle Vorschläge zu akzeptieren. Kein Widerspruch, keine Einwände. Die Deutschen waren zufrieden. Ihre Argumentationsketten schienen schlüssig zu sein. Der Redner trug sie auch mit sehr gutem Englisch und einer klaren Stimme vor. Er war nicht nur fachlich brillant, sondern auch ein hervorragender Rhetoriker. Er hatte überzeugt! Auch auf die Frage, ob sie alles verstanden hätten, nickten die Chinesen. Die Deutschen staunten nicht schlecht, als kurz vor Ende des Meetings ein Gegenvorschlag der Chinesen kam, der offensichtlich nicht viel mit dem gemeinsam hatte, was die Deutschen wollten. Warum hatten die Chinesen nicht früher widersprochen? Sie zeigten sich doch einverstanden?
Bei ausbleibendem Widerspruch unterstellen wir in unserem Kulturkreis Einverständnis. Auch ein nonverbal durch Nicken ausgedrücktes „Ja" gilt als Zustimmung. Nicht so in China. Nicken signalisiert dort lediglich zuhören. Es ist kein Ausdruck der Zustimmung, nicht einmal ein Ausdruck des Verstehens. „Ja" wird in China durch wiederholen oder zumindest durch bestätigendes Zusammenfassen des Gesagten ausgedrückt. Dabei werden die Aspekte, denen nicht zugestimmt wird, nicht erwähnt. Negatives und Unerwünschtes wird dadurch betont, dass es ignoriert wird. So gibt es auch kein Kopfschütteln. Ein mit Nicken beantwortetes „Haben Sie das verstanden?" impliziert also nicht die vom westlichen Betrachter interpretierte Aussage und kann auch „Nein" bedeuten.
Die Auseinandersetzung mit Mimik und Gestik im heutigen China gibt einen Eindruck davon, wie viel Raum für Fehlinterpretationen und Missverständnisse allein die nonverbale Kommunikation bietet. Um den anderen zu verstehen be-

---

len. Zu diesen Verpflichtungen gehört auch das Geben und Wahren von Gesichtern. Nur dann wird Respekt und Vertrauen aufgebaut, nur dann kann sich eine gute Beziehung entwickeln.

darf es weitaus mehr als einer gemeinsamen Sprache. Für die erste Annäherung sei Geduld empfohlen. Geduld, bis in den Gesichtern gelesen werden kann, Geduld, bis Situationen ungefähr eingeschätzt werden können. Aber es lohnt sich, denn darüber findet sich auch der Zugang zu einem wunderbar warmherzigen und verlässlichen Volk!

„Ayse hat offenbar das Märchen nicht verstanden." – Über die Dominanz kulturbedingter Deutungsmuster bei türkischen Grundschülern/Grundschülerinnen[1]

Cilem Erciyes

Es gibt viele Gründe, warum die türkischen Kinder und Jugendlichen mit Migrationshintergrund weniger Erfolg haben als ihre deutschen Mitschüler, zum Beispiel mangelnde Sprachkenntnisse, fehlende Kindergartenzeiten, fehlende Unterstützung der Eltern, Denkweise der Lehrer, Selektionsentscheidungen usw. Natürlich sind die hier aufgeführten Gründe nur ein Teil des Ganzen. Es gibt bestimmt noch mehr Gründe zum Thema „Schulischer Misserfolg der Schülerinnen und Schüler mit Migrationshintergrund". Wichtig dabei ist zu wissen, dass jeder einzelne Grund zugleich Ursache des folgenden ist und sie alle letztlich auf ein Anfangsfaktum zurückgehen, die Kultur. Natürlich muss man dabei auch berücksichtigen, dass viele türkische Schülerinnen/Schüler in den Schulen Spitzenleistungen aufweisen. Aber immer weniger von diesen Schülern schaffen es, eine erfolgreiche Bildungskarriere zu durchlaufen. In diesem Zusammenhang spielt die Kultur meines Erachtens eine wichtige Rolle. Heutzutage herrscht an den deutschen Schulen ein multikultureller Alltag. Unterschiedliche Kulturen und Erfahrungen bringen im Unterricht unterschiedliche Werteordnung mit sich. Dort bekommen Kinder etwas von der jeweils anderen Kultur mit und dort lernen die Kinder, inwieweit sie das Eigene und das Fremde in sich tragen. Der größte Unterschied zwischen den deutschen und türkischen Kindern liegt darin, dass diese Kinder unterschiedlichen Religionen angehören. Diese Religionen prägen eine Vielzahl unterschiedlicher kulturellen Denkweisen und Wertvorstellungen. Diese Kinder lernen erst in ihrer eigenen kulturellen Umgebung die grundlegende Glaubensinhalte ihrer Religionen und so ihre türkische und deutsche Seite. Ohne ihre kulturellen Denkweisen und Wertvorstellungen können sich diese Kinder – in welchem Alter sie sich auch befinden – nicht vollständig oder komplett fühlen. Diese menschliche Innenwelt ist so in der Kultur verankert, dass es

---

1 Der Beitrag ist eine Zusammenfassung des empirischen Teils der Dissertation „Kulturdifferentes Verstehen". Eine Untersuchung zum Verstehen von Märchen und Bildergeschichten bei Schülern/Schülerinnen mit Migrationshintergrund, Augsburg, 2010.

sehr schwer ist, sie zu verleugnen. Die Kultur beeinflusst das Wahrnehmen, Denken, Werten, Handeln, aber auch das Verstehen aller ihrer Mitglieder. Besonders die Eigenschaften der türkischen Kinder, ihr familiäres Umfeld und soziales Herkunftsmilieu bedingen ihr kulturelles Verstehen.
Rein rechnerisch leben heute bereits Kinder der vierten Generation türkischer Migranten in Deutschland. Von der ersten bis zur jetzigen Generation hat sich natürlich wie man oben schon sieht, vieles geändert. Die Eltern der zweiten Generation sind jetzt um die 40 bis 50 Jahre alt. Sie waren die ersten Kinder, die sich durch die strenge Erziehung ihrer Eltern immer in zwei Kulturen gedrängt fühlten. Nach Kehl (1994) hat sich natürlich nach der zweiten Generation die Familienstruktur der türkischen Familien gewandelt und die gegründeten Familien trennen sich von der Ursprungsgruppe (vgl. Rottacker/Akdeniz 2000, S.13).

In konservativen Familien und in kulturell gebundenen Familien stehen die soziokulturellen Werte der eigenen Tradition in der Erziehung im Vordergrund. In modernen Familien nehmen die Eltern eine kritische Haltung zu den traditionellen Werte- und Normvorstellungen ein und versuchen die alten Werte zu modernisieren. Trotz allem möchten alle drei Familientypen ihre Kultur, entweder in traditioneller oder in moderner Weise weiter aufrecht halten und ihre Kinder in dieser Richtung erziehen und begleiten.

Je mehr die türkischen Kinder und Jugendliche in modernen Familien aufwachsen, desto höher ist die Wahrscheinlichkeit auf höhere Schulabschlüsse. Der Grund liegt darin, dass diese Familien eine höhere Bereitschaft zur Integration in Deutschland aufweisen, als die konservativen und kulturell gebundenen Familien. Moderne Familien weigern sich nicht, sich der deutschen Mehrheitsgesellschaft einzupassen. Sie sind offen für sozial-kulturelle Wandlungen. Ganz im Gegenteil dazu betonen und überhöhen oft die konservativen und kulturell gebundenen Familien in Deutschland die Werte ihrer Kultur, ihres Ursprungslandes. Für sie haben die islamischen Traditionen höchste Priorität. Sie wollen und können sich der deutschen Kultur nicht anpassen. Obwohl sich die Türkei in 50 Jahre hinsichtlich sozialer Entwicklung und persönlicher und kultureller Entfaltung weiterentwickelt hat, haben viele türkische Familien in Deutschland sich fast 50 Jahre lang nicht in die deutsche Gesellschaft integrieren können. Das Verständnis von vielen Türken ist dasselbe geblieben. Im Vergleich zu ihren Landsleuten in der Türkei, haben viele konservative und kulturell gebundene Familien ihre Denk- und Gedankenweise bzw. ihren Horizont nicht erweitert. Deswegen leben sie geschlossen in den Parallelgesellschaften neben der deutschen Gesellschaft. Das Problem besteht darin, dass die Denk- und Gedankenweisen der konservativen und kulturell gebundenen türkischen Familien sich im Kreis drehen. Die Veränderung der sozialen und kulturellen Werte ist in diesem

Kreis verboten. Aber die Weitergabe der unveränderten kulturellen Werte und Normen von einer Generation zur nächsten ist Pflicht.
Um die Komplexität des kulturellen Verstehens von ausländischen Schülerinnen/Schüler in den Grundschulen zu verdeutlichen, habe ich im Jahr 2007 eine empirische Untersuchung durchgeführt. Anhand einer empirischen Untersuchung von deutschen und türkischen Kinderzeichnungen auf der Basis eines deutschen Märchens in 3. Klassen an Augsburger Grundschulen habe ich die unterschiedlichen Aspekte des kulturdifferenten Verstehens dargestellt. Der Schwerpunkt der Untersuchung in dieser empirischen Untersuchung ist von zwei zentralen Forschungsfragen geleitet:

1   Führt kulturdifferentes Verstehens bei den türkischen Kindern zu fehlerhaften Deutungen der Lerninhalte?
2   Ist das Verstehen von Lerninhalten in deutscher Sprache bei türkischen Kindern der 3. Grundschulklasse kulturell überformt?

Damit ich diese zwei zentralen Forschungsfragen beantworten kann, befasse ich mich in meiner Untersuchung mit der Frage, wie sich die kulturbedingten Vorstellungen von Kindern dritter Grundschulklassen auf deren Verständnis von Märchen auswirken. Im Märchen wurden Familienkonstellationen dargestellt, die dem türkischen Verständnis eher fremd sind. Die Ergebnisse der Untersuchung werden uns zeigen, wie die türkischen Schülerinnen/Schüler mit dieser fremden Situation umgehen. Hier spielen natürlich die kulturspezifischen Unterschiede und kulturellen Formungen von deutschen und türkischen Schülerinnen/Schüler eine große Rolle, weil jedes Kind in seine eigene Kultur hineinwächst. Mit der Zeit erlernt es die Sprache, Haltungen, Werte, Sitten und Gebräuche seiner Kultur und baut mit Hilfe seiner Familie oder der Umgebung seine eigene Persönlichkeit auf. Es schaut das Leben aus diesem Kulturfenster an und urteilt – zumindest während der frühen Kindheit – aus dieser Position heraus. In welchem Erdteil es sich auch befindet, es trägt seine Kultur immer mit sich. Diese Kultur beeinflusst auch die Phantasietätigkeit und die Kreativität der Schülerinnen/Schüler.
Mit Hilfe der oben formulierten zentralen Fragen habe ich versucht, durch die Bilder die innere Welt der deutschen und türkischen Kinder zu erheben, weil die Kinder nicht das zeichnen oder schreiben, was sie sehen, sondern sie verknüpfen die Realität mit ihrer eigenen Phantasiewelt, die durch ihre Kreativität und ihren Kulturkreis geprägt ist. Hypothese der Untersuchung war, dass das kulturbedingte Vorverständnis von Familienkonstellationen zu einer, den tatsächlichen Inhalt des Arbeitsmaterials verändernden Interpretation durch die Grundschülerinnen/Grundschüler führt.

Als Märchen habe ich das Märchen „Prinzessin Rosamund, die Starke" ausgewählt:

Prinzessin Rosamund, die Starke

Es waren einmal ein König und eine Königin. Eines Tages erzählte die Königin dem König, dass sie ein Kind erwartet. „Krieg` einen Knaben!", befahl der König. „Er wird zu einem Helden heranwachsen, eine reiche Prinzessin heiraten und uns zu Ruhm und Ehre verhelfen. Aber als das Baby kam, war es ein Mädchen!
„Macht nichts!", sagte der König. „Sie wird zu einer wunderschönen Prinzessin heranwachsen, und dann werde ich eine böse Fee so lange ärgern, bis sie die Prinzessin verwünscht. Dann kommt ein schöner Prinz, um sie zu erlösen, und wir werden alle in Freuden auf seinem Schloss leben!". „Einverstanden!", sagte die Königin, „Wir nennen sie Rosamund."
Die Prinzessin wuchs heran und wuchs und wuchs und wuchs. „Es ist Zeit, dass du heiratest, Rosamund", meinte der König an ihrem siebzehnten Geburtstag. „Ja, Papa", antwortete die Prinzessin, „aber ..." „Lass mich nur machen", sagte der König.
Also ging der König in den tiefen, finsteren Wald, um eine böse Fee zu finden. Der König war schrecklich unfreundlich zu ihr und ärgerte sie sehr. „Wehe!, schrie die böse Fee. „Was ist dir das Liebste auf der ganzen Welt?" „Meine Tochter Rosamund", antwortete der König schnell. „Ich werde sie verwünschen", krächzte die böse Fee und flog davon.

Die böse Fee traf Prinzessin Rosamund, als diese gerade Butterblumen auf einer Wiese pflückte. „Ich bin die böse Fee", schrie die Alte, „ich bin gekommen, dich zu verwünschen. Sieben Jahre sollen vergehen, eh ein Prinz zu ..." Peng! Prinzessin Rosamund knallte ihr eine, dass der bösen Fee nicht nur die Flöhe aus dem Kleid hopsten, sondern auch Gebiss und Brille verloren gingen.
„Rosamund, du bist ein ganz verdorbenes, undankbares Stück!", schimpfte die Königin. „Ich werde mir einen Prinzen auf meine Art suchen", sagte Prinzessin Rosamund.
Am nächsten Tag lieh sie sich des Königs Fahrrad aus und fuhr los, ihren Prinzen zu suchen. Rosamund hatte eine ganze Menge Abenteuer. Sie erschlug Drachen, Riesenwürmer und Schwarze Ritter. Sie erlöste mehrere Prinzen, die sehr reich waren, aber sie mochte keinen von ihnen leiden. Sie tat all die Dinge, die man von einer Heldin verlangen kann, nur ihren Prinzen fand sie nicht. Schließlich begab sie sich auf den Heimweg.

> „Hallo, Mama!, Papa!", sagte Prinzessin Rosamund, als sie nach Hause kam. „Wo hast du deinen Prinzen?", fragten der König und Königin. „Ich habe keinen Prinzen!", sagte Prinzessin Rosamund, „und ich bin nicht bereit, jeden Hanswurst zu heiraten." „Aber denk doch einmal an uns", jammerten der König und die Königin. „Das ist allein eure Sache", sagte Prinzessin Rosamund, „ich bin nicht bereit ..." Dann ging sie wieder einen Prinzen suchen.
> Auf ihrem Weg schlug sie noch mehrere Kobolde, Dämonen und böse Feen und erreichte schließlich ein Zauberschloss.
> Dort lag auf einem Blumenbett ein wunderschöner Prinz, Rosamund gab ihm einen dicken Kuss. Der wunderschöne Prinz schlug die Augen auf und beguckte Prinzessin Rosamund. „Das ist stark!", rief er und gab ihr einen Nasenstüber, mitten auf ihre allerliebste Nase. Auch Rosamund gab ihm einen Nasenstüber. Es war Liebe auf den ersten Stüber.
> Glücklich spielten sie das Nasenstüber-Spiel noch viele Jahre.
>
> (M.Waddell / P.Benson)

Die Lehrerinnen/Lehrer haben in den Schulen jedem Kind das Blatt mit dem Märchentext verteilt. Sie haben die Kinder gebeten das Blatt umzudrehen, damit sie den Text nicht mitlesen können. Die Lehrerinnen/Lehrer haben den Kindern das Märchen vorgelesen. Anschließend haben die Kinder das Blatt umgedreht und den Märchentext in Stillarbeit durchgelesen. Dann haben die Lehrkräfte die Kinder aufgefordert, zu diesem Märchen ein Bild zu malen, auf dem der König, die Königin und die Prinzessin Rosamund zu sehen sind.

Im Zuge einer eingehenden Sichtung der 700 Zeichnungen wurden anhand vorgefundener Phänomene und Auffälligkeiten verschiedene Auswertungskriterien entwickelt und diese in einem Katalog zusammengestellt. Dieser Kriterienkatalog umfasst sieben Einzelpunkte, die ich im Folgenden diesbezüglich nur vier zusammenfassen werde:

1 Inhaltliche Bearbeitung des Märchens

Unter dem Aspekt „*Inhaltliche Bearbeitung des Märchens*" wird deutlich, dass die türkischen und deutschen Schülerinnen/Schüler, obwohl sie das gleiche Märchen gelesen haben, das Märchen auf unterschiedliche Weise verarbeitet haben. Es wird deutlich, dass die deutschen Schülerinnen/Schüler kreativer sind als die türkischen Schülerinnen/Schüler in Deutschland. Fast 40% der deutschen Kinder haben versucht, sich nicht nur auf die gestellte Aufgaben zu konzentrieren, sondern sie waren in der Lage, das Märchen unter unterschiedlichen Aspekten vorzustellen und das Märchen aus verschiedenen Blinkwinkeln zu reflektieren. Schon beim Zuhören haben sie sich das Märchen inhaltlich vorstellen können. Sie drücken ihre Gefühle frei aus, d.h. sie verstehen die Aufgabe, die die Lehrkräfte gestellt haben, ganz genau und haben beim Ausdrücken der Gefühle keine Hemmungen. Deswegen zeichnen sie auch das Märchen mit unterschiedlichen Erzählungen.

Abbildung 1: Rosamund fährt los mit dem Königsfahrrad

Abbildung 2: Rosamund prügelt die böse Fee

Im Gegensatz zu den deutschen Schülerinnen/Schülern sind die türkischen Schülerinnen/Schüler, nicht so fantasievoll wie ihre deutschen Schulkameraden. Die türkischen Schülerinnen/Schüler konzentrieren sich nur auf die von den Lehrerinnen/Lehrern gestellten Aufgaben (zu diesem Märchen ein Bild malen, auf dem der König, die Königin und die Prinzessin Rosamund zusehen sind) und dabei bringen sie ihre Gefühle gegenüber dem Märchen ganz anders zum Ausdruck. Sie zeichnen nur das Notwendigste, das, was von dem Märchen wichtig ist. Für sie steht im Vordergrund, die Aufgabe richtig zu bewältigen.
Sie haben Schwierigkeiten, sich diesen Lernstoff einzuprägen. Sie können ihren Gefühlen nicht freie Bahn lassen. Aus diesem Grund zeichnen 70-90% der türkischen Kinder mit Migrationshintergrund nur das, was die Lehrkräfte von ihnen gefordert haben, den König, die Königin und die Prinzessin Rosamund.

Abbildung 3: Enge Beziehung

2 Beziehungen der Figuren

Unter dem Aspekt *„Beziehungen der Figuren"* wurden drei unterschiedliche Punkte analysiert:

- Beziehungsformen der Figuren im Märchen, wie die unterschiedlichen Beziehungen zwischen den Geschlechtern in den Zeichnungen ausgedrückt sind.
- Platzierungen der Figuren, wie die Figuren platziert worden sind.
- Charakterzüge der Rosamund, wie die Prinzessin Rosamund, die Starke charakterisiert worden ist.

Bei den Zeichnungen der türkischen Schülerinnen/Schüler ist zu sehen, dass die Kinder beim Zeichnen vieles von sich selbst preisgeben. Sie stellen in ihren Bildern die Figuren so dar, dass sie die menschlichen Figuren bzw. die Konstel-

lation von König, Königin und Prinzessin aus ihren eigenen Erfahrungen und Beobachtungen herleiten.
Beziehungsformen der Figuren im Märchen: Rosamund steht bei diesen Beziehungsformen im Mittelpunkt, d.h. die Frage, wie jeweils die Beziehung von Rosamund – Königin (Mutter), Rosamund – König (Vater) und Rosamund – Prinz dargestellt ist. Haben die Figuren im Märchen eine enge oder teilweise Beziehung oder haben sie untereinander überhaupt keine Beziehung. Zur Erhebung dieser Beziehungsarten war für mich wichtig zu wissen, wie der Abstand zwischen den Figuren dargestellt worden ist, ob sie weniger als eine Körperbreite weit voneinander gestanden sind oder ob sie sich berührt haben. Daher habe ich diesen Aspekt der Kinderzeichnungen analysiert und in einem Punktesystem erfasst.

Abbildung 4: Enge Beziehung

Beim ersten Punkt zeichnen 52-55 % der deutschen Kinder die Beziehung zwischen den Familienmitgliedern als „lockere" Beziehung. Das Gesamtbild sieht bei den türkischen Kindern anders aus. Die türkischen Jungen haben zu 36 % die Beziehungen zwischen den Eltern und Rosamund als „enge Beziehung" gezeichnet und die türkischen Mädchen haben sie zu 43% als „teilweise enge Beziehung" charakterisiert.

Die deutschen Kinder haben das Märchen eigentlich richtig interpretiert, weil im Märchen die Beziehungen zwischen der Eltern und Rosamund nicht sehr eng ist: Der König und die Königin hatten einen Krieg nach dem anderen verloren. Die ärmlichen Verhältnisse vom König und Königin führten dazu, dass sie die Hoffnung auf ihre Tochter Rosamund gerichtet haben. Rosamund war für sie die letzte

Abbildung 5: Teilweise Beziehung

Rettung. Sie sollte einen reichen Prinzen heiraten und die ganze Familie durch diese Hochzeit zum Wohlstand führen. Aber Rosamund machte ihnen einen Strich durch die Rechnung und änderte alle Pläne ihrer Eltern. Sie wollte ihren eigenen Prinzen aus Liebe heiraten und keinen „Hanswurst".
Die deutschen Kinder haben auf das Märchen objektiv und sachlich reagiert. Aber die türkischen Kinder haben ihre zeichnerischen Darstellungen von individuellen Erfahrungen, die sie in ihrer Lebensumwelt machen, beeinflussen lassen, so durch die Erfahrung, dass die Zusammengehörigkeit und der Zusammenhalt der Familie nach türkischer Familienstruktur auf der Skala der religiösen Werte ganz oben stehen (vgl. Rottacker/ Akdeniz 2000, S.19).

Platzierungen der Figuren: Die Analyse der Zeichnungen macht auch deutlich, dass die türkischen und deutschen Kinder

Abbildung 6: Lockere Beziehung

die Figuren unterschiedlich platziert haben. Es gab insgesamt vierundzwanzig unterschiedliche Platzierungen. Die Resultate zeigen, dass von diesen vierundzwanzig Platzierungen besonders zwei bei den Kindern sehr beliebt sind. Die türkischen Kinder, die in Deutschland in die Schule gehen, haben sich hauptsächlich für die Platzierung Nr.2 entschieden. Die deutschen Kinder haben im Gegensatz zu ihren Schulkameraden die Platzierung Nr.1 gewählt. Diese Platzierungen der Figuren, die die Kinder in den Zeichnungen ausdrücken, stehen mit einem Teil ihrer realen Situation in Beziehung (vgl. Widlöcher 1984, S.131).

Abbildung 7: Beliebteste Platzierungen der Figuren

Bei den deutschen Jungen ist deutlich, dass die Nr.1 bei den Platzierungen die größte Prozentzahl bekommen hat, 33,3%. Die Kinder zeichnen die Figuren so, dass entweder die Königin oder Rosamund in der ersten Reihe platziert ist. Der König ist überwiegend in der Mitte aufgestellt. Die Situation ist bei den deutschen Mädchen nicht anders. Aber im Unterschied zu deutschen Jungen liegt bei den deutschen Mädchen Nr.1 bei 24,7%. Die Wertverteilung zwischen den Geschlechtern ist bei den Deutschen ziemlich gleich dargestellt. Die Emanzipation der Frauen wird als normal akzeptiert und spiegelt sich in den Bildern auch so wieder. Aus diesem Grund kann es auch sein, dass die Vater-Figur an zweiter Stelle kommt. Durch familiäre und gesellschaftliche Denkensweisen werden auch die zeichnerischen Darstellungen der deutschen Kinder beeinflusst.

Bei den türkischen Kindern steht aber meistens der Vater an erster Stelle. Die Mutter wird immer als zweite Figur angesehen. Die Prozentzahl hierzu liegt bei den türkischen Jungen bei 58%. Einerseits zeigen uns diese Ergebnisse aus den Zeichnungen, dass die türkischen Kinder, die in Deutschland zur Schule gehen, wieder auf ihren kulturellen und familiären Hintergründen agiert haben. Andererseits lassen diese Ergebnisse Rückschlüsse auf den Charakter der türkischen Kinder zu.

Auch Haller & Hoellinger (1994) und Inglehart & Norris (2003) weisen darauf hin, dass Gesellschaften durch unterschiedliche kulturelle Traditionslinien bestimmt sind und diese prägen die Familien- und Geschlechtvorstellungen (vgl. Gerhard 2006, S.119).

Bei der Betrachtung der kulturellen Hintergründe fällt auf, dass „der Vater" in der türkischen Kultur eine sehr wichtige Rolle hat. Der Vater ist die Hauptperson der Familie. Väterliche Autorität wird sowohl von den Söhnen als auch von den Töchtern blind geduldet. Die Kinder müssen gegenüber ihren Eltern besonders ihrem Vater Respekt und Achtung zum Ausdruck bringen. Daher ist der Vater eine Respektperson. Was er sagt, was er tut, wird von den Kindern so akzeptiert, wie es ist. Vor allem ist die Situation zwischen Vater und Sohn sehr extrem. Nach Weiße (1994) lässt die uneingeschränkte väterliche Autorität kein offenes Widersprechen zu und verpflichtet die Söhne in der Kommunikation zur Zurückhaltung (vgl. Rottacker/Akdeniz 2000, S.21).

Aus diesen Gründen ist es möglich, dass 58 % der türkischen Jungen in ihren Zeichnungen den Vater von Rosamund an erster Stelle platziert haben. Das zeigt uns, wie das Vaterbild in den Gedanken von türkischen Jungen als Familienautorität verankert ist. Sie interpretieren die Situation im Märchen auf ihrem familiären Hintergrund. Die Situation ist bei den türkischen Mädchen nicht anders. Bei der Platzierung der Geschlechter haben die Mädchen mit 36 % in ihren Zeichnungen die männliche Figur an die erste Stelle platziert.

Charakterzüge der Rosamund: Bei dieser Untersuchung habe ich für die Kinderzeichnungen das Märchen „Prinzessin Rosamund, die Starke" von Martin Waddel – Patrick Benson ausgesucht. Warum ich dieses Märchen genommen habe, war für mich sehr offensichtlich, weil die Prinzessin Rosamund anders als die anderen Prinzessinnen war.

> „Rosamund ist anders als die meisten Prinzessinnen. Sie fürchtet sich vor nichts und niemand und hat natürlich auch ihre eigenen Vorstellungen von dem Prinzen, den sie einmal heiraten soll. Und vor allem davon, wie sie den Richtigen findet, denn Rosamund ist nicht bereit, sich irgendeinen Hanswurst zu nehmen." (Wadell/ Benson 2007, Klappentext).

Es war für diese Untersuchung sehr wichtig, dass Rosamund anders ist, als die anderen Prinzessinnen, weil Rosamund einen Frauencharakter präsentiert, der für die türkischen Kinder eher fremd ist: Rosamund präsentiert ein anderes Frauenbild, eines, an das man nicht gewöhnt ist. Dieses Mädchen steht auf eigenen Beinen. Sie ist eine starke, unabhängige, selbstbewusste Frau, die ihre Entscheidungen ganz allein trifft. Rosamund will nicht den Mann heiraten, den ihre Eltern für sie aussuchen, sondern sie will ihren Prinzen selber finden. Aufgrund dieser Einstellung ist sie bereit, mit jeder Schwierigkeit zu kämpfen, die vor ihr liegt. Tatsächlich findet Rosamund am Ende des Märchens ihren Prinzen selber. Bei diesem Gesichtspunkt war für mich wichtig, herauszubekommen, wie die türkischen und deutschen Kinder die Prinzessin Rosamund charakterisiert haben. Dafür habe ich zwei Kategorien gebildet: entweder wie ein Junge (1) oder wie ein Mädchen (0).

Es zeigt sich, dass ungefähr 20 bis 40 % der Zeichnungen von türkischen und deutschen Kindern der drei Gruppen, die Prinzessin Rosamund wie einen Jungen gezeichnet haben. Besonders die deutschen Jungen stellen die Prinzessin Rosamund mit richtigen Eigenschaften dar, nämlich im Durchschnitt zu 39,4 %.

Abbildung 8: Charakterzüge der Rosamund (wie ein Junge)

Schon bei einer ersten Betrachtung fällt jedoch auf, dass die türkischen Mädchen – im Gegenteil zu den deutschen Kindern – zu 100 % die Prinzessin Rosamund als Mädchen gezeichnet haben. Kein einziges türkisches Mädchen hat die Prinzessin Rosamund als ein starkes Mädchen charakterisiert. Der gravierende Unterschied zwischen den Zeichnungen der türkischen Kinder führt zurück auf die kulturellen Bedingungen. Dies liegt zum einen daran, dass die türkischen Mädchen, die in Deutschland leben, die Lerninhalte in deutscher Sprache mit ihrer eigenen soziokulturellen Lebenswelt vergleichen. Laut A. Schoppe (1991) ist dies ein Hinweis darauf, wie eng die zeichnerischen Äußerungen der Kinder mit der soziokulturellen Lebenssituation verknüpft sind.

Abbildung 9: Charakterzüge der Rosamund (wie ein Mädchen)

Obwohl Rosamund eine starke Person ist, haben die in Deutschland lebenden türkischen Mädchen diese Wahrheit nicht sehen wollen. Sie geben Rosamund bevorzugt als eine brave, artige Person wieder. Somit haben sie den eigentlichen Inhalt des Märchens verändert und ein Frauenmodell ihrer Vorstellung reflektiert. Als Grund dieses Verhaltens kann man hier die kulturell geprägte Lebensweise dieser Mädchen nennen. Die Charakterzüge der Rosamund stehen im Gegensatz zur türkischen Familienordnung. In den türkischen Familien ist es wichtig, dass die Mädchen die Eigenschaft „hanim" zeigen. Was bedeutet es, ein Mädchen als „hanim" zu charakterisieren? Es bedeutet, dass ein Mädchen sich innerhalb des folgenden Ordnungsrahmens benehmen soll:

- Schüchtern sein
- Zuhören und nicht dazwischen zu reden
- Brav sein
- Nach den Regeln leben, die die Eltern vorgeschrieben haben
- Emsig (tüchtig) arbeiten
- Gegenüber den Eltern höflich und rücksichtvoll sein

Die türkischen Mädchen, die sich in diesem Rahmen beweisen können, sammeln in der Gesellschaft mehr Punkte als die anderen Mädchen, und man würdigt solche Mädchen in der türkischen Gesellschaft sehr. Obwohl diese Mädchen andere Ansichten als ihrer Eltern haben, sind sie bereit, sich nach den Wünschen ihrer Eltern zu richten. Warum sie so handeln ist, offensichtlich, weil sie Angst haben, ihre Familie zu zerstören. Die Eltern wollen oft die Entscheidung, wie sie leben sollen, ihren Töchtern nicht selbst überlassen. Deshalb geben viele türkische Mädchen ihre eigenen Wünsche auf, um den Familienruf zu schützen. So leben sie gewöhnlich in der Umgebung, die die gesellschaftliche Kultur ihnen vorschreibt. Deswegen spielt die Kultur eine große Rolle im Entscheidungsspielraum des türkischen Mädchens. Natürlich wachsen die Mädchen in diesem Kulturkreis auf und sind gewöhnt, so zu leben, so zu leben ist ein Teil der türkischen Lebenswelt. Trotz aller Änderungen in der Welt ändern sich Kulturen kaum bzw. nur sehr langsam. Meines Erachtens ändert sich nur die Form der Kultur und der Kern bleibt wie er war. Die türkischen Mädchen, die in diesen Denkweisen aufwachsen, entwickeln sich natürlich nach diesen Normen, weil sie diese Kulturnormen von Geburt an von ihrer Umgebung so lernen. Diese Umgebung zeigt den Kindern, was falsch und was richtig ist. Da „hanim" zu sein etwas Positives ist, versuchen die Mädchen sich in dieser Richtung zu entfalten. Auch die türkischen Männer wünschen sich, solche anständigen Mädchen zu heiraten.

3 Nonverbale Kommunikation

Im nächsten Auswertungsschritt habe ich mich näherhin mit *„Nonverbale Kommunikation"* beschäftigt. Dazu zählen Gestik, Mimik, Blickkontakt und Bewegungsdarstellung der Figuren. Diese nonverbalen Kommunikationen machen die Zeichnungen noch lebendiger. Aber die Darstellungsebene zeigt uns auch, dass die Wertvorstellungen der deutschen und türkischen Kinder unterschiedlich einwirken. Besonders bei der Gestik haben die Kinder ihre Figuren mit unterschiedlichen Armhaltungen charakterisiert. Schon bei einer ersten Betrachtung fällt auf, dass die Kinder die menschlichen Figuren besonders mit vier Arten von Armhaltungen abbilden. Am häufigsten sind Bilder der Typen 1 bis 4.

Abbildung 10: Unterschiedlichen Armhaltungen in den Kinderzeichnungen

Im Allgemeinen bilden die türkischen und deutschen Kinder ihre Figuren nach der Darstellung Nummer 2 ab. Bei dieser Darstellung sind die Arme der Figuren geöffnet. Schaut man die Darstellungen von den Armen näher an, so wird deutlich, dass es in der Analyse einen weiteren Aspekt zu beachten gilt, nämlich die Figuren mit den Armen, „wie ein Soldat", d.h. die Frau steht stramm und kerzengerade und die Arme sind eng am Körper (die Armdarstellung Nummer 1). Diese Bewegungshandlung weisen 21% der Zeichnungen der türkischen Mädchen aus Deutschland auf, während die deutschen Mädchen diese Darstellung der Armen nicht verwendet. Kein einziges deutsches Mädchen hat in seiner Darstellung diese Armdarstellungen benutzt.

Dieses Frauenmodell deckt sich mit dem bereits oben erwähnten braven Frauenmodell. Es reflektiert das brave, zurückhaltende Frauenmodell, welches türkische Mädchen von ihren Familien anerzogen bekommen haben.
Plank (1990) betont:

> „Als von den Eltern am meisten gewünschte Eigenschaft des Kindes, auf die sie hin erziehen, stellt sich ‚Gehorsam' heraus. Darüber hinaus wird von beiden Kindern, allerdings in stärkerem von Mädchen erwartet, dass sie ‚sittsam', ‚respektvoll', ‚fleißig' und ‚höflich' sind." (Karakasoglu 2000, S.318).

Auernheimer (1990) geht davon aus, dass das Bewusstsein die Tätigkeiten des Menschen nur dann steuert, wenn es modellhafte Bilder der jeweiligen Lebensbedingungen, der gegenständlichen Welt überhaupt, enthält (vgl. Rottacker/ Akdeniz 2000, S.14).

Wenden wir die Studien Auernheimer's hier an, dann zeigt sich, dass 21% der in Deutschland lebenden türkischen Mädchen das Frauenmodell in ihren Bildern widerspiegeln, welches sie in ihren Familien erlebt haben. Sie nehmen das deutsche Märchen auf dem Hintergrund ihrer türkischen Kultur wahr. Türkische Kinder, die im deutschen Schulsystem aufwachsen, nehmen die ihnen gestellten

Aufgaben nicht objektiv wahr. Ganz im Gegenteil, sie gehen sehr subjektiv an die Lösung der Aufgabenstellung.

4 Farbauswahl

Die Ergebnisse der Auswertung von türkischen und deutschen Kinderzeichnungen haben uns veranschaulicht, dass die Farbwahrnehmung und Darstellung von Farben bei den Kindern unterschiedlich sind. Bei Farbdarstellungen spielen soziokulturelle Aspekte eine große Rolle.

„Farben besitzen in Bilderwelt und Sprache einer Kultur eine wichtige Bedeutung. Menschen werden durch Farbwahrnehmung in ihrer Emotionalität und in ihrem Sozialverhalten beeinflusst." (Seidel 2007, S.123).

In jeder Gesellschaft haben Farben ihren eigenen Symbolwert. Durch diese Farbsymbole der Kulturen werden Gefühle, Naturerscheinungen, Inhalte usw. kulturspezifisch ausgedrückt. Schon in früher Kindheit entwickeln Kinder ihre eigene Symboldeutung der Farben nach ihren kulturellen Wertvorstellungen (vgl. Seidel 2007, S.123 -125).

Daher haben die türkischen und deutschen Kinder probiert, ihre eigenen Erfahrungen und Beobachtungen mit den Zeichnungen des Märchens zu verknüpfen. Jedes Kind hat versucht mit unterschiedlichen Farben sein Bild lebendig zu charakterisieren. Für mich war es wichtig, dass die Kinder ihre Bilder nach ihren eigenen Farbvorstellungen zeichnen können. Aus diesem Grund waren die Farben, die die Kinder in ihre Zeichnungen benutzt haben, nicht festgelegt. Jedes Kind hatte in seinem Mäppchen ungefähr zehn Farbtöne dabei. Mit diesen Farbtönen haben die Kinder ihre Vorstellungen mit ihrer eigenen Kreativität und Phantasie in ihren Zeichnungen ausgedrückt. Jedes Kind war die farbige oder unbunte Gestaltung freigestellt.

Bei den türkischen und deutschen Gruppen kann überstimmend ermittelt werden, dass die Kinder unterschiedliche Farben benutzt haben. Vierzehn Farbtöne (Gelb – Braun – Grau – Hellgrün – Dunkelgrün – Schwarz – Hellblau – Dunkelblau – Orange – Violett – Rosa – Rot – Hautfarbe – Hellrot) wurden verwendet. Ich habe jede Zeichnung detailliert analysiert und versucht aus diesen vierzehn unterschiedlichen Farbtönen drei dominante Farben festzustellen. Die Kinder sind in der Lage ihre Gedankenverknüpfungen mit dem Märchen mit unterschiedlichen Farben zu assoziieren. Die Assoziationen zu den Farben sind in Zusammenhang mit ihrem soziokulturellen feststehenden Symbolwert zu sehen. Aber es gibt leider keine überall anerkannte, gleichermaßen gültige Bedeutung bestimmter Farben in beiden Kulturen.

Beim Vergleich der Farbauswahl der türkischen und deutschen Probanden lässt sich allgemein feststellen, dass bei Zeichnungen durchschnittlich drei dominante Farben verwendet worden sind. Die deutschen Jungen und Mädchen favorisieren in unterschiedlicher Art und Weise die Farben Blau (17,6 % = Deutsche Jungen, 25% = Deutsche Mädchen) und Grün (21,3 % = DJ, 19,8% = DM). Die dominanten Wechselfarben unter dieser Gruppe sind Braun (14,6 % DJ), und Gelb (10,7%). Blau-Grün-Kontraste sind bei den deutschen Kindern bevorzugt. Die Farben Blau und Grün sind mit der Natur verbunden. Blau steht für den Hintergrund, die Erde, den Boden, einen See und auch für den freien Himmel (vgl. Magni 1999, S.101). Grün steht auch für die Natur bzw. für das Gras. Wenn wir die Szenen des Märchens betrachten, dann können wir sehen, dass das Märchen „Prinzessin Rosamund, die Starke" auch in wilder Natur stattfindet. So haben die deutschen Kinder bewusst oder unbewusst diese Farben ausgewählt, die mit der Natur zu tun haben.

Im Gegensatz zu deutschen Kindern ziehen die türkischen Kinder die Farbe Rot, ungefähr 26 %, vor. Die türkische Kultur legt viel Wert auf diese Farbe „Rot". Im Laufe der türkischen Geschichte, wird die Farbe „Rot" mit kulturellen Ereignissen und Symbolen verbunden. Zum Beispiel trägt eine Nacht vor der Hochzeit in der „Henna Nacht", die türkische Braut bei einem traditionellen Fest einen roten Schleier, der das Gesicht verdeckt. Diese rote Farbe steht als Symbol für die Liebe, für viele Kinder und Wohlstand. In der türkischen Flagge steht die rote Farbe für das Blut gefallener Türken, die ihr Leben für ihre Heimat ließen. Daher ziehen nach einem Spiel der Nationalmannschaft alle Türken etwas Rotes an. Durch diese Farbwahl in der Kleidung zeigen sie, dass sie Türken sind und stolz darauf sind, dazu zu gehören. Die rote Farbe wird so zum Zeichen der Sieger aller Art. Damit spiegelt die Farbe Rot aber auch die emotional-soziale Situation der Kinder wider. Unbewusst drücken die türkischen Kinder ihre Gefühle so aus, als ob sie mit dieser Farbe auffallen wollen. In diesem Zusammenhang muss jedoch berücksichtigt werden, dass diese Henna Nacht oder die türkische Flagge mit dem Märchen „Prinzessin Rosamund, die Starke" keine Verbindung haben. Trotz allem haben sich rund 27 % der türkischen Jungen vom Gefühl her unbewusst für diese Farbe „Rot" entscheiden. Natürlich gibt es auch unter türkischen Kindern Ungleichheiten bei der Farbauswahl. Die türkischen Mädchen, die in Deutschland aufgewachsen sind, bevorzugen die Farbe Violett, zu 13,2 %.

5 Schluss

Wie bereits vorher erwähnt gibt es mehrere Gründe für den unterdurchschnittlichen Bildungserfolg von türkischen Kindern und Jugendlichen im deutschen

Schulsystem. Zum Großteil stehen diese Gründen in einem kausalen Zusammenhang zwischen eigener Kultur und schulischem Misserfolg.
Die türkischen und deutschen Schülerinnen/Schüler sollten ein Bild zu dem Märchen „Prinzessin Rosamund, die Starke" zeichnen, aus dem die Konstellation von König, Königin und Prinzessin Rosamund ersichtlich ist. Trotz des gleichen Märchens bearbeiteten die Probanden das Märchen auf unterschiedliche Art und Weise. Zum Schluss dieser Gesichtspunkte können wir feststellen, dass sozial kulturelle Einflüsse auf die Kinderzeichnungen einwirken. Das Interessante dabei ist, dass meist die türkischen Kinder von ihren sozial kulturellen Rahmenbedingungen und von ihren individuellen Erfahrungen in ihrer eigenen Umgebung beeinflusst werden.
Wie man an dem Ergebnis des Aspekts „Charakterzüge der Rosamund" sieht, wird die Hypothese der Untersuchung bestätigt. Obwohl Rosamund eine starke Person ist, haben die in Deutschland lebenden türkischen Mädchen diese Wahrheit nicht sehen wollen. Sie geben Rosamund bevorzugt als eine brave, artige Person wieder. So wird deutlich, dass die Familienkonstellationen in dem Märchen „Prinzessin Rosamund, die Starke" für die türkischen Mädchen eher ungewohnt sind. Somit haben sie den eigentlichen Inhalt des Märchens verändert und ein Frauenmodell ihrer Vorstellung reflektiert. Sie haben die Darstellungen so geformt, wie es sein sollte, aber nicht wie es ist. Aus diesem Grund lautet die Kernbotschaft dieser Untersuchung so: Die kulturbedingten Vorstellungen der meisten türkischen Kindern in Deutschland dritter Grundschulklassen wirken sich auf deren Verständnis von Märchen kulturgebunden aus. Sie interpretieren das Märchen innerhalb ihrer Kultur und können den kulturellen Traditionsrahmen nicht brechen. Sie zeichnen und beschreiben das Märchen, wie sie sie in ihrer eigenen Kultur erleben, sogar so weitgehend, dass sie die Deutungen der Lerninhalte verfälschen. In diesem Zusammenhang belegen die abschließenden Ergebnisse der Untersuchungsanalyse, dass kulturdifferentes Verstehen bei den türkischen Kindern zu fehlerhaften Deutungen der Lerninhalte führt und das Verstehen von Lerninhalten in deutscher Sprache bei türkischen Kindern der 3. Grundschulklasse kulturell überformt ist.

6   Literaturverzeichnis

Gerhards, Jürgen unter Mitarbeit von Michael Hölscher (2006): Kulturelle Unterschiede in der Europäischen Union. Ein Vergleich zwischen Mitgliedsländern, Betrittskandidaten und der Türkei.Wiesbaden: VS Verlag für Sozialwissenschaften.
Karakaşoğlu-Aydin, Yasemin (2000): Muslimische Religiosität und Erziehungsvorstellungen. Eine empirische Untersuchung zu Orientierungen bei türkischen Lehramts- und Pädagogik-Studentinnen in Deutschland, Frankfurt am Main: Verlag für Interkulturelle Kommunikation.

Magni, Evi Crotti Alberto (1999): Die geheime Sprache der Kinder. Kinderzeichnungen richtig deuten. München: Beust Verlag.

Rottacker, Jens – Akdeniz, Yücel (2000): Lebe du meinen Traum. Hannover: Linden-Druck-Verl.-Ges.

Schoppe, Andreas (1991): Kinderzeichnung und Lebenswelt. Neue Wege zum Verständnis des kindlichen Gestaltens. Herne: Verl. für Wiss. und Kunst.

Seidel, Christa (2007): Leitlinien zur Interpretation der Kinderzeichnungen. Lienz: Journal Verlag.

Wadell, Martin – Benson, Patrick (2007): Prinzessin Rosamund, die Starke. Oldenburg: Lappan Verlag GmbH.

Widlöcher, Daniel (1984): Was eine Kinderzeichnung verrät. Frankfurt am Main: Fischer Taschenbuch Verlag.

Kulturalität des Geschlechts – Die diskursive Konstruktion von Geschlechterkulturen

Monika Jäckle

1 Geschlecht – eine diskursiv vermittelte, kulturelle Konstruktion

1.1 *Kultur als das Gewebe der diskursiven Konstruktion von Wirklichkeit*

Die Erzeugung und Gestaltung von Sinn in Bezug auf sich selbst, auf andere und auf die Welt ist eingebettet in einen kulturell-gesellschaftlichen Kontext. Dieser soziokulturelle Rahmen stellt strukturierende Handlungsfelder dar, innerhalb derer Wirklichkeit durch diskursive Sinnzuweisungen geschaffen wird. Damit kommt der Sprache in Form von regelstrukturierten Diskursen eine prominente Bedeutung zu, da sie der „Schauplatz" ist, an dem kulturelles Wissen und kulturelle Bedeutungen weitergegeben und reproduziert werden. *Kultur* wird in diesem Sinne als die Gestalt von Bedeutungen, Werten, Ideen, Lebensweisen verstanden, welche sich in gesellschaftlichen Institutionen, in Sitten und Gebräuchen und vor allem im konkreten Leben verkörpert und Ausdruck findet. Kultur ist

> „ein historisch überliefertes System von Bedeutungen, die in symbolischer Gestalt auftreten, ein System überkommener Vorstellungen, die sich in symbolischen Formen ausdrücken, ein System mit dessen Hilfe die Menschen ihr Wissen vom Leben und ihre Einstellungen zum Leben mitteilen, erhalten und weiterentwickeln." (Geertz 1987, S.46).

Kultur wird hier als symbolisches Netz von Bedeutungen gesehen, welches sowohl Ergebnis als auch Prozess von diskursiven Wirklichkeitskonstruktionen ist: Die Sprache wie auch jede nonverbale Bedeutung, jede Symbolik, jede Gestik etc. ist kulturell eingebettet und damit das Gewebe von regelstrukturierten Diskursen. Mit anderen Worten:

> „Eine Kultur enthält die ‚Landkarte der Bedeutungen', welche die Dinge für ihre Mitglieder verstehbar machen. Diese ‚Landkarten der Bedeutung' trägt man nicht einfach im Kopf mit sich herum: sie sind in der Form der gesellschaftlichen Organisationen und Bedeutungen objektiviert, durch die das Individuum zu einem ‚gesellschaftlichen Individuum' wird." (Barth, 2000, S.15).

Diskurse sind auf das Engste mit der Formierung von Subjekten verbunden: Sie vermitteln Wissen (Bedeutungen) aus dem kulturellen Wissensspeicher der Gesellschaft und erzeugen damit geschlechtliche Identitäten, indem sie subjektive Erfahrungen strukturieren und ordnen:

> „We can only represent our experiences to ourselves and to others by using the concepts embedded in language, so that our thoughts, our feelings and how we represent our behaviour are all 'prepackaged' by language." (Burr 1995, S.39).

Diese regelgeleitete diskursive Praxis – vermittelt über Sprache – transportiert also ein kulturelles Wissen, welches nicht äußerlich bleibt, sondern den Einzelnen in seinem Denken, Handeln, Fühlen durchzieht: So werden männliche und weibliche Subjektformen angeboten, die in einer „gesellschaftlich-kulturellen Existenzweise" (Maihofer 1995, S.80ff) gelebt und gefühlt werden. Im Sinne der Ko-Konstruktion unterwirft sich der Einzelne jedoch nicht der übergeordneten gesellschaftlich-kulturellen Struktur (der Zweigeschlechtlichkeit), sondern kann das über Diskurse vermittelte kulturelle Wissen handelnd, performativ aufgreifen und so an der eigenen geschlechtlichen Subjektivation mitarbeiten[1]. *Geschlecht* ist demnach eine kulturelle und historische Art und Weise zu existieren, die sowohl den hegemonialen Diskurs einschließlich seiner Macht- und Herrschaftsverhältnisse als auch den subjektive Bereich des Erlebens und Erfahrens, also körperlich-materiale Geschlechterformationen vereint.[2] Mit anderen Worten: Geschlecht verstanden als ein von Macht durchzogenes diskursives Ordnungsprinzip der Gesellschaft fungiert als kulturelles Regelsystem, welches dem Einzelnen diskursspezifische Wahrnehmungsmöglichkeiten und Handlungsmodelle anbietet, mit denen er seine Geschlechtsidentität (Fähigkeiten, Verhaltensweisen, Eigenschaften), seine Körperlichkeit und sein Begehren schafft und gestaltet.[3]

Kultur aus einer wissenssoziologischen-diskurstheoretischen Sicht ist nicht zwangsläufig ethnisch einzugrenzen, sondern eine Frage kultureller Bedeutungsformationen, die sich auf Zugehörigkeiten beziehen. Bewegen sich Individuen in einem Netz von Diskursen, können diese – wie in diesem Artikel fokussiert – unter dem Verständnis kultureller Geschlechtszugehörigkeit als Männer und Frauen unterschieden werden. Zudem setzt eine Auseinandersetzung mit der Thematik „*Kulturalität des Geschlechts*" nicht an der Natur-Kultur-Diskussion an, da von Geschlecht als „eine zwischen den verschiedenen Diskursformen variierende Größe" (Weedon 1990, S.37) ausgegangen wird, die grundsätzlich –

---

1 Vgl. Jäckle 2009, S.221ff
2 Vgl. Maihofer 1995, S.85
3 Vgl. Jäckle 2009, S.132

sobald eine sprachliche Markierung erfolgt[4] – kontext- und kulturell abhängig, sowie semantisch variabel ist. Geschlecht kann in dem Sinne als kulturelle Konstruktion beschrieben werden, da sowohl strukturelle Aspekte der Geschlechterordnung als auch sozial-normative Geschlechterpraktiken kulturspezifisch aufgeladen sind, bzw. entlang von kulturspezifischen Codes funktionieren. *Kulturalität des Verstehens von Geschlecht* meint hier das *diskursive Gewordensein* (Effekt einer diskursiven Praxis im Sinne von Subjektpositionen) und die stets historisch bedingte im *Werden-begriffene-Sinnzuweisung* von Geschlecht, von Männlichkeit(en) und Weiblichkeit(en) (diskursive Praxis) in einem kulturellen Kontext. Geschlecht beinhaltet als diskursive Formation normorientiertes Verhalten und Handeln, welches den kulturellen Erwartungen von Mann- und Frausein entspricht. Und zugleich bestehen innerhalb des Geschlechterdiskurses Geschlechterpositionierungen, von denen aus widerständig gehandelt werden kann. Die diskurstheoretische Sichtweise der „Kulturalität des Verstehens von Geschlecht" setzt an Diskursen, also an den vielfältigen schöpferischen „Aushandlungsfeldern" an, von wo aus bestimmte Vorstellungen, Ideen, Imperative von Geschlecht entstehen, die einen Spiegel unserer Geschlechterkultur darstellen und gleichsam die Geschlechterkultur formen. Mit Blick auf die gesellschaftlichen Geschlechterformationen, -konzepten und -regeln werden die Beziehungsmuster zwischen und innerhalb der Geschlechter verstehbar.

Die diskurstheoretische Herangehensweise berücksichtigt zusammenfassend die Bedingungen des Sozialen und schafft damit die Verstehensgrundlage von Kulturalität, indem sie die Signifikationsprozesse im Zusammenhang mit kulturellen Wirklichkeitskonstruktionen thematisiert. Dabei geht sie von der Macht/Wissen-Verschränkung aus und setzt an der performativen Wirkung symbolisch-kultureller Deutungskämpfe an.

2 Geschlechterkultur: eine diskursive Praxis der Verinnerlichung und Entäußerung

Unter Kultur und hier im Spezifischen unter einer *Geschlechterkultur* wird das Konglomerat von Geschlechterhandlungen und -praktiken, das individuelle Bewusstsein des Subjekts über Männlichkeit und Weiblichkeit in wechselseitigem Bezug zu den objektivierten Wahrnehmungs-, Deutungs- und Handlungsmuster einer Gesellschaft einschließlich ihrer kulturellen Werthaltungen und Einstellungen über das symbolische System der Zweigeschlechtlichkeit verstanden.[5] Die

---

4 Vgl. Butler 1991
5 Vgl. Hagemann-White 1984

Geschlechterkultur umfasst damit die Verschränkung von regelgeleiteten Diskursen und Wahrnehmungs- und Handlungsmöglichkeiten des Subjekts. Enkulturation als Verschränkung kultureller Objektivierungsprozesse mit Prozessen der sozialisatorischen Aneignung kultureller Wissensbestände lässt sich diskurstheoretisch folgendermaßen übersetzen und auf die Vergeschlechtlichung beziehen: Der Geschlechterdiskurs einschließlich seiner Strukturen, seiner Imperative und Strategien schafft machtvolle und weniger machtvolle (institutionelle) Wissensformen über Geschlecht, die die symbolische Ordnung der Geschlechter konstituieren. Der hegemoniale Geschlechterdiskurs bildet als dominierende Wissensformation ein Feld des Möglichen, der Sagbarkeiten und Machbarkeiten ebenso wie der Nicht-Sagbarkeiten und Nicht-Machbarkeiten.

Innerhalb dieser diskursiven Ordnung finden durch diskursive und nichtdiskursive Praktiken die geschlechtliche Subjektivation und damit auch die Verkörperung von geschlechtlichem Wissen statt. Auf dieser Ebene des Erlebens und Erfahrens formiert sich das Geschlecht als kultureller Ausdrucks- Handlungs- und Verhandlungsort der geschlechtlichen Positionierung entsprechend der Codes männlicher und weiblicher Geschlechtersubjektivation.

Im Genaueren steht die Geschlechterkultur für den „kollektiven Wissensspeicher" einer Gesellschaft, der dem Einzelnen über Diskurse Orientierungen gibt für das Wahrnehmen, Denken, Werten und Handeln und dem Einzelnen damit auch Zugehörigkeiten als Mann oder Frau zur Gesellschaft anbietet.[6]

An dieser Stelle wird der Begriff des Geschlechterverhältnisses relevant: Es zeigt auf, in welcher gesellschaftlichen Beziehung Frauen und Männer zueinander stehen. Im Geschlechterverhältnis legen die Strukturen und das prozesshafte soziale Miteinander fest, wie Frauen und Männer in der Gesellschaft aufeinander bezogen sind. Dies bedeutet, dass die gesellschaftlich strukturierten sozialen Positionen von Frauen und Männern nicht als naturgegeben bzw. als natürliche Gegensätzlichkeit der Geschlechter verstanden werden können. Damit ist das Geschlechterverhältnis „die Art und Weise, mit welchen Legitimationen, in welchen spezifischen Hierarchisierungen, auch als ‚was' die Geschlechter gesellschaftlich zueinander in Beziehung gesetzt werden (…)." (Villa 2001, S.20).

Auf der Ebene der „subjektiven Wirklichkeiten" (Berger/Luckmann 1004, S.139) nimmt der Einzelne die diskursiven Wissensangebote über Geschlecht, über Männlichkeit und Weiblichkeit an und setzt den geschlechtlich codierten Sinn handlungspraktisch um. Damit speist sich einerseits das individuelle Bewusstsein, das subjektive Wissen des Subjekts aus dem kollektiven Wissensspei-

---

6   In Anlehnung an Berger und Luckmann zählt dieses allgemeingültige „Sinnsystem", verstanden als die kulturell miteinander geteilten sowie institutionell gesicherten Wissensbestände, die normorientierten Verhaltensstandards zur „objektiven Wirklichkeit".

cher einer Gesellschaft und andererseits reproduziert und verändert es wiederum die Gesellschaft. So können Männlichkeit und Weiblichkeit als Effekte diskursiver Konstruktionsprozesse verstanden werden, die wiederum den Geschlechterdiskurs aktualisieren und stabilisieren aber auch subvertieren können. Geschlecht als diskursbezogenen Kategorie betont die soziale Aufladung von Sinn entsprechend einer binären Regelhaftigkeit und ist damit stets eine soziokulturelle Kategorie: Sie existiert also nicht unabhängig der menschlicher Wahrnehmung, der Sprache insbesondere der sozialer Sinnzuweisung, sondern stellt eine diskursive Verhandlungsfläche dar, welche sich mit symbolischen Tätigkeiten verschränkt. Sie hat ihren prozesshaften Charakter in sowohl reflexiven als auch präreflexiven Handlungen, Gefühlen, Wahrnehmungen und Deutungen:

> „Handeln, Interaktionen, objektivierende Tätigkeit von Frauen und Männern, Mädchen und Jungen sind konstitutiver Teil soziokultureller Praktiken. In diesen Praktiken werden gleichzeitig Männlichkeiten und Weiblichkeiten produziert und modifiziert und männliche und weibliche Subjekte (Individuen) gebildet." (Bilden 1991, S.293).

Der lebendige „Ort" der Inszenierung und Tradierung der Geschlechterkultur ist demnach die unmittelbare Handlungssituation im Alltag. Die Geschlechterkultur wird von jedem Einzelnen, – auf deren Dimension des subjektiven Bewusstseins, wie Einstellungen, Werte, Deutungsmuster etc. – „gemacht", indem er/sie innerhalb des Feldes des Möglichen kulturelle Bedeutungsmuster aufgreift, transformiert und weiterentwickelt.

Auch der Wandel von Geschlechterverhältnisse findet in und durch die soziale Praxis statt. Die gesellschaftlichen Strukturen und die Normen für Männlichkeit und Weiblichkeit sind dabei nicht statisch verankert, sondern stellen einen steten Prozess dar. Darin zeigt es sich, das Geschlecht nicht etwas ist, was man „hat", sondern etwas, das man mehrdimensional „tut". Kulturelle Geschlechterkonstruktionen vollziehen sich in aktiven Prozessen, in denen der Einzelne deutend, handelnd, leidend, sich selbst konstituierend, aushandelnd und positionierend beteiligt ist.

Jede geschlechtliche Erfahrung ist eine spezifisch kulturelle Erfahrung im symbolischen System der Zweigeschlechtlichkeit, welche nicht außerhalb davon gedacht werden kann, und gründet auf einem Arsenal vielfältiger kultureller „Praxisregeln":

> „Denn, wir bewegen uns immer und unausweichlich innerhalb unserer symbolischen Ordnung! Diese kennt Geschlecht als dichotomisch und exklusiv (Mann oder Frau und lebenslang) und zudem biologisch legitimiert (die Gene als letzte Wahrheit und Essenz des Geschlechts). Anders können wir hier und heute Geschlecht gar nicht wahrnehmen." (Villa 1996, S.157).

Somit kann die Kulturalität des Geschlechts – welche durch Diskurse vermittelt wird – analytisch in vier Dimensionen des Sozialen betrachtet werden: Auf der Dimension der Wahrnehmung, Deutung, Handlung und Bewertung.
1. Die Dimension der Wahrnehmung basiert auf kulturellen Bedeutungen, die sich zu einem kulturellen Filter formieren und das Wahrgenommene auf dieser Grundlage strukturieren. So werden Individuen nicht dann als Mann oder Frau wahrgenommen und identifiziert, wenn sie die dazugehörigen Fähigkeiten präsentiert haben, sondern umgekehrt: Zuerst werden ihnen die Eigenschaften unterstellt und ihr Verhalten wird bewertet nach Maßgabe ihrer Geschlechtszugehörigkeit (vgl. Hagemann-White 1984; Helfferich 1994).
Dieser Prozess der Wahrnehmung verschränkt sich mit dem Prozess der Deutung, da das Erscheinungsbild und das Verhalten des wahrgenommenen Gegenübers unbewusst (vor dem Hintergrund bestehender binärer Geschlechterschemata) nach Merkmalen abgesucht wird, die die Zuschreibung zu einem Geschlecht kulturell legitimieren. So bestimmen spezifische Deutungsmuster des symbolischen Systems der Zweigeschlechtlichkeit unsere Wahrnehmung und äußern sich in Handlungen.
2. Die Dimension der Deutung bezieht sich auf das Alltagswissen der Zweigeschlechtlichkeit, d.h. auf das kulturelle Muster der Bipolarität und auf die kulturell eingelagerten Geschlechtsstereotype. Damit wird auf bereits vorhandene kulturelle Symbolformen und Deutungsmuster existierender Diskurse zurückgegriffen und aktualisiert. Der hegemoniale Geschlechterdiskurs einschließlich seiner binäre Geschlechterstruktur bietet dem Einzelnen ein spezifisches kulturelles Geschlechterwissen an, welches Ver- und Gebote enthält und damit die Grenze der Normalität, genauer gesagt der kulturellen Möglichkeiten und Unmöglichkeiten, darstellt.
Jungen und Mädchen, Männer und Frauen stehen vor der doppelten Aufgabe, einerseits ihr eigenes Geschlecht im Sinne des „gender-codes" der Zweigeschlechtlichkeit richtig (im Sinne der Eindeutigkeit, Unveränderbarkeit und Natürlichkeit[7]) darzustellen und sich adäquat als Mann und Frau zu inszenieren, andererseits die vergeschlechtlichten „Darstellungsressourcen", wie Kleidung, Mimik, Gestik, (symbolische) Tätigkeiten etc. (Villa 2001, S.76) und zugehörigen Darstellungsleistungen des Gegenübers „richtig" zu deuten. Denn jedes Verhalten wird auf der Grundlage unserer Schemata, d.h. u.a. unserer gefilterten Brille der Geschlechtszuordnung gedeutet und interpretiert. Diese Prozesse der Zuordnungen und Zuschreibungen machen wir uns im Alltag kaum bewusst. Aber unser Weltbild kommt ins Wanken, wenn Informationen, Erfahrungen und

---

7 Vgl. Kessler/McKenna

Erlebnisse nicht ohne Weiteres in die bestehenden Geschlechterschemata integriert werden können.
3. Die Dimension der Handlung fokussiert die kulturellen Habitualisierungen und Praktiken, welche um das Gestalten von Geschlecht im Rahmen kontingenter Handlungsmuster kreisen. Entsprechend dem Konzepte des „doing genders" (West/Zimmermann 1990) wird Geschlecht als interaktive Konstruktionspraxis beschrieben, welches in fortlaufenden Prozessen alltäglichen Handelns und Tuns immer wieder neu hergestellt wird. Diese permanente durch den Geschlechterdiskurs gerahmte Interaktionsarbeit transportiert ein Wissen, welches bedeutsam ist, um geschlechtlich „intelligibel" handeln zu können. Darunter versteht Butler die Kohärenz von Geschlechtsidentität, Geschlechtskörper und Sexualität (Butler 1991, S.39). Erst so ist gewährleistet, dass Erfahrungen, Situationen und soziale Anforderungen normentsprechend interpretiert werden können und diese Eingang in das eigene Handeln finden können.
Neben symbolischen Handlungen versteht sich Sprechen auch als Handlung, durch welche diskursive Männlichkeiten und Weiblichkeiten prozessiert werden.
4. Die Dimension der Be-Wertungsebene: kulturelle Normen sind gesellschaftlich im binären Code der Zweigeschlechtlichkeit und in den Geschlechternormen verfasst, wohingegen Wertepositionierungen aus den vielfältigen Geschlechterkonzeptionen entspringen. Da jeder Geschelchterkonzeption eine Positionierung auch im Sinne eine Werteorientierung bereithält, bedarf es der Reflexivität von kulturellem „Geschlechterwissen", wie es in den Geschlechterkonzepten systematisiert ist.
Neben der „Diskursordnung" (objektive Wirklichkeit) praktiziert jeder Einzelne seine Geschlechtlichkeit (subjektive Wirklichkeit) auf der Grundlage interaktiver Prozesse, sodass Enkulturation stets subjektives Handeln (diskursive Praxis) in kulturell-gesellschaftlichen Zusammenhängen (Diskurse) darstellt.
Die Verinnerlichung und Somatisierung kulturellen Geschlechterwissens, was auch unter „kultureller Prägung" verstanden wird, ist demnach nicht ein einseitiger Prozess diskursiver Effekte, sondern verlangt von den Diskurs-Akteuren – in ihrem Eingebundensein ihrer vorhandenen Diskursarrangements – eine „Vollzugsarbeit" der Symbolisierungen und Bedeutungen in Gestalt performativer Praktiken. Geschlecht ist damit eine gelebte Realität von Bedeutung *und* eine historisch-kulturelle Repräsentationspraxis, die „den" Geschlechterdiskurs reproduziert und auch verändert (vgl. Jäckle 2009, S.136).

3 Kulturalität der Macht – Macht der Kulturalität: Diskurstheoretische Annahmen zur Geschlechterwelt Schule

So spreche ich von der *Macht der Kulturalität* insofern, da Kulturalität die „Gestalt" erzeugt, die Subjekte zu kulturell spezifischen Subjekten macht. Sie stellt das Gewebe dar, welches Menschen durch kultureller Wissenspolitiken formiert, d.h. aus Geschlechtern Männer und Frauen macht, die wiederum spezifische Formen von Männlichkeit und Weiblichkeit repräsentieren (entsprechend der kulturellen Geschlechterkonzepte).

Gleichsam spreche ich von der *Kulturalität der Macht*, welche die Macht in Verbindung mit einer herrschenden Wissensform beschreibt und dabei die Produktivität, also die Wirkmächtigkeit kulturellen Wissens betont. Die Effekte der Macht können vielfältig sein – je nach Wissenspolitiken. Darin äußert sich auch die Kulturabhängigkeit der Effekte der Macht. Dieses schreibt sich in die Subjekte ein und bringt diese nach den Regelprinzipien der Wahrheitspolitiken hervor. Subjekte sind damit nicht nur Wissensträger und –transmitter, sondern in erster Linie die lebendige Inkorporierung von Wissen und die gleichsame Verdichtung von unterschiedlichen, gar arbiträren Wissensformen.

3.1 Schule aus diskurstheoretischer Sicht

Nach Berger und Luckmann ist die Schule eine gesellschaftliche Institution, in welche die Subjekte im Wechselspiel mit dem gesellschaftlich-kulturellen Wissensvorrat ihr subjektives Wissen konstruieren. Die Beziehungen der Kinder und Jugendlichen zur Welt werden durch kollektiv erzeugte symbolisch-kulturelle Sinnsysteme oder Wissensordnungen und deren sprachliche wie symbolischtätige Umsetzungen vermittelt.

Schule kann demnach als Effekt von Diskursen, als eine institutionelle Objektivation der geltenden kulturellen Wissensordnung begriffen werden, die Individuen selbsttätig und handelnd umsetzen. Das heißt u.a., alle Formen von Wahrnehmungen, Deutungen, Handlungen der Subjekte sind als Wirkung einer symbolisch-kulturellen Ordnung zu verstehen, an deren Ausprägung die in der Schule beteiligten Subjekte selbst tätig sind.

Dabei ist Schule als spezifisches Macht-Wissen-Gefüge zu fassen: Als Feld dynamischer und produktiver Kräfteverhältnisse ist sie der lebensweltliche Ort, an dem Schüler- und Lehrersubjekte konstituiert werden.

Die Schule wird als soziales Kräfteverhältnis betrachtet, in welchem und durch welches Identitäten ausgehandelt werden, Subjektformen angeboten und umgesetzt werden. Dieses Kräfteverhältnis wird gestützt durch eine institutionalisierte Legitimationsgrundlage.

> „Zu diesem Feld der Kräfteverhältnisse gehören auch die gesellschaftlichen Institutionen als Schauplatz des diskursiven Konfliktes um die Art und Weise, wie Subjektivitäten und gesellschaftliche Verhältnisse konstituiert und wie die soziale Kontrolle ausgeübt werden sollte." (Weedon 1990, S.142).

So findet auch in der Schule ein diskursiver Wettstreit um Bedeutung statt. Denn: Diskurse implizieren kulturelle Wissensformen, die unterschiedlich gelesen, interpretiert werden können, so auch die verschiedenen Versionen von Männlichkeit und Weiblichkeit. So gilt es, die diskursive kulturell sedimentierte Konstruiertheit von Geschlecht zu thematisieren, indem die Machtverhältnisse zwischen den in der Schule lebenden Subjekten anhand von (erziehungswissenschaftlichen) Wissenskonzeptionen zur Sprache gebracht werden und dabei selbst ein Verbindungselement des kulturellen Machtnetzes darstellen (siehe Kapitel Konzepte).

Fazit: Die Schule kann als Kristallisationsort beschrieben werden, an dem in und durch sprachvermittelte Interaktions- und Aushandlungsprozesse der Subjekte kulturelles Geschlechterwissen durch Diskurse (re-)produziert wird, indem die Akteure diese handlungsleitend umsetzen. Eine diskurstheoretische Perspektive ermöglicht in diesem Sinne den Blick auf die soziale und institutionelle Strukturierung der symbolisch-kullturellen Ordnung im Hinblick auf die schulischen Praktiken und auf die Prozesse der Subjektivierung von SchülerInnen zu richten: So werden Identitäten ausgehandelt, d.h. Subjektpositionen angeboten und Subjektivität in einer geschlechtlich bestimmten Art und Weise gelebt und gefühlt.

3.2 Schule als kulturelle Geschlechterwelt von Mädchen und Jungen

Die Schule als Geschlechterwelt gründet auf kulturellen Praktiken, die diese schulische Welt als eine Geschlechtliche erst erschaffen. Die soziale Welt ist stets auch eine Geschlechterwelt, soziale Wirklichkeit stets Geschlechterwirklichkeit. Als Institution und konkrete Lebenswelt ist Schule eingelassen in die Geschlechterwirklichkeit, in die soziale Welt der Geschlechter. In der Schule spielt Geschlecht als eine zentrale Strukturkategorie eine bedeutsame Rolle. Die symbolische Gesellschaftsordnung beinhaltet auch eine Geschlechterordnung, die als eine „duales System von Symbolisierungen" (Bilden 1991, S.280) zu beschreiben ist. Die Geschlechterordnung wird aus diskurstheoretischer Sicht nicht nur durch den hegemonialen Geschlechterdiskurs, sondern auch durch eine Fülle von Diskursen konstituiert, aufrechterhalten und transformiert. Subjekte verorten sich entsprechend der angebotenen Existenzformen, bedienen sich der Wissensformen und -konzepten von Männlichkeit und Weiblichkeit, die nicht nur ihre ganz subjektive sondern auch ihre gemeinsam-verbindliche Welt konsti-

tuieren und handeln danach. Diese Wissens- und Deutungsformen erschaffen auch die schulische Wirklichkeit.
Die Schule lässt sich analytisch als institutionalisierte Objektivation im Diskursfeld und als diskursive und symbolische Praxis der in ihr lebenden Personen beschreiben, die diskurspositionierend (Wahrnehmungsweisen und Handlungsmodelle anbietend), diskursreproduzierend und diskursstabilisierend (hinsichtlich ihrer gesellschaftlichen Organisationsstruktur) aber auch diskurssubvertierend (Potential zur Entwicklung und Veränderung besitzend) zu fassen ist.

3.3 Schule zwischen Macht und Kultur

Im Folgenden wird aufgezeigt, dass Schule einen Aushandlungsort des Sozialen darstellt, in dem stets Kulturelles sedimentiert ist. Das Kulturelle wird hier als Effekt des Sozialen gesehen und Macht als dem Sozialen gegenwärtig.
Die Schule ist zum Einen ein kulturelles Feld, in dem die beteiligten Subjekte (Lehrer, Direktoren, Referendare, Schüler) (differentiell) um Bedeutungen kämpfen und zum Anderen ist sie selbst eine kulturelle Angelegenheit: ein in der Öffentlichkeit über ihre Aufgaben und Funktionen viel diskutierte Institution, an die grundsätzliche Fragen herangetragen und ausgehandelt werden, die um kulturelle Lebensformen und Lebensweisen wie auch um Denkkonzepte und Wertehaltungen kreisen, – all das wird gerahmt von einer Kultur mit besonderen Werten, Einstellungen und Verhaltenscodes, die sich zu Zeiten der Pluralisierung und Individualisierung immer mehr aufweichen und verflüssigen. Im Konkreten heißt dies, dass die Schule etwas ist, das ausgehandelt werden muss, das strittig, uneindeutig dynamisch ist und stets umkämpft wird.
Nicht nur die „Schule" selbst, sondern auch die verschiedensten kulturellen Kategorien in der Schule, wie beispielsweise „Geschlecht", „Herkunft", „Gesundheit", „Körper" etc. sind konstituierende und konstituierte Schaltthemen zwischen den Subjekten. Kultur hinterlässt nicht nur Wirkung auf den Menschen, sondern sie ist Zwischen den Menschen. Innerhalb des schulischen Feldes finden Aushandlungsprozesse des Kulturellen statt, während ein kulturelles Deutungsangebot dominierend wirkt, was im hegemonialen Geschlechterdiskurs zum Ausdruck kommt. So ist in der Schule auch das Geschlecht etwas, das umkämpft wird, das in seiner Natur*haftigkeit* stets von Neuem hergestellt werden muss. Kulturelle Kategorien existieren differentiell, d.h., SchülerInnen können in der Schule als weiblich oder männlich, inländisch oder ausländisch, gesund oder krank, begabt oder unbegabt etc. bezeichnet werden. Dabei geschieht diese Bezugnahme stets durch kausale Negation des höher bewerteten Gegensatzes. Kultur ist zwischen den Menschen verankert und entsteht im Zwischen der Menschen. Der soziale Austausch zwischen den verschiedenen SchülerInnen und

LehrerInnen in der Schule stellt also nicht nur die Bedingung des Kulturellen, sondern das Kulturelle an sich dar, das auf das „Zwischen" der Pluralität der Subjekte grundgelegt ist, was einen pädagogischen Umgang mit Heterogenität innerhalb und zwischen Kulturen erfordert. Denn Kultur handelt von dem Miteinander-Sein im Verschiedenen.

All das, was sich zwischen den heterogenen Subjekten ereignet, ist kulturell, und beinhaltet aufgrund seiner Interpretations- und Handlungsmöglichkeiten immer auch das Andere und ist damit umkämpft. Da Schule als ein Aushandlungsfeld zu betrachten ist, in dem sich die Subjekte zueinander in Beziehung setzen, ist dieses stets an Machtverhältnisse gebunden. So konstatiert auch Hannah Arendt, *„dass überall wo Menschen zusammen handeln, Macht entsteht"* (Arendt 1993, S.73). Macht als Kräfteverhältnis umfasst auch in Anlehnung an Foucault damit alle sozialen Beziehungen und alle gesellschaftlichen Bereiche. Soziale Beziehungen zwischen den lebenden Akteuren sind demnach stets Machtbeziehungen, die in Form von Machtbesitz aber vor allem auch in Form eines Machtnetzes von strategischen Verbindungen angesehen werden, bei dem die Subjekte selbst Effekte von machtvollen Praktiken sind:

> „Die Macht funktioniert und wird ausgeübt über eine netzförmige Organisation. Und die Individuen zirkulieren nicht nur in ihren Maschen, sondern sind auch stets in einer Position, in der sie diese Macht zugleich erfahren und ausüben, sie sind niemals die unbewegliche Zielscheibe der Macht, sie sind stets ihre Verbindungselemente." (Foucault 1978, S.82).

Interessieren die Wissensproduktionen von Geschlechtlichkeit auf der Grundlage von Machtbeziehungen im schulischen Kontext, dann gilt es,

> „die Macht also in ihren regionalsten, lokalsten Formen und Institutionen anzugehen, besonders dort, wo sie die Rechtsregeln, die sie organisieren und begrenzen, überspringt und sich so über sie hinaus verlängert, sich in Institutionen eingräbt, sich in Techniken verkörpert und sich Instrumente materiellen, möglicherweise auch gewaltsamen Eingreifens gibt". (Foucault 1978, S.80).

Macht basiert auf den gesellschaftlichen Bedeutungen, die im symbolischen System der Zweigeschlechtlichkeit argumentativ auf die unterschiedlich begründete Verschiedenheit der Geschlechter zurückgeführt werden.[8]
In Anlehnung an Foucault existiert kein machtfreier Raum. Demnach ist die Schule als gesellschaftliche Institution mit ihren Schulwirklichkeiten und ihren konkreten Interaktionsbeziehungen der in der Schule beteiligten Personen ein netzförmiges Gebilde von Macht, Machtbeziehungen, Machtverhältnissen und Machtpositionierungen. Die schulische Praxis zeichnet sich durch ein produktiv

---

8 Vgl. Weedon 1991, S. 161-167

schaffendes Wissensfeld aus. Die Machtbeziehungen zeigen sich in diskursiven Zuschreibungsprozessen, die sich unter Verwendung pädagogischer Termini dem Bereich der intentionalen aber vor allem auch der funktionalen Erziehung nähern. Die institutionellen Akteure befinden sich aus dieser machttheoretischen Sicht in den Erziehungsprozessen auf einer präreflexiven Stufe, d.h. eine derart machtkritische bzw. machtproduktive Perspektive ist nicht Teil des „kollektiven pädagogisches Bewusstseins", d.h. des objektivierten „pädagogischen Wissensfeldes". Es sind vor allem die unbewussten und nicht absichtlichen Erziehungsprozesse, in und durch die Macht ihre Wirkungen am Subjekt entfaltet. Die institutionellen Akteure (Lehrer) sind in Diskurse eingebunden und sind demnach (als Diskurssubjekte) im Diskurs bzw. in der diskursiven Praxis tätig. Durch ihre Einflussnahme auf die Schüler strukturieren sie deren Praktiken mit – als Wirkung von Machtbeziehungen. Der Lehrer beeinflusst damit auf weitreichende Weise die Selbstpraktiken des Schülers und trägt somit maßgebend an der Konstitution des Schülers bei.

> „Über das Diskursive hinaus gilt pädagogisch-didaktisches Handeln als machtförmige Praxis, die auf Führung und Selbstführung der Subjekte zielt und als solche im Kontext gesellschaftlicher Felder und Gouvernementalitäten steht." (Wrana 2005, S.2).

Die Beziehung der schulischen Akteure, d.h. der Lehrer in der Rolle des Erziehers und der Schüler in der Rolle des „Zöglings" stellen ein rollenspezifisches, positionsbedingtes Machtverhältnis zwischen diesen dar. Dem Lehrer kommen in seiner Rolle direkte, offensichtliche Steuerungs- und Disziplinierungsmechanismen zu. Die Machtbeziehung äußert sich also zum einen in der asymmetrischen Beziehung und spezifiziert sich darin, dass geforderte Verhaltensänderungen deutlich gemacht werden. Zum Anderen ist die Rolle des Lehrers verbunden mit bestimmten Absichtssetzungen im Erziehungsprozess, um gewünschte Verhaltensweisen seitens des Schülers zu erzielen, welcher aus gouvernementalitätstheoretischer Hinsicht als verinnerlichte Fremdführung und damit als Selbstführung zu beschreiben ist. Damit ist die Rolle des Lehrers mit einem zentralen Einfluss auf die Handlungs- und Verhaltensweisen der Schüler verknüpft – und zwar insofern, dass er ihnen ein strukturiertes Feld möglicher Handlungsweisen anbietet – aber nicht ausgeschöpft, da die Disziplinierungspraxis nicht in einer Repressionspraxis aufgeht.

> „In dieser Absetzung (Erziehung vs. Unterdrückung) wird, genau wie Foucault schreibt, moderne Macht verkannt, in dem sie sich hinter dem Spektakel der Repression verbergen kann." (Bönold 2003, S.359).

Auf die Vergeschlechtlichung in der Schule bezogen bedeutet dies: Die verdeckten Mechanismen der Geschlechterformierung in der Schule treten durch die subjektiven Geschlechtertechnologien zu Tage: „Unterwerfen" sich Mädchen und Jungen (durch ihren verinnerlichten „panoptischen" Blick) unter die Norm der Geschlechterbinarität, dann entfalten die geschlechtlichen Normalisierungsprozesse ihre Wirkung, indem also Praktiken der Fremdführung mit Praktiken der Selbstführung gekoppelt werden. Die diskursiven Strategien der Geschlechternormalisierung im Sinne Foucaults „Führen der Führungen" strukturieren das Handlungsfeld von Mädchen und Jungen, die es kulturell zu weiten und auch aufzubrechen gilt. In Anlehnung an Paseka (2001, S188ff) seien folgende diskursive kulturelle Strategien genannt: „Verwendung binärer Codierungen", „Naturalisierung der Unterschiede", „Etikettierung und Homogenisierung", „Ausgrenzung und Unterordnung", „Diskriminierung auf persönlicher und institutioneller Ebene". Kulturell und machtanalytisch ergibt sich daraus die pädagogische Herausforderung, die Macht, die sich durch die Strukturierung des geschlechtlichen Handlungsfeldes zeigt, als solche zu erkennen, um es in Gestalt vielfältiger Geschlechterpositionierungen zu weiten. Auf Seiten der Lehrkräfte bedeutet dies, ein vertieftes Verständnis der Fülle kultureller Geschlechterformationen zu bekommen: Pädagogisches Handeln steht vor der Herausforderung, das polare Angebot von Mädchen- und Jungensein, welches an bestimmten Versionen von Männlichkeit und Weiblichkeit gekoppelt ist, mit einem Angebotskontinuum von Männlichkeiten und Weiblichkeiten zu ersetzen, indem man normativ-verengte Subjektpositionierungen reflexiv offenlegt und „kulturell multipliziert".

4 Den kulturellen Geschlechterkonzeptionen auf der Spur

Diskurse schaffen durch diskursive und symbolische Praktiken den Bedeutungsgehalt von subjektiven, geschlechtlichen Erfahrungsräumen. Auch die Schule als institutionalisierte materiale Instanz ist ein Effekt des Produktionsprozesses einer spezifisch symbolischen Ordnung von Bedeutungen, von kulturellem Wissen, von Geschlecht und Geschlechtlichkeit. Dieses kulturelle Wissen beinhaltet unterschiedliche Wahrnehmungs-, und Deutungsweisen, also kulturelle Muster und Bilder von Geschlecht von Weiblichkeit und Männlichkeit, welche einem dynamischen machtvollen Ringen um kulturell-dominierende Formen von Weiblichkeit und Männlichkeit unterliegen.
Ich gehe von der These aus, dass in der Schule Bildungskonzepte wirksam sind, hinter denen sich stets Geschlechterkonzepte verbergen, aus denen wiederum spezifische Handlungsweisen resultieren. Die Schule transportiert als Institution des objektiven Wissensspeichers kulturelle Geschlechterkonzeptionen, die unter-

schiedliche Deutungen, Problematisierungen und Positionierungen beinhalten. Diese Konzeptionen haben mehr oder weniger Einfluss auf die „Wissensbilder" im Hinblick auf die geschlechtliche Subjektivation, da Lehrerinnen als institutionalisierte Diskursakteure Mädchen und Jungen in kommunikativen Austauschprozessen Angebote geschlechtlicher Positionierungen machen. So machen Kinder und Jugendliche Erfahrungen in der Schule mit der dort herrschenden Geschlechterkultur und konzeptionieren dabei diskursiv ihre Identität als Mädchen oder Junge. Bedeutsam an dieser Stelle ist demnach auf welche Positionen, Ideen und Konzepte des aktualisierten Geschlechterdiskurses die Lehrkräfte sich bei der Erziehungs- und Unterrichtsarbeit beziehen. Das wiederum, was LehrerInnen an Handlungsmöglichkeiten zugewiesen bekommen, ist von den diskursimmanenten Regeln abhängig, zu denen sie sich positionieren.
Wendet man sich der Diskursivierung von Geschlecht in der Schule zu, dann bedeutet dies, die Mechanismen der geschlechtlichen „Wahrheitsproduktionen" zu beschreiben. Im Folgenden werden wissenschaftlich-kulturelle Geschlechterkonzeptionen vorgestellt, die das diskursive Feld der Geschlechterkultur darstellen. Diese befassen sich im Einzelnen damit, wie Geschlecht (erziehungswissenschaftlich) „gewusst" wird, d.h. welche kulturellen Signifikationsprozesse damit einhergehen.

4.1 *Essentialistisch-alltagstheoretische Konzeption*

Geschlecht aus einer essentialistischen Perspektive wird als eine kulturell unabhängige, verallgemeinerbare und universelle Größe verstanden, welche Männern und Frauen eine spezifische Wesenheit unterstellt. Historische bedingte Zuschreibungen wie auch soziokulturelle Ausprägungen haben keine Relevanz für die Besonderheit von Männern oder Frauen, da Geschlecht als ontologisch Kategorie gehandhabt wird, welche entweder biologisch oder religiös interpretiert wird.
Der biologische Diskursstrang begründet Geschlecht als eine vorgegebene Entwicklungstatsache, die einem inneren Bauplan der Natur folgt. Demnach existieren typisch weibliche und typisch männliche Eigenschaften, Fähigkeiten und Verhaltensweisen, die evolutionstheoretisch erklärt werden und biologisch, im Genaueren genetisch, hormonell oder hirnphysiologisch belegt werden. Geschlecht als unveränderbare Naturgegebenheit wird auf biologische Gesetzmäßigkeiten zurückgeführt und ist damit gegen Veränderungen, auch was die gesellschaftlichen Geschlechterrollen angeht, resistent.
Der religiöse Diskursstrang hingegen sieht die Differenz der Geschlechter als göttlich festgelegte Ordnung. So sind sowohl in christlichen als auch muslimi-

schen Religionen unterschiedliche „Charaktere" von Mann und Frau festgelegt, die mit unterschiedlichen Tätigkeiten und Eigenschaften versehen sind.
Sowohl die naturgegebene als auch die gottgegebene Ordnung der Geschlechter gründet auf der Polarität der Geschlechter, welche mit spezifischen Tätigkeitsbereichen und Verhaltensweisen verknüpft ist.

4.2 Naturwissenschaftliche Konzeption

Die Naturwissenschaftliche Geschlechterkonzeption ist eine in sich vielfältige und auch widersprüchliche, da essentialistische Positionen sich ebenso wiederfinden wie auch Argumentationslinien der gender studies.

Die „klassisch" naturwissenschaftliche Position widmet sich primär den Geschlechtsunterschieden und ihrer Entwicklung, welche in den unterschiedlichen Subdisziplinen erforscht werden. So wird die Differenz der Geschlechter hinsichtlich der geschlechtsspezifischen Merkmale und Verhaltensweisen in der Hirnforschung, der Soziobiologie, der Verhaltensgenetik, der Evolutionsbiologie etc. unterschiedlich belegt. Argumentationslinien dieser Position sehen die biologische Differenz maßgebend für die Unterscheide auch im Verhalten und in den Persönlichkeitsmerkmalen. So Lenz (1999, S.112ff):

- Es wurde eine durchschnittlich höhere Aktivität im motorischen Verhalten bei Jungen festgestellt als bei Mädchen.
- Frauen haben bessere sprachliche Fähigkeiten. Ebenso zeigen Frauen im sozialen Bereich ausgeprägtere Kompetenzen insbesondere im fürsorglichen Verhalten.
- Männer sind deutlich aggressiver als Frauen, was auf das innergeschlechtliche Konkurrenzverhalten zurückzuführen ist.
- Männer besitzen in Bezug auf die räumliche Wahrnehmung ein besseres räumliches Orientierungsvermögen, wohingegen Frauen ein ausgeprägteres räumliches Erinnerungsvermögen besitzen. Dies lässt sich mit stammesgeschichtlich angepassten Fähigkeiten, die zum männlichen Jagen und zum weiblichen Sammeln notwendig waren, erklären.
- Unterschiedliches Spielverhalten und unterschiedliche Spielzeugpräferenzen fußen ebenso auf stammesgeschichtlich bedingten, geschlechtsspezifischen Interessen.

Zudem legt die naturwissenschaftliche Konzeption ein Modell körperlicher Geschlechtsbestimmung und -entwicklung dar, welches das biologische Geschlecht in einem biomedizinischen Differenzmodell in ein morphisches, hormonelles, chromosomales und gonodales Geschlecht unterteilt.

Naturwissenschaftliche Aussagesysteme verschränken sich auch mit den konstruktivistischen und dekonstruktivistischen Positionen, sodass man hier mehr von einer Geschlechterforschung über die Naturwissenschaften sprechen kann: Dies verdeutlicht sich in „science of gender" und in „gender in science". Während Ersteres die biologische „Eindeutigkeit" geschlechterkritisch unter die Lupe nimmt und das biomedizinische Differenzmodell in seiner Polarisierung kritisiert, thematisieren Zweitere die erkenntniskritische Standortgebundenheit naturwissenschaftlicher Forschungspraxis. Aus dieser genderorientierten Perspektive werden die Herstellungsprozesse naturwissenschaftlich dargelegt, indem sie die normative Regelstruktur dieser „objektiven" Forschungsrichtung entlarven und damit das Objektivitätsparadigma der Naturwissenschaften relativieren.

4.3 *Feministische Konzeptionen*

Feministisch sozialwissenschaftliche Konzeptionen bewegen sich in einem Kontinuum zwischen „Gleichheit" und „Differenz" der Geschlechter und thematisieren in verstärkter Hinsicht soziale Ungleichheitsverhältnisse zwischen den Geschlechtern.

4.3.1 Gleichheits-Konzeption von Geschlecht

Im Vordergrund dieser Argumentationslogik steht die Egalität der Geschlechter, die ihre Wurzeln in der neuen Frauenbewegung hat. Der Abbau sozialer Ungleichheiten und Dominanzverhältnisse sowie die Anerkennung gleicher Chancen und Rechte, stehen im Zeichen einer Symmetrisierung der Geschlechterbeziehungen, wie es auch das Konzept des Gendermainstreaming vertritt. Die Gleichheit der Geschlechter wird nicht nur in struktureller Hinsicht gefordert, sondern auch in symbolischer Hinsicht (die Anerkennung gleicher Fähigkeiten und Eigenschaften negiert eine Differenzziehung zwischen den Geschlechtern) und bezieht damit soziale Interaktions- und Kommunikationsprozesse mit ein. Geschlechterunterschiede sind das Ergebnis patriarchalischer Gesellschaftsstrukturen, die durch Erziehung und Sozialisation reproduziert werden, sodass an dieser Stelle besonderer Handlungsbedarf gesehen wird. Die Aufdeckung des „heimlichen Lehrplans" soll zum Abbau der Geschlechterhierarchie und zur Überwindung der Geschlechtsstereotype im Schulalltag führen. Hierzu stellt Valtin die sozialisatorischen Effekte der Institution Schule auf die Geschlechterwerdung der Mädchen und Jungen in Unterricht und Schulleben dar:

„Die hierarchischen Strukturen in der Schule und die Unterrichtsmaterialien bieten Mädchen jenseits traditioneller Weiblichkeitsentwürfe wenig attraktive Identifikationsmöglichkeiten.geschlechtsstereotype (unbewusste) Einstellungen und Verhaltensweisen von Lehrerinnen und Lehrern führen zu unterschiedlichen Erwartungen an Schülerinnen und Schüler und zu unterschiedlichen Beurteilungen und Rückmeldungen.Die schulischen Interaktionsstrukturen sichern Jungen ein Mehr an Aufmerksamkeit, Beachtung und Wertschätzung. Die Stärken der Mädchen, ihre sozialen Kompetenzen in Bezug auf Kooperationsfähigkeit, Rücksichtnahme und Anpassungsbereitschaft, werden nicht erkannt und nicht honoriert.durch die Internalisierung traditioneller Weiblichkeitsentwürfe wirken Frauen, Lehrerinnen, Mütter und Mädchen - als Mittäterinnen an der Verwirklichung des heimlichen Lehrplans mit." (Valtin 1993, S.10f).

4.3.2 Differenz-Konzeption von Geschlecht

Neben der Betonung der Gleichwertigkeit der Geschlechter kennzeichnet sich diese Position durch den Argumentationsstrang der Andersartigkeit der Weiblichkeit. Die Geschlechterdifferenz spielt dabei eine grundlegende Rolle, da an der Verschiedenheit, d.h. an den unterschiedlichen Lebenszusammenhängen und an typisch weiblichen Erfahrungskonzepten angesetzt wird. Es gilt die weibliche „Spezifik" und „Qualität" anzuerkennen und zu würdigen und damit das Interesse nicht einseitig auf äußere Demokratisierungsprozesse, sondern auf innere Werte, Orientierungsmaßstäbe und Tugenden zu richten. Diese Anerkennung geschlechtlicher Besonderheiten fordert weibliche Maßstäbe und eben nicht eine Angleichung an eine männliche Normativität. Das spezifisch Weibliche wird dabei unterschiedlich begründet, was sich sowohl in soziokulturellen (durch Sozialisationsprozessen angeeignete Andersartigkeit) als auch in biologischen (natürlich weibliche Essenz) Lesarten zeigt: So können hier unterschiedliche Tendenzen ausgemacht werden von einer Mystifizierung „wahrer" Weiblichkeit, über eine kulturell erfahrene weibliche Identität bis hin zu einer ontologisch weiblichen Wesenheit.

4.3.3 Egalitäre Differenz – Konzeption von Geschlecht

Diese Konzeption verbindet die Gleichheits-Konzeption mit der Differenz-Konzeption, indem sie nicht widersprüchlich sondern als polares Spannungsverhältnis beschrieben werden: dies kann als Kontinuum von Gleichwertigkeit männlicher und weiblicher Lebenszusammenhänge und Besonderheit des Weiblichen/Männlichen gefasst werden.
Eine Positionierung wird deutlich, indem weder eine Anpassung im Sinne einer Angleichung an männliche Standards gemeint ist noch eine Biologisierung und Ontologisierung des Weiblichen/Männlichen. Damit werden zum einen „die historischen, kulturell-kollektiven und biographisch-individuellen Lebenserfah-

rungen der Geschlechter" (Prengel 1995, S.132) berücksichtigt, indem das soziokulturelle Gewordensein von Geschlecht zur Sprache gebracht wird. Und zum anderen wird die Gleichwertigkeit der Lebensform und Existenzweise betont. Im Rahmen einer „Pädagogik der Vielfalt" (Prengel 1995) versteht Prengel immer auch die Anerkennung der Heterogenität, welche sich mit der politischen Prämisse der Gleichberechtigung verschränkt. Auf die Schule übertragen sieht Prengel folgende Herausforderungen:

1. „Selbstachtung und Anerkennung der Anderen
2. Übergänge: Kennenlernen der Anderen
3. Entwicklungen zwischen Verschiedenen
4. Kollektivität: Gemeinsamkeit zwischen Menschen mit ähnlichen Erfahrungen
5. Innerpsychische Heterogenität
6. Begrenztheit und Trauerarbeit – Entfaltung und Lebensfreude
7. Prozesshaftigkeit
8. Keine Definitionen
9. Keine Leitbilder
10. Aufmerksamkeit für die individuelle und kollektive Geschichte
11. Aufmerksamkeit für gesellschaftliche und ökonomische Bedingungen
12. Achtung vor der Mitwelt
13. Didaktik des offenen Unterrichts, Lernentwicklungsberichte
14. Grenzen, Rituale und Regeln
15. Kinderelend oder 'Störungen als Chance'?
16. Selbstachtung und Anerkennung der Anderen in der Rolle der Lehrerinnen undLehrer
17. Verschiedenheit und Gleichberechtigung als institutionelle Aufgabe." (Prengel 1995, S.185)

4.4 Konzeptionen der „gender studies"

4.4.1 Konstruktivistische Konzeption von Geschlecht

Aus einer konstruktivistischen Perspektive wird Geschlecht als ein sozialer Konstruktionsprozess verstanden, bei dem die Eigenaktivität des Individuums besondere Beachtung erfährt. Das Geschlecht (gender) wird dabei als interaktive (Re-) Konstruktionsarbeit („doing gender") gefasst, bei der Männlichkeit(en) und Weiblichkeit(en), wie auch die Geschlechterdifferenz durch sozial-interaktive Praktiken hergestellt werden. So steht nicht die Frage im Vordergrund, ob es ein männliches oder weibliches Wesen oder geschlechtliche Unterschiede gibt, sondern vielmehr die Frage „wie" Geschlechter gemacht werden. Die (Re)Konstruktion des soziokulturellen Erwartungshorizontes findet statt in einem symbolischen System der Zweigeschlechtlichkeit, welches geschlechtlich codierte Konstruktionsleistungen von jedem Einzelnen fordert. Das Wissen dieser Geschlechterdifferenz ist für jedes Individuum grundlegend, um in dieser Gesellschaft als geschlechtliches Subjekt handlungsfähig sein zu können. Diese Zweiteilung der Geschlechter strukturiert gesellschaftliche Organisationsformen, Interaktionen wie auch menschliche Verhaltens- und Erlebensweisen von Männern und Frauen. Dabei kommt den Subjekten als aktiv konstruierende ihres Geschlechts besondere Bedeutung zu.

4.4.2 Dekonstruktivistische Konzeption von Geschlecht

Der Dekonstruktion von Geschlecht hinterfragt die gesellschaftliche Setzungen von Mann und Frau, Männlichkeit und Weiblichkeit und entlarvt diese als Effekte des herrschenden Geschlechterdiskurses, indem sie den Wahrheitsanspruch als Machttaktik offenlegt. Das Thematisieren der Strukturregeln, d.h. nach welchen Regeln Geschlechterwerdung funktioniert und wie der ontologische Statua dabei qua Naturalisierung aufrechterhalten wird, ist wesentlicher Inhalt dieser Geschlechterkonzeption. So geht es in dieser „Lesart" darum, die hierarchischen Bedeutungsopposoitionen (Mann/Frau) aufzulockern und die Norm der Geschlechterdifferenz mit ihrem Anspruch einer „naturgegebenen Binarität" als Naturalisierungsprozess zu entlarven: Welche Mechanismen stecken hinter dem Effekt der Natürlichen? Geschlecht wird damit als diskursive Variabel verstanden, die kulturabhängig und semantisch nicht festlegbar ist. Werden die diskursiven Herstellungsprozesse von Geschlecht nachgezeichnet und die Modi der Konstruktion offengelegt, entstehen erweiterte Handlungsmöglichkeiten, indem Widersprüche nun eben nicht einheitlich, der Geschlechternormen entsprechend, geklärt werden müssen.[9]

So besteht die Herausforderung vor dem (gouvernementalitätstheoretischen) Hintergrund „nicht nicht ‚führen' zu können" für LehrerInnen darin, sich der unterschiedlichen Geschlchterkonzeptionen reflexiv gewahr zu werden, um situativ die jeweiligen Konzeptionen zu aktualisieren, neue zu formieren, um handlungsfähig zu sein im Sinne der Prämisse „so offen und transparent zu führen wie möglich" unter Minimierung von „Herrschaftswissen".

Die nun folgende Tabelle zeigt eine Übersicht über die kulturellen Geschlechterkonzeptionen:

---

[9] Vgl. Schmidt 2001, S.279

Tabelle 1: Wissen und Erfahrung in den Geschlechterkonzeptionen

	Macht, Wissen und Erfahrung
Alltagstheoretische, essentialistische Geschlechterkonzeption	Es ist anzuerkennen, dass Frauen und Männer unterschiedliche Erfahrungen machen, weil sie von Natur aus unterschiedlich sind.
Naturwissenschaftliche Geschlechterkonzeption	Ein gezieltes Arrangement der Erfahrungsfelder ist notwendig, um auf die geschlechtsspezifischen Anlagen antworten zu können, die mit den Erfahrungen interagieren.
Gleichheits-Konzeption von Geschlecht	Da Mädchen und Frauen nur begrenzte Erfahrungsmöglichkeiten haben, gilt es diese aufzuzeigen und gegen die Benachteiligung anzugehen.
Differenz-Konzeption von Geschlecht	Erfahrungen von Jungen und Mädchen unterscheiden sich aufgrund der unterschiedlichen Lebenszusammenhänge; weibliche Erfahrungen gilt es hinsichtlich ihrer Spezifika besonders hervorzuheben und zu fördern.
Konstruktivistische Geschlechterkonzeption	Es gilt die aktive Teilhabe und Involviertheit der Mädchen und Jungen in die Prozesse der Geschlechterdifferenzierung zu fokussieren.
Dekonstruktive Geschlechterkonzeption	Nicht die Destruktion der Geschlechter, sondern das Öffnen für ein Kontextualisieren von Erfahrungen steht im Vordergrund, ebenso die Erweiterung der Handlungsmöglichkeiten, das Aufbrechen festgefahrener Verhaltens- und Denkweisen, sowie ein Denken von Unentscheidbarkeit. Erfahrungen sind nicht außerhalb von Machtverhältnissen verstehbar.

Die Beziehungskonstellationen der kulturellen Geschlechterkonzeptionen am Beispiel der dekonstruktiven Geschlechterkonzeption. Die verschiedenen kulturellen Konzeptionen stehen in einem hierarchischen Verhältnis zueinander, das in der Schul- und Unterrichtspraxis reproduziert wird:

> „Das heißt, die verschiedenen Erscheinungsformen von Geschlechterdefinitionen und -praxen stehen in einem gestuften, hierarchischen Verhältnis zueinander, das sich in der sozialen Dynamik und in sozialer Praxis konstituiert. Auf diese Weise bilden sich dominante, hegemoniale Geschlechterformen, in denen andere Geschlechterkonzepte oder -praxen durch Abwertung, Ausgrenzung und Unterordnung gesellschaftlich kontrolliert und tabuisiert, in Ghettos, in die Privatheit oder in das Unbewusste abgeschoben werden." (Schroeder 1999, S.150).

In der Vielfalt schulischer Alltagspraxis werden Geschlechterformen konstruiert, die sich durchsetzen, wenn das zugehörige kulturelle Geschlechterkonzept einem machtvollen bzw. dem machtvollsten Diskurs angehört. Die Fülle unterschiedlicher Geschlechterpraktiken und geschlechtlichen Existenzweisen stehen demnach in dem Verhältnis zueinander, wie sich die strategischen Machtkonstellationen formiert haben. Auch Schroeder geht davon aus,

> „dass in Gesellschaften wie der bundesrepublikanischen, von einer Vielfalt von Weltbildern und Lebensformen, und eben auch von Geschlechterkonzepten und Geschlechterpraxen auszugehen ist (Pluralitätsthese); dass diese Vielfalt jedoch nicht gleich-gültig nebeneinander existiert, sondern in ihrer sozialen Wertigkeit hierarchisiert ist (Hegemonialthese)." (Schroeder 1999, S.150).

Die enorme Komplexität der Verhältnisse der verschiedenen kulturellen Konzeptionen untereinander wird im Folgenden exemplarisch am Beispiel der Dekonstruktions-Konzeption angedeutet: Im Mittelpunkt dieser Konzeption, insbesondere Derridas steht das Vorhaben, das Ausgegrenzte wieder ans Licht zu bringen. Derrida plädiert für ein Lesen von Texten, das die Texte weder einordnen noch auf Begriffe reduzieren soll. Derrida bevorzugt also ein Lesen von Texten, das diesen „*möglichst wenig Gewalt antut*" (Engelmann 1990, S.30). Einem Text Gewalt antun, entspricht im derridaschen Sinne einer Zurichtung, Festlegung und Identifizierung des Textes auf starr definierte Begriffe, sowie einer Ausrichtung auf ein Ziel.

Die Dekonstruktion ist als Gegenspieler „des" *Essentialismus* zu lesen: durch die Infragestellung verfestigter Denk-, Interpretations- und Wertungsmuster und ihre Einbindung in politische Perspektiven kommt ihr eine besondere Bedeutung zu, die sich im kritischen Lesen der Alltagsdiskurse ausdrückt. Während die essentialistische Lesart sich in ihrem Ursprungsdenken der Wesenhaftigkeit und letzten wahren Bestimmung und Identifikation der Gegenstände zuwendet, geht es der Dekonstruktion nicht um Wahrheitsfindung und -setzung oder um ontologi-

sche Bestimmungen. Sondern ihr geht es um das Aufzeigen der Konstruktionslogik „des Systems", um das „Spiel der Wahrheit" offen zu legen, um das Veröffentlichen der Strategien und um die Differentialität, Kontextualität, Historizität und Dynamik von Bedeutung.
Die Dekonstruktion, insbesondere Jacques Derridas, wendet sich gegen starre, essentialistische Philosophien und Theorien mit universellem Wahrheitsanspruch und stellt damit scheinbare Gegebenheiten und stabile Wesenheiten grundlegend in Frage. Im Mittelpunkt der Dekonstruktion steht das textuelle Vorhaben in und durch die Sprache, das Ausgegrenzte wieder ans Licht zu bringen, indem die Hierarchie der Gegensätze – wie Natur/Kultur, Wissenschaft/Kunst, Mann/Frau, gesund/behindert, inländisch/ausländisch – durch die Strategien der Umkehrung und Verschiebung als totalisierende Grenzsetzungen subvertiert wird. Eine solche dekonstruktive Praxis führt zu einer ganz neuen Deutung sämtlicher Diskursformationen in allen möglichen Bereichen. Die dekonstruktivistische Perspektive hinterfragt den Konstruktionscharakter insbesondere von semantischen Gegensätzen und versucht damit u.a. den (künstlich) hierarchischen Charakter – durch Umkehrung und Verschiebung – aufzulösen. Dahinter steckt demnach u.a. dieselbe demokratische Wertsetzung wie sie die *Gleichheits-Konzeption* vertritt, nämlich das Aufbegehren gegenüber Herrschaftsverhältnissen einschließlich ihrer Ausschließungen. Während die Gleichheits-Konzeption in demselben Diskurs stecken bleibt, den sie „attackiert" (hegemonialer Geschlechterdiskurs), versucht die Dekonstruktive-Konzeption bewusst aus einem widerständigen Gegendiskurs zu sprechen. Dabei impliziert die Dekonstruktion, wie die Gleichheits-Konzeption eine ethisch-politische Dimension, indem der Blick für das Andere, für das, was an den Rand des Diskurses gedrängt wurde, d.h. was durch Ausschließungsprozesse ausgegrenzt wurde, geschärft wird[10]. Wie die Gleichheits-Konzeption richtet die Dekonstruktion ihren Blick auch auf Herrschaftsverhältnisse. Oder anders formuliert: Dekonstruktion ist immer auch eine Dekonstruktion der Herrschaft. Allerdings geschieht dies nicht aus einer gesellschaftstheoretischen „Ungleichheitsperspektive", sondern aus einer philosophischen-„Textperspektive". Dekonstruktion berücksichtigt nicht unmittelbar den historisch-sozialen gesellschaftlichen Kontext, sondern „verharrt" im Philosophischen. Während die Gleichheits-Konzeption v.a. in den Sozialwissenschaften vertreten ist und den gesellschaftlichen Kontext fokussiert, erschließt die Dekonstruktion den gesellschaftlichen Kontext nicht unmittelbar. Auch die Dekonstruktions-Konzeption kann nicht aus den Machtverhältnissen heraustreten.

---

10 „Alle Strukturen brechen von innen heraus zusammen. Sie tun dies, so Derrida, weil jede Struktur, um sich zu konstruieren, Elemente unterdrücken muss, die nicht in ihr System passen. Wird dieser Ausschließungsprozess enthüllt, so zerfällt die Struktur" (Dahlerup 1998, S.34).

Erst durch die Verschiebung der Gegensätze lässt sich meines Erachtens Gleichheit wenn auch „nur" im Kopf, ermöglichen. Ausgehend von Wittgensteins These: „Die Grenzen meiner Sprache, sind die Grenzen meiner Wirklichkeit" (Wittgenstein) Ist dies jedoch keine negative Aussicht, sondern eine erweiterte Grenzziehung der Praxis und so der Möglichkeiten.
Während die Dekonstruktion und die *Differenz-Konzeption* beide von der Differenz ausgehen, interpretieren und definieren sie diese aber unterschiedlich. Manche begründen die Differenz mystisch, biologisch oder essentialistisch, während andere Positionen wie die gesellschaftstheoretische oder sozialisationstheoretische Differenzen als sozial produziert begründet. Während der Differenz-Konzeption von einer kategorischen Männlichkeit und Weiblichkeit ausgeht, eines dieser Pole überhöht und daraus ein normatives Konzept ableitet, richtet sich die Dekonstruktion gegen ein Suchen nach einem letzten, zu Grunde liegenden Sinn. Geläufige Gegensatzpaare unserer Kultur – wie auch Frau/Mann zeichnen sich dadurch aus, dass ein Teil immer höchste Priorität besitzt. In diesem Fall ist der rechte Teil der ursprüngliche, der essentielle und der „wahre", während der linke Teil der später entstandene, niedrigere ist. Die Differenz-Konzeption setzt an einer Umwertung der Gegensatzpaare an, während die Dekonstruktion noch einen Schritt weiter geht und die Gegensätze verschiebt und damit die Hierarchie erst ent-strukturiert. Die Dekonstruktion denkt die Differenz nicht als Unterschied zweier Pole, sondern als endlose Verschiebung von Sinn, bei der das *„Un-Identische als strukturelle Figur gedacht ist, die gerade auf das Uneinheitliche des Einen verweist und nicht den Unterschied zwischen zwei Einheiten meint"* (Rendtorff/Moser 1999, S.36). Zwar wird in einer Differenz-Konzeption bereits auch schon das Weibliche als differentieller Verweis des Männlichen beschrieben, dies aber wird in erster Linie kritisiert und versucht „aufzuheben", indem auf eine Ursprünglichkeit zurückgegriffen wird. Luce Irigaray bildet mit ihren Arbeiten eine „Brücke" differenztheoretische Ansätze zu dekonstruktivistischen Ansätzen, da sie zum einen die differentiellhierarchischen Ableitung des Weiblichen vom männlichen kritisiert und zum Anderen die Differenz als nicht aufhebbar ansieht. Zusammenfassend kann gesagt werden, dass „Differenz" im Sinne der Differenzphilosophien das semantische Verweisungsgefüge und damit die Unabgeschlossenheit und Unentscheid-barkeit von Geschlecht betonen (vgl. Rendtorff 2000) Dekonstruktive Strategien bieten, bezugnehmend auf die Gleichheits- und Differenz-Konzeption, ein Spektrum von Möglichkeiten der Verflüssigung von scheinbaren Einheitskonstruktionen:

> „Verhindert wird somit eine essentialistische Sichtweise, die einem Denken Vorschub leistet, das alle Frauen in spezifischer Weise ‚als Frauen' in einer Kategorie subsumiert, die einzig und allein mit dem Etikett ‚Nicht-Mann' versehen ist. Durch Dekonstruktion werden Differenzen innerhalb der Geschlechterkategorien in den Blick genommen, die aufzeigen,

wie wenig eindeutig die Zuordnungen zu dem einen oder anderen Geschlecht vollzogen werden können." (Smykalla 2000, S.275).

Die Dekonstruktion „braucht" die *Konstruktion* um überhaupt „sprechen" bzw. „existieren" zu können, d.h. sie braucht gedankliche Konstrukte, die sie entstrukturieren kann, damit neues entstehen kann. Wie der Konstruktion geht es der Dekonstruktion auch darum, neue Möglichkeiten und Formen menschlicher Existenzweisen „danebenzusetzen" – allerdings geschieht dies durch eine andere Herangehensweise: einerseits durch neue Angebote von Konstruktionen mit dem Schwerpunkt des „wie" der Herstellung (Konstruktion) und andererseits durch das „*Spiel der Signifikanten*" mit dem „Ziel" den Wahrheitsbegriff zu zerlegen, indem von der zeitlichen und räumlichen Variabilität aller Zeichen ausgegangen wird[11] (Dekonstruktion). Ebenso ist zu konstatieren, dass auch eine dekonstruktivistische Konzeption auf einer Konstruktionsleistung basiert.

Die Dekonstruktion setzt wie Prengels „egalitäre Differenz" auf Pluralität und Vielfalt: damit besitzt die Dekonstruktion zudem eine politische Dimension. Sie steht für Offenheit und Vieldeutigkeit kultureller Lebensformen ohne einen kategorisierenden Anspruch zu erheben. Die Pluralität von Systemen, Kulturen und Menschen darf nicht in ein „*Zwangsmuster eines vereindeutigenden Systemdenkens*" gepresst werden (Nünning 1998, S.82). Sie möchte vielmehr in politischer Absicht erstarrte Denkmuster auf die Vielfalt kultureller Differenzen öffnen und aufbrechen. Sie steht insofern der egalitären Differenz nahe, da sie ein gleichwertiges, friedliches und tolerantes Zusammenleben postuliert. Derrida formuliert zwei Regeln: die erste Regel beinhaltet die Menschenwürde, die Forderung, Achtung für den anderen zu haben. Derrida beschreibt dies als Recht auf Differenz und plädiert für eine offene Heterogenität. Damit meint Derrida, dass sich das Denken frei und ohne herrschende Zwänge gestalten soll und nicht auf totalisierende Elemente homogenisiert werden darf (Engelmann 1990, S.28). Die zweite Regel, die Derrida formuliert, bezieht sich auf eine menschenverachtende Logik, die Derrida anklagt: diese Logik eines formalisierenden Totalitarismus, – sei es im nazistischen, antisemitischen oder rassistischen Diskurs, – und dessen ethisch-politischen Konsequenzen sind in keinster Weise verantwortbar. Daraus ergibt sich die Notwendigkeit einer Dekonstruktion, die den Formalisierungsprozess genau analysiert, um die dahinterstehende Ideologie und politische Intention aufzudecken und zu zerlegen (Engelmann 1990, S.28f).

VertreterInnen der Dekonstruktion hinterfragen die Gültigkeit traditioneller philosophisch-metaphysischer Grundbegriffe, wie das der Wahrheit, der Identität,

---

11 Zima spricht davon, dass der Sinn nie gegenwärtig sein kann, „weil er sich in einem stets offenen Verweisungszusammenhang verschiebt und dadurch einem Bedeutungswandel unterliegt (...)" (Zima 1994, S.52).

des Textes, der Wissenschaft, des Subjekts, der Vernunft usw. Dekonstruktion „rebelliert" gegen starre, essentialistische Philosophien und Theorien, die laut Derrida Gedankengebäuden mit universellem Wahrheitsanspruch, also herrschenden Konstrukten, entsprechen, die durch die Dekonstruktion entstrukturiert werden sollen. Wesentliche Elemente dekonstruktivistischer Kritik bestehen daher im Zerlegen von theoretischen Systemen mit allgemeingültigen Wahrheitsansprüchen. Es sollen dadurch Widersprüche aufgedeckt werden und Wahrheitsbegriffe radikal in Frage gestellt werden. Damit steht die Dekonstruktion dem positivistischen Wissenschaftsverständnis der Naturwissenschaften entgegen, insbesondere universalistischen All-Erklärbarkeits-Theorien wie die Evolutionstheorie.

Abschließend ist festzuhalten, dass die jeweiligen Konzeptionen Ausschnitte, Perspektiven und somit auch Reduzierungen darstellen, die zueinander in machtvollen Beziehungen stehen. Für die konkrete Lebenspraxis von Mädchen und Jungen bedeutet dies, dass die Erfahrungen, die sie als geschlechtliche Personen machen mehr als eine Lesart „bedürfen" und dass darüber hinaus die Erfahrungen nicht im sozialen Wissen aufgehen. Die einzelnen Geschlechterkonzepte bieten ein oftmals reduziertes Bild der angebotenen Geschlechterformen, sodass diese erst in ihrer Verschränkung und unter Einbeziehung der „Gegen"-entwürfe sowie auf der konkreten Erfahrungsebene erst verständlich werden.

Die Vielfalt geschlechtlicher Existenzweisen bildet die Ausgangslage auch in der Schule. Bezüglich des Umgangs mit dieser Vielfalt und Heterogenität in einer Institution, die – um möglichst produktiv sein zu können – homogenisierenden Bestrebungen nachgeht, lassen sich nach Paseka vier schulischen Reaktionsformen ausmachen:

„Ausschluss (im Sinne eines Ignorierens ihrer Existenz bzw. ihrer bewussten Ausschließung), Segregation (im Sinne einer bewussten Differenzierung aufgrund der Kriterien Geschlecht (...), Assimilation (im Sinne einer Anpassung durch Gleichbehandlung oder Kompensation), Heterogenität und Polyvalenz (im Sinne einer Bewusstwerdung und Wahrnehmung von Vielfalt innerhalb und zwischen verschiedenen Gruppen)." (Paseka 2001, S.192).

5 Literaturliste

Arendt, Hanna: „Was ist Politik?" In: Ludz, Ursula (Hrsg.): Hanna Arendt. „Was ist Politik?" Fragmente aus dem Nachlass. München 1993 (1950)

Barth, Wolfgang: Multikulturelle Gesellschaft. In: Bundeszentrale für politische Bildung (Hrsg.): Interkulturelles Lernen. Bonn 2000, S. 10-17

Berger, Peter L./Luckmann, Thomas: Die gesellschaftliche Konstruktion der Wirklichkeit. Frankfurt am Main 2004 (1969)

Bilden, Helga: Geschlechtsspezifische Sozialisation. In: Hurrelmann, Klaus/Ulich, Dieter: Neues Handbuch der Sozialisationsforschung. Weinheim/Basel 1991, S. 279-302

Bönold, Fritjof: Geschlecht - Subjekt - Erziehung. Zur Kritik und pädagogischen Bedeutung von Geschlechtlichkeit in der Moderne. Herbolzheim 2003

Burr, Vivien: An Introduction to Social Constructionism. London 1995

Butler, Judith: Das Unbehagen der Geschlechter. Frankfurt am Main 1991

Dahlerup, Pil: Dekonstruktion. Die Literaturtheorie der 1990er. Berlin; New York 1998

Engelmann, Peter: Einführung: Postmoderne und Dekonstruktion. Zwei Stichwörter zu zeitgenössischen Philosophie. In: Engelmann, Peter (Hrsg.): Postmoderne und Dekonstruktion. Texte französischer Philosopher der Gegenwart. Stuttgart 1990, S. 5-32

Foucault, Michel: Dispositive der Macht. Über Sexualität, Wissen und Wahrheit. Berlin 1978 (frz.1976)

Geertz, Christian: Dichte Beschreibung. Beiträge zum Verstehen kultureller Systeme. Frankfurt am Main 1987

Hagemann-White, Carol: Sozialisation: weiblich - männlich. Opladen 1984

Helfferich, Cornelia: Jugend Körper und Geschlecht. Die Suche nach sexueller Identität. Opladen 1994

Jäckle, Monika: Schule M(m)acht Geschlechter. Eine Auseinandersetzung mit Schule und Geschlecht unter diskurstheoretischer Perspektive. Wiesbaden 2009

Kessler, Suzanne J./McKenna, Wendy.: Gender. An Ethnomethodoloogical Approach. New York. 1978

Lenz, Michael: Geschlechtersozialisation aus biologischer Sicht. Anlage und Erziehung. Stuttgart 1999

Maihofer, Andrea: Geschlecht als Existenzweise. Macht, Moral, Recht und Geschlechterdifferenz. Frankfurt am Main 1995Nünning 1998

Paseka, Angelika: Gesellschaft und pädagogische Praxis. In: Fritzsche, Bettina/Hartmann, Jutta/Schmidt, Andrea/Tervooren, Anja (Hrsg.): Dekonstruktive Pädagogik. Erziehungswissenschaftliche Debatten unter poststrukturalistischen Perspektiven. Opladen 2001, S. 187-199

Prengel, Annedore: Pädagogik der Vielfalt. Verschiedenheit und Gleichberechtigung in Interkultureller, Feministischer und Integrativer Pädagogik. Opladen 1995

Rendtorff, Barbara/Moser, Vera (Hrsg.): Geschlecht und Geschlechterverhältnisse in der Erziehungswissenschaft. Opladen 1999

Rendtorff, Barbara: Geschlecht und Subjekt. In: Lemmermöhle, Doris/Fischer, Dietlind/Klika, Dorle/Schlüter, Anne (Hrsg.): Lesarten des Geschlechts. Zur De-Konstruktionsdebatte in der erziehungswissenschaftlichen Geschlechterforschung. Opladen 2000, S. 45-60

Schmidt, Andrea: Poststrukturalistische Perspektiven. Ein Beitrag zur Reflexion sozialpädagogischer Handlungspraxen. In: Fritzsche, Bettina/Hartmann, Jutta/Schmidt, Andrea/Tervooren, Anja (Hrsg.): Dekonstruktive Pädagogik. Erziehungswissenschaftliche Debatten unter poststrukturalistischen Perspektiven. Opladen 2001, S. 269-280

Schroeder, Joachim: Die Schule kennt nur zwei Geschlechter. Zum Umgang mit Minderheiten im Bildungssystem. In: Behm, Britta L./Heinrichs, Gesa/Tiedemann, Holger (Hrsg.): Das Geschlecht der Bildung - Die Bildung der Geschlechter. Berlin 1999, S. 149-168

Smykalla, Sandra: Theorie als politische Praxis - Gratwanderung zwischen Differenz, Gleichheit und Dekonstruktion. In: Lemmermöhle, Doris/Fischer, Dietlind/Klika, Dorle/Schlüter, Anne (Hrsg.): Lesarten des Geschlechts. Zur De-Konstruktionsdebatte in der erziehungswissenschaftlichen Geschlechterforschung. Opladen 2000, S. 268 – 279

Valtin, Renate: Koedukation macht Mädchen brav!? - Der heimliche Lehrplan der geschlechtsspezifischen Sozialisation. In: Pfister, Gertrud/Valtin, Renate (Hrsg.): MädchenStärken. Probleme der Koedukation in der Grundschule. Frankfurt am Main 1993, S. 8-37

Villa, Paula-Irene: Sexy Bodies. Eine soziologische Reise durch den Geschlechtskörper. Opladen 2001

Villa, Paula-Irene: Spürbare Zugehörigkeiten. Klasse und Geschlecht als zweifache Positionierung des Leibes. In: Fischer, Ute Luise/Kampshoff, Marita/Keil, Susanne/Schmitt, Mathilde (Hrsg.):

Kategorie: Geschlecht. Empirische Analysen und feministische Theorien. Opladen 1996, S. 141-162

Weedon, Chris: Wissen und Erfahrung. Feministische Praxis und poststrukturalistische Theorie. Zürich 1990

West, Candace/Zimmermann, Don H.: Doing gender. In: Lorber, Judith/Farrell, Susan, A. (Hrsg.): The Social Construction of Gender. Newbury Park/London/New Delhi, 1991, S. 13-37

Wrana, Daniel: Diskursanalyse in den Erziehungswissenschaften oder: Der reflexiven Diskursart auf der Spur... Vortrag Paris 2005.
http://www.johannesangermueller.de/deutsch/ADFA/wrana.pdf. [17.02.2011]

Zima, Peter V.: Die Dekonstruktion. Tübingen 1994

Verstehe ich Sie richtig? – Informelle Kommunikation via Internet und E-Mail als Beitrag zur Professionalität von Lehrkräften

Harry Kullmann

1 Einleitung

Lehrerinnen und Lehrer kommunizieren in vielfältiger Weise im Internet. Welche Beiträge für die Lehrerprofessionalität im Allgemeinen und die Unterrichtsentwicklung im Besonderen zeichnen sich hierbei aktuell ab? Dieser Frage spürt der vorliegende Beitrag nach, wobei im empirischen Teil die Auswertung einer Mailingliste sowie einer internetgestützten Lehrerbefragung vorgestellt wird. Während der Schwerpunkt des Interesses auf der internetgestützten unterrichtsbezogenen Kommunikation zwischen Lehrkräften liegt, werden andere Kommunikationsinhalte zwischen Lehrkräften nicht betrachtet, z.B. sozialpsychologische Hilfestellungen, etwa Entlastungsgespräche in Blogs und Foren. Der Einsatz des Internets bzw. der neuen Medien im Unterricht interessiert ebenfalls nur als Thema der Lehrerkommunikation selbst. Gezielt betrachtet werden bei der Analyse der Mailinglisten jene Beiträge, welche sich einem verbesserten Umgang mit Heterogenität in Schule und Unterricht widmen.

2 Kommunikation im Internet als informelle Lehrerbildung

2.1 *Kommunikation als Beitrag zum informellen Lernen von Lehrkräften*

Lehrkräfte sind zur kontinuierlichen Fortbildung aufgerufen und verpflichtet (Beijaard, Korthagen & Verloop 2007, KMK 2004). Informelle Aneignungswege können in diesem Zusammenhang als bedeutsam angesehen werden vor dem Hintergrund, dass traditionelle Angebote als nicht hinreichend wirksam gelten (vgl. Lipowsky 2004) und modernere Formen, wie etwa schulinterne professionelle Lerngemeinschaften, noch wenig etabliert bzw. verbreitet sind (Bonsen & Rolff 2006, Hord 2004). Positive Beispiele zum letztgenannten Modus deuten

sich zumindest anhand der internen Evaluationen solcher Gemeinschaften an, in denen Lehrkräfte in schulübergreifenden, von Koordinatoren und/oder Wissenschaftlern betreuten Netzwerken zusammenarbeiten (Berkemeyer, Manitius, Müthing & Bos 2009, Fussangel, Rürup & Gräsel 2010). Zieht man zudem die vielfältigen Herausforderungen in Betracht, mit denen Lehrkräfte täglich konfrontiert sind, so verwundert es kaum, dass diese im Vergleich mit anderen akademischen Berufsgruppen in verhältnismäßig hohem Maße informell lernen (Heise 2007b). Welche Beiträge informelle Lernformen dagegen zur Lehrerprofessionalität zu leisten vermögen, ist aktuell sowohl in allgemeiner Hinsicht als auch in Bezug auf die internetbasierten Möglichkeiten noch offen bzw. als Forschungsdesiderat explizit hervorzuheben (vgl. Fussangel et al. 2010, S.351f.). Informelles Lernen lässt sich als ein Fortbildungsprozess definieren, der jenseits formaler Curricula bzw. außerhalb formaler Kontexte stattfindet. Es ist in Bezug auf die Lernzeit sowie die Lernziele somit nicht strukturiert und führt üblicherweise nicht zu einem Zertifikat (Europäische Kommission 2001, Sommerlad & Stern 1999). Als eine zentrale Eigenschaft des informellen Lernens lässt sich die Autonomie der Lernenden ausmachen (Dohmen 2001, Watkins & Marsick 1990). Auch das selbstinitiierte Lernen unter Nutzung von Medien wie dem Computer ist eher dem informellen Lernen zuzuordnen (ebd. sowie Livingstone 1999). Gleiches gilt für die Lehrerkommunikation, sofern sie nicht Teil eines explizit auf Qualifikation ausgerichteten Fort- und Weiterbildungsprogramms ist. Kommunikation (lat. communicare „teilen, mitteilen; gemeinsam machen") im allgemeinen Sinne ermöglicht den Austausch von Informationen und Überzeugungen zwischen den Beteiligten. Zusammen mit der Koordination ist die Kommunikation u.a. ein konstitutives Element von Kooperation als der zielbezogenen Zusammenarbeit mindestens zweier Personen bzw. Organisationseinheiten (Deutsch 1949, Kullmann 2010, S.18ff.).
Die Bedeutung informellen Lernens wurde von wissenschaftlicher Seite bislang vor allem in Bezug auf mittlere bis höhere Berufsgruppen in Wirtschaftsbetrieben in den Blick genommen (vgl. z.B. Overwien 2005). Für Lehrkräfte und andere akademische Berufe mangelt es indes sowohl an theoretischer Modellierung als auch an wissenschaftlichen Ergebnissen. Umfangreichere Untersuchungen jüngeren Datums sind jene von Heise (2007a/b, 2009), welche die „vorherrschende[n] Ignoranz gegenüber [...] eher informellen Lernaktivitäten in empirischen Untersuchungen zur Lehrerprofessionalisierung" (ebd., S.199) u.a. anhand einer Studie zu Angebot und Nutzung der betreffenden Lernformen in nordrheinwestfälischen Grund- und weiterführenden Schulen aufbricht. Sie beschränkt sich dabei auf innerschulische Lernmöglichkeiten und klammert z.B. den für den vorliegenden Beitrag besonders interessierenden Einsatz des Internets bei der häuslichen Lehrerarbeit aus. In Bezug auf die Internetzugänge, die den Lehrern

in der Schule zur Verfügung stehen, findet Heise eine nur geringe Nutzung (s.u.). Überhaupt sind Lehrerinnen und Lehrer nach Heise „starke informelle Lerner", wobei jedoch „die Qualität der Lernanlässe und -formen eher auf einem niedrigen Niveau" liegt (ebd., S.202). Einen weiteren Forschungsbedarf sieht Heise im Anschluss an ihre Studie u.a. in Bezug auf die Erfassung der Qualität einzelner Lernsituationen und -angebote sowie in der Analyse außerschulischer informeller Lernangebote (ebd., S.206).

2.2 Höhere Lehrerprofessionalität durch Kommunikation im Internet?

Systematisiert man zunächst die internet- und e-mailbasierte Kommunikation, so ist festzuhalten, dass sie weitgehend textbasiert erfolgt. Andere Kommunikationsformen wie etwa die Internettelefonie, Videokonferenzen oder die Begegnung in virtuellen Räumen gewinnen jedoch zunehmend an Bedeutung, nicht zuletzt aufgrund steigender Rechnerkapazitäten, schnellerer Datenleitungen und günstigerer Preise für die zugehörige Hard- und Software. Die computervermittelte Kommunikation erfolgt nach Döring (2000) sehr häufig asynchron, d.h. Sender und Empfänger reagieren aufeinander mit deutlicher zeitlicher Verzögerung. Im Anschluss an eine Systematik zur Kooperation von Piepenburg (1991) ließe sich hier auch von mittelbarer Kommunikation sprechen. Diese findet entweder zeitversetzt statt oder zeitgleich, aber an verschiedenen Orten. Ein gängiger zeitversetzter Austausch zwischen zwei Personen erfolgt etwa per E-Mail, zeitgleich und an verschiedenen Orten erfolgt er beim Chatten. Ist die Kommunikation zeitgleich einer Gruppe von Personen zugänglich, liegt eine Mailingliste vor. Newsgroups und Internetseiten schließlich sind im Anschluss an Rafaeli & LaRose (1993) Versionen einer kollaborativen Massenkommunikation.

Die Kommunikation im Internet bietet den Lehrkräften die Möglichkeit zu einem Modus der Kooperation, wie sie ihn aus dem schulischen Alltag häufig kennen und pflegen: Ohne großen oder zumindest mit flexiblem zeitlichem Aufwand und mit einem starken Fokus auf den Austausch von Material oder Informationen von verhältnismäßig geringer Komplexität (vgl. u.a. Gräsel, Fußangel & Pröbstel 2006, Heise 2009, Little 1990). Dennoch trägt sie zum Problemlösepotenzial der direkt beteiligten Personen bei, indem sie mit Informationen und Unterstützung versorgt werden, die vielleicht auf anderem Wege nicht zu erhalten wären.

Clarke & Hollingsworth (2002) weisen mehrfach auf die Komplexität hin, welche der Entwicklung der Professionalität von Lehrkräften eigen ist. Teil ihres Modells der professionellen Entwicklung (*professional growth*) sind externe und nicht planbare Informationen oder Stimuli, zu denen hier auch die Ergebnisse der Kommunikation im Internet gezählt werden können. Für die Autoren findet die professionelle Entwicklung kontinuierlich statt und ist daher unausweichlich (ebd., S.950, vgl. aber Stern 2009).

Nach dem soziologischen Kriterium der „Stärke schwacher Bande" wie es dereinst von Granovetter (1973, 1983) beschrieben wurde, lässt sich auf der Basis der Internetkommunikation sogar ein Beitrag zum Innovationstransfer in das eigene Kollegium bzw. die Schule vermuten. Das soziale System eines Internetnutzers ist mit vielen anderen Nutzern und in der Folge deren Teilsystemen verbunden und über diese Verbindung können Informationen, Innovationen u.a. transportiert werden. Wie jedoch Granovetter selbst festhält, ist keinesfalls davon auszugehen, dass alle schwachen Bande die gerade beschriebene Funktion erfüllen (ebd., S.229).

Vielmehr lassen sich anhand der Kommunikationsmöglichkeiten des Internets und ihrer Folgen für die Unterrichtsentwicklung auch janusköpfige, wenn nicht gar paradoxe Strukturen ausmachen: Wie gerade dargelegt, bietet die Kommunikation im Netz dem Einzelnen Vernetzungsoptionen, von denen sowohl er selbst als auch, mit ihm als Mittelsmann, sein Schulkollegium profitieren kann. Je mehr jedoch innerhalb eines Kollegiums das Internet aufgrund von Vereinzelungstendenzen die einzige Option zu Vernetzung und Austausch darstellt, umso mehr steigt die Wahrscheinlichkeit, dass die didaktisch-methodische Kohärenz des Kollegiums zusätzlich gefährdet wird. Mit anderen Worten: Der Individualismus in Unterrichtsbelangen könnte zunehmen. In besonderem Maße gilt für das Internet die auf Hargreaves zurückgehende, von Little (1990, S.532) zitierte Feststellung, wonach viele Praktiken, welche normalerweise dahingehend interpretiert werden, dass sie die Isolation von Lehrkräften aufbrechen, tatsächlich in perfekter Weise mit der individualistischen Organisation der Lehrerarbeit konsistent sind.

Zu dieser Überlegung passt etwa das von Smaller, Tarc, Antonelli, Clark, Hart & Livingstone (2005) beschriebene Phänomen des *„downloading learning"*. Gemeint ist das Herunterladen fertiger Unterrichtsentwürfe bzw. -materialien und ihr weitgehend unreflektierter und unmodifizierter Einsatz im Unterricht (ebd., S.23). Hierbei handelt es sich um eine modernisierte, weil internetgestützte Form der altbekannten Türschwellendidaktik. Nur erfolgt in diesem Fall die Vorbereitung nicht auf dem Weg in den Klassenraum oder kurz davor beim Kopieren von Seiten aus einem Buch, sondern als Download-Didaktik am Vorabend zu Hause oder vielleicht einer Computer-Drucker-Station der Schule.

In Konkurrenz zu einer möglichen innerschulischen Kommunikation mit den Kolleginnen und Kollegen scheint das Internet aufgrund unzureichender Ausstattung nicht treten zu können. So ergibt sich etwa in der nordrhein-westfälischen Erhebung von Heise (2009), dass sich an den dortigen Schulen zehn bis 14 Lehrkräfte einen PC-Arbeitsplatz teilen müssen (ebd., S.145). Sofern Lehrkräfte das

Internet zur Lehrerkommunikation nutzen, dürfte dies fast ausschließlich von zu Hause aus geschehen. Die Autorin sieht durch den beschriebenen Zustand die informellen Weiterbildungsmöglichkeiten der Lehrkräfte am Arbeitsplatz eingeschränkt und kritisiert den „suboptimalen" Zustand, in dem Mängel des Arbeitsplatzes durch private Internetzugänge kompensiert werden müssen (ebd., S.134). Das informelle Lernen der Lehrkräfte mithilfe des Internets wird häufig nur anhand der Materialrecherche operationalisiert. Sofern hierbei Material anderer Lehrkräfte gefunden und in den eigenen Pool überführt wird, ist der Vorgang einem Materialtausch auf persönlicher Ebene äquivalent. Der kommunikative Anteil ist hierbei sehr gering, weshalb im empirischen Teil des vorliegenden Artikels eine breitere Operationalisierung gewählt wurde (s. Abschn. 3). In der Studie von Lohman (2006) wurden 166 zufällig ausgewählte Lehrkräfte in den USA nach der Nutzungshäufigkeit informeller Lernformen postalisch befragt. Auf einer fünfstufigen Skala von 1 = „nutze diese Lernaktivität nie" bis 5 = „nutze diese Lernaktivität ständig" erreichte die Internetrecherche mit 3,4 einen Wert oberhalb des theoretischen Mittels von 3.0. Die Nutzungsunterschiede zwischen Lehrkräften an Primar- und Sekundarschulen fielen dabei mit einer Effektstärke von $d = .18$ unbedeutend aus (vgl. Fußnote 3 in Tab. 5). Auch die Selbsturteile zu den anderen Aktivitäten waren durchweg positiv: Den geringsten Wert erhielt mit 3.1 das Lesen von Fachliteratur, den höchsten mit 4.4 die Gespräche mit Kollegen (ebd.).

Heise (2009, S.94ff.) hält anhand ihrer Fragebogenerhebung in Nordrhein-Westfalen fest, dass mindestens 80 % der Lehrkräfte der Grund- und weiterführenden Schulen wenigstens „ein paar Mal" im Jahr nach berufsbezogenen Informationen im Internet suchen. Die Datenbasis bildeten die Selbstauskünfte von rund 550 Lehrkräften. Etwas enger befragt nach der Nutzung von Internetangeboten zum selbstgesteuerten, berufsbezogenen Lernen im vorangegangenen Jahr, gaben im Schnitt 47 % der Befragten an, betreffende Angebote genutzt zu haben. Während die Lehrkräfte an Grund- und Gesamtschulen sowie Gymnasien mit 49 %, 51 % und 52 % in etwa gleichauf liegen, ist die betreffende Quote in der zusammengefassten Kategorie der Haupt- und Realschullehrkräfte mit 37 % deutlich geringer (ebd.).

Eine besonders starke Anregung zu reflexiver Kommunikation bieten virtuelle Praxisgemeinschaften (*virtual communites of practice*). Sie verbinden die Vorzüge der asynchronen Kommunikation mit der gegenseitigen Unterstützung realer Praxisgemeinschaften, wie sie etwa von Wenger (1998) beschrieben wurden. Solche Praxisgemeinschaften dienen zum einen dazu, Novizen auf stark praxisbezogenem und informellem Wege in das spezielle Wissen und Können, in die Rituale und Besonderheiten eines Tätigkeitsfeldes einzuführen. Lave und Wenger (1991) haben dieses Konzept u.a. am Beispiel der Ausbildung von Hebammen in der Provinz Yucatan in Mexiko exemplarisch dargestellt. Zum anderen dienen diese Gemeinschaften der gegenseitigen Bestärkung und Unterstützung unter den aktuellen und werdenden Experten einer Zunft. Es sind Kommunikationsknoten zum Austausch des Wissens und von Innovationen (Wenger 1998).

Die Vorteile einer virtuellen, asynchronenKommunikation liegen dabei nach Eastmond (1998) in der zusätzlichen Zeit, welche den Beteiligten zwischen den Beiträgen bzw. Antworten zum Verarbeiten (*digest*) und Reflektieren bleibt (ebd., S.35). Hibbert und Rich (2006) haben ein Modell der virtuellen Praxisgemeinschaften von Lehrkräften in der kanadischen Provinz Ontario konzipiert und implementiert. Ausdrücklich weisen sie auf die bedeutsame Rolle der Anbieter entsprechender Plattformen hin. Diese müssen die Diskussionen in geeigneter Weise anstoßen und ggf. moderieren, um den Austausch insgesamt lebendig und letztendlich fruchtbar zu gestalten. Ähnlich wie bei realen Netzwerken zwischen Lehrkräften aus verschiedenen Kollegien – im deutschsprachigen Raum etwa in den Projekten SINUS bzw. IMST, Chemie im Kontext oder Schulen im Team – bedürfen die virtuellen Plattformen zur professionsbezogenen Kommunikation einer unmittelbaren Koordination und somit zusätzlicher Ressourcen. Dies gilt zumindest für Angebote mit einer komplexen Interaktionsstruktur, wie sie in Praxisgemeinschaften vorliegt. Jenseits solcher Hinweise legen Hibbert und Rich im Rahmen der betreffenden Publikation keine Daten zur Evaluation ihrer Plattform vor.

Insgesamt ist die unterrichtsbezogene Kommunikation der Lehrkräfte via Internet ein Element des E-Learnings, einem aktuell „unüberschaubaren" Feld, zu dem die betreffenden Diskussionen nur vage zusammenhängen (Hiebler 2008, S.124). Die Autorin kritisiert denn auch in Bezug auf die Aus- und Fortbildung von Lehrkräften, dass jenseits zahlreicher Einzelinitiativen „kaum durchdachte" Konzepte hierzu vorliegen (ebd., S.117). Noch vielfältiger sind indes die informellen Möglichkeiten der Kommunikation im Internet, welche in Zeiten des sogenannten Web 2.0 zunehmend von den Nutzerinnen und Nutzern selbst gesteuert werden (vgl. Reinmann 2008) und in der Forschung zur Lehrerbildung bislang eine nur wenig systematische Berücksichtigung erfahren haben. Als Stichworte seien hier Foren, Weblogs und Wikis genannt. Für Reinmann (ebd.) ist die selbstständige Nutzung von Web-2.0-Anwendungen durch Lehrkräfte – sie nennt konkret das Beispiel der „bloggenden Lehrerinnen und Lehrer" (ebd. S.17) – eine Gelingensbedingung für den Einsatz dieser Techniken im Unterricht.

Der empirische Teil des vorliegenden Beitrags widmet sich einerseits der Mailingliste als einem technisch besonders leicht zu nutzenden Werkzeug des Austauschs sowie einer zusammenfassenden und wertenden Betrachtung der Lehrkräfte zu den professionsbezogenen Impulsen, welche sie durch die internet- und e-mailgestützte Kommunikation erhalten.

3 Zwei Studien zur Kommunikation von Lehrkräften via E-Mail und Internet

Grundsätzlich ist die Evaluation der Kommunikation im Internet als informelle Form der Lehrerbildung anhand derselben vier Ebenen denkbar, die auch für formale Fortbildungen angewendet werden (vgl. Lipowsky 2004):

1   Die Ebene der Teilnehmerinnen und Teilnehmer. Diese können den Nutzen oder das Hilfreichsein bestimmter Impulse, Materialien, Rückmeldungen und Diskussionen für ihr professionelles Wirken einschätzen.
2   Die Ebene des Wissens der Lehrkräfte, welche etwa durch entsprechende Tests zu mehreren Zeitpunkten und unter Bezug auf bestimmte, lediglich per Internetkommunikation bearbeitete Themen gemessen werden kann.
3   Die Ebene des Lehrerhandelns. Hierzu wären entsprechende Unterrichtsbeobachtungen oder auch Selbstauskünfte denkbar, wobei der Fokus auf den betreffenden, per Internetkommunikation behandelten Aspekten liegen müsste.
4   Die Motivation, Interessen oder fachlichen Leistungen der Schülerinnen und Schüler, die sich begründeterweise auf die Kommunikation der Lehrkräfte im Internet zurückführen lassen.

Die erste Teilstudie des vorliegenden Beitrags ist nicht evaluativ ausgerichtet und lässt sich daher keiner dieser vier Ebenen zuordnen. Sie stellt in deskriptiver Weise zunächst die Inhalte der Kommunikation in Mailinglisten zu zwei Fächern vor. Die zweite Teilstudie schließlich wertet die Selbstaussagen zum unterrichtsbezogenen Hilfreichsein der internetgestützten Kommunikation von 430 Lehrkräften aus und ist somit auf der ersten Ebene zu verorten.[1]

3.1 *Lehrerkommunikation in Mailinglisten*

Der ersten hier vorzustellenden Analyse zur informellen, unterrichtsbezogenen Kommunikation von Lehrkräften liegen die Inhalte je einer Mailingliste der Fächer Deutsch und Pädagogik zugrunde. Für beide Listen ist eine formlose

---

1   Der Autor dankt Markus Gumbiller für die Unterstützung bei der Aufbereitung der Daten des Abschnitts 3.1 und Hanna Rauscher für ihre Mitarbeit bei der Generierung der Rohdaten zu Kapitel 3.2.

Registrierung notwendig. Ausgewertet wurden die E-Mails der beiden Listen aus dem Zeitraum von Mai 2006 bis Juni 2010.

Ergebnisse und Diskussion

Die gewählten Analysekategorien sind in der linken Spalte von Tabelle 1 ersichtlich. Die Kategorien der oberen Ebene wurden auf deduktive Weise ermittelt bzw. a priori festgelegt. Sie beruhen in erster Linie auf gängigen Modellen zur Lehrerprofessionalität (vgl. z.B. Baumert & Kunter 2006, KMK 2004). Die Kategorien der zweiten Ebene ergaben sich weitgehend induktiv bzw. aus dem Datenmaterial. Für die hier berichteten Ergebnisse fand pro E-Mail nur ein Rating bzw. nur eine Kategorienzuordnung statt. Erfasst wurde für jede Teilkategorie die Anzahl der Gesuche bzw. Anfragen sowie die Anzahl der E-Mails, die sich als Antworten anschließend darauf bezogen (Spalten „N_{Frage}" bzw. „$N_{Antwort}$" in Tab. 1).
Eine qualitative Bewertung der Antworten im engeren Sinne wurde nicht vorgenommen und soziografische Angaben zu den jeweiligen Nutzergruppen, etwa in Bezug auf ihre Schulform oder die Berufserfahrung, liegen nicht vor.
Die Anzahl der Fragen und Antworten, welche sich auf fachdidaktische Aspekte beziehen, überwiegen in beiden Mailinglisten: Über 60 % der Anfragen im Fach Deutsch und über 70 % der Gesuche in Bezug auf das Fach Pädagogik lassen sich diesem Bereich zuordnen. Auf Seiten der Antworten sind es für beide Fächer über 80 %, die sich auf die fachdidaktischen Anfragen beziehen. Dieses Ergebnis ist plausibel vor dem Hintergrund, dass die Mailinglisten einen explizit fachunterrichtsbezogenen Fokus haben. Innerhalb der fachdidaktischen Aspekte treten wiederum jene zur Unterrichtsplanung bzw. -vorbereitung als besonders bedeutsam hervor. Fachliche Fragen werden indes kaum gestellt, bilden aber dennoch jenseits der fachdidaktischen Inhalte bzw. rein organisatorischen Fragen mit maximal 13 % die Kategorie mit der zweit- bzw. drittgrößten Häufigkeit. Sofern auf Seiten der Lehrkräfte somit fachliche Fragen auftauchen, scheinen andere Informationsquellen eine höhere Bedeutung zu haben als Mailinglisten. Ähnliches gilt für weitere zentrale Aspekte von Unterricht. Allgemeindidaktische Themen sowie pädagogische und juristische Fragen werden so gut wie gar nicht erörtert.
Fasst man die Mitglieder der Mailingliste als „erweitertes Fachkollegium" auf, welches einer Fragestellerin bzw. einem Fragesteller in unterrichtsbezogenen Aspekten eine Unterstützung bieten kann, so ergibt sich eine Parallele zu einer Fragebogenuntersuchung unter Beteiligung von 148 Lehrkräften der Naturwissenschaften an Gymnasien (Kullmann 2010).

Tabelle 1a: Kommunikation in Mailinglisten der Fächer Deutsch und Pädagogik

Thema bzw. Anlass der Kommunikation	Deutsch N_{Frage}	$N_{Antwort}$	Pädagogik N_{Frage}	$N_{Antwort}$
1. Fachdidaktik				
1.1 Jahresplanung	6	8	3	2
1.2 Reihen oder Stunden, vollständige oder teilweise Planung, z.B. Reihenlektüre	28	49	8	5
1.3 Phasen einzelner Stunden, z.B. Einstieg, Arbeitsblätter	37	67	42	67
1.4 Konkrete Materialien, z.B. Unterrichtslektüre, DVDs, Fallbeispiele	25	35	11	20
1.5 Lehrwerke (Schulbücher, Nachschlagewerke)	5	14	3	4
1.6 Aufgaben zur Bewertung, z.B. Tests, Klausuren	12	12	36	17
1.7 Notengebung (mündlich oder schriftlich)	15	25	5	6
1.8 Außerunterrichtliche Aktivitäten mit Fachbezug: AGs, Theater, Schülerwettbewerbe, Lesenacht	7	8	5	-
1.9 Fächerübergreifender Unterricht (unter Beteiligung von Deutsch/Pädagogik)	1	1	-	-
1.10 Deutsch als Fremdsprache	2	3	-	-
1.11 Strategien der Abiturvorbereitung für Schüler/innen und/oder Lehrpersonen	-	-	5	4
1.12 Anbieten von Materialien (z.B. Rollenkärtchen, Arbeitsblätter)	3	17	8	25
Summe/ Anteil an Spaltensumme in Prozent:	*141/ 63.2*	*239/ 81.3*	*126/ 72.8*	*150/ 84.3*
Ratio (Antworten pro Frage):		*1.7*		*1.2*
2. Fachliches				
2.1 Deutsch (z.B. Grammatik, Rechtschreibung, Literaturgeschichte, Bezug von Literatur)	15	14	-	-
2.2 Pädagogik (Fragen nach Begriffsdefinitionen, Geschichte im Nationalsozialismus, S. Freud)	-	-	6	8
Summe/ Anteil an Spaltensumme in Prozent:	*15/ 6.7*	*14/ 4.8*	*6/ 3.5*	*8/ 4.5*
Ratio (Antworten pro Frage):		*0.9*		*1.3*
3. Allgemeine Didaktik				
3.1 Methoden: Stationenlernen, Differenzierung	7	10		
Summe/ Anteil an Spaltensumme in Prozent:	*7/ 3.1*	*10/ 3.4*	-	-
Ratio (Antworten pro Frage):		*1.4*		
4. Erziehungsfragen, Disziplin, Klima				
4.1 Tipps für Kennenlernphase	2	3		
4.2 Schulleben außerhalb des Unterrichts, z.B. Reisen	1	-	-	-
Summe/ Anteil an Spaltensumme in Prozent:	*3/ 1.4*	*3/ 1.0*		
Ratio (Antworten pro Frage):		*1.0*		

Fortsetzung: Siehe Tabelle 1b

Tabelle 1b: Kommunikation in Mailinglisten der Fächer Deutsch und Pädagogik

Thema bzw. Anlass der Kommunikation		Deutsch N_{Frage}	$N_{Antwort}$	Pädagogik N_{Frage}	$N_{Antwort}$
5.	**Schul- und Kollegiumsentwicklung**				
	Schulleitung, Gesamt- oder Fachkollegium	-	-	-	-
6.	**Persönliches**				
	Belastung, Burnout etc.	-	-	-	-
7.	**Rechtliches**				
7.1	Zentralabitur/Gebühr f. Theateraufführung (je 1x)	2	-	-	-
7.2	Notengebung	1	-	2	1
	Summe/ Anteil an Spaltensumme in Prozent:	*3/ 1.4*	-	*2/ 1.2*	*1/ 0.6*
	Ratio (Antworten pro Frage):		*0*		*0.5*
8.	**Schulpolitik**				
8.1	Zentralabitur	1	1	4	3
8.2	Unterstützung des Schulfachs Pädagogik	-	-	4	4
	Summe/ Anteil an Spaltensumme in Prozent:	*1/ 0.5*	*1/ 0.3*	*8/ 4.6*	*7/ 3.9*
	Ratio (Antworten pro Frage):		*1.0*		*0.9*
9.	**Sonstiges**				
9.1	Frage zu anderen Fächern (ohne Zusammenhang zu Deutsch bzw. Pädagogik)	2	3	2	1
9.2	Fragen zu Computerunterricht/Internetbetreuung/Internetführerschein	3	8	-	-
9.3	Organisatorisches/Feedback und Fragen zum Forum/Löschen aus Liste	23	8	15	4
9.4	Werbung für andere Newsletter und Foren/ Einladung zu Fortbildungen, Vorführungen etc.	7	-	8	6
9.5	Suche eines Betreuerersatzes für eine Klassenfahrt	1	-	-	-
9.6	Anfrage auf Fragebogenteilnahme an die Liste von Seiten einer Doktorandin/Referendarin etc.	4	1	-	-
9.7	Suche nach einer Spanisch-Lehrkraft/einer Lehrperson zur Tätigkeit in den USA	2	-	1	-
9.8	(Verkaufs-)Angebote von Büchern, Weltkarten, Rechtschreibhilfen	5	2	-	-
9.9	Erheiterung der Runde/ Weihnachtswünsche/ Kurzvorstellung als neuer Teilnehmer etc.	5	2	5	1
9.10	Suche nach Textideen für den Vorlesewettbewerb des eigenen Kindes	1	3	-	-
	Summe/ Anteil an Spaltensumme in Prozent:	*53/ 23.8*	*27/ 9.2*	*31/ 17.9*	*12/ 6.7*
	Ratio (Antworten pro Frage):		*0.5*		*0.4*
	Summe/ Anteil in Prozent für die Rubriken 2–9:	***82/ 36.8***	***55/ 8.7***	***47/ 27.2***	***28/ 5.7***
	Ratio (Antworten pro Frage):		***0.7***		***0.6***
	Spaltensumme (Summe aller Rubriken):	***223***	***294***	***173***	***178***
	Gesamt (Summe der Spaltensummen):		***517***		***351***
	Ratio (Antworten pro Frage):		***1.3***		***1.0***

Dort zeigten sich die Lehrkräfte mit den fachkollegialen Impulsen zur Fachdidaktik weitaus zufriedener – was deren unterrichtsbezogenes Hilfreichsein betrifft – als in Bezug auf die Impulse der gleichen Personengruppe zu ausgewählten Aspekten der allgemeinen Didaktik (ebd., S.202ff.).
Die dort gezogene Schlussfolgerung, wonach Lehrkräfte mit gleichen Unterrichtsfächern untereinander sehr wohl fachdidaktische, aber kaum allgemeindidaktische Themen erörtern, wird somit durch die vorliegenden Ergebnisse zum Inhalt der Lehrerkommunikation über Mailinglisten – und mit Deutsch und Pädagogik anhand weiterer Fächer aus unterschiedlichen Domänen – unterstrichen. Zugleich deuten die hier vorliegenden Ergebnisse darauf hin, dass ein ggf. vorhandener Mangel an hilfreichen Impulsen zur allgemeinen Didaktik in den schuleigenen Fachkollegien – in der gerade angesprochenen Studie von Kullmann wünschten sich 80 % der Naturwissenschaftslehrkräfte für die Zukunft hilfreichere Impulse zu (allgemein-)methodischen Aspekten (ebd., S.196ff.) – auch anhand der Nutzung von Mailinglisten nicht kompensiert wird.
Kaum als Ursache für einen Mangel an Impulsen kommt das Antwortverhalten der angefragten Kolleginnen und Kollegen in Betracht, denn im Schnitt erhält jede Anfrage auch (mindestens) eine Antwort. Testet man für das Fach Deutsch die Fragen zu fachdidaktischen Themen (141, andere: 82) sowie die Antworten (239, andere: 55) auf Gleichverteilung, so ergibt sich ein signifikantes Ergebnis zugunsten der Antworten (χ^2 = 21.245, p = 0.000). Was sich anhand der zugehörigen Prozentwerte von 63.2 % bzw. 81.3 % bereits abzeichnet, lässt sich somit zufallskritisch absichern: Fachdidaktische Themen haben unter den Antworten im Fach Deutsch ein größeres Gewicht als unter den Fragen. Der Unterschied ist mit Φ = .20 zudem bedeutsam und entspricht einem kleinen bis mittleren Effekt ($\Phi = \sqrt{\chi^2/N}$, s. Bortz, Lienert & Bohnke 2000, S.326ff. sowie Cohen 1988, S.215ff.). Innerhalb des Schulfachs Pädagogik fällt der betreffende Vergleich ebenfalls signifikant zugunsten der Antworten aus (χ^2 = 6.8305, p = 0.01). Der Unterschied ist bei Φ = .14 noch immer bedeutsam und überschreitet den Grenzwert für einen kleinen Effekt von Φ = .10 deutlich (ebd.).
Vergleicht man den Anteil der Anfragen zur Fachdidaktik zwischen den Fächern Deutsch (141, andere: 82) und Pädagogik (126, andere: 47), so ergibt sich auf der Basis eines zugehörigen Tests auf Gleichverteilung ein signifikantes Ergebnis zugunsten des letztgenannten Fachs ($\chi2$ = 4.0909, p = 0.04). Die Effektstärke weist bei Φ = .10 auf einen bedeutsamen, wenn auch nur kleinen Effekt zugunsten der Pädagogik-Liste hin. In Bezug auf die Häufigkeit der Antworten ergibt sich indes kein bedeutsamer bzw. signifikanter Unterschied zwischen den beiden Listen. Die fachdidaktischen Themen haben somit im Verhältnis zu allen anderen Themen – zumindest was die Anfragen betrifft – im Fach Pädagogik einen (noch) höheren Stellenwert als im Fach Deutsch.

Eine gesonderte Recherche nach Stichworten zeigt, dass Themen, die den Umgang mit Heterogenität betreffen, in den E-Mails nur wenig angesprochen werden. In der Mailingliste zum Deutschunterricht wurde zur Binnendifferenzierung explizit eine offene Anfrage gestellt. Sie wurde lediglich mit einer Rückfrage „beantwortet". Nicht viel häufiger angesprochen werden „Lektüreprojekte", bei denen Schülerinnen und Schüler entweder im regulären Unterricht oder in außerunterrichtlichen Projekten, z.B. Lesenächten, das von ihnen zu lesende Buch, mitunter auch die Analysekriterien, frei wählen können. Zwei Hinweise wurden hierzu gegeben und zwar im Rahmen einer Antwort auf Fragen nach einer möglichen nächsten Lektüre – nicht als Antwort auf eine gezielte Frage zu projektorientiertem Arbeiten. Am deutlichsten akzentuiert war im o.g. Zeitraum das Thema Stationenlernen. Eine sehr offene Anfrage wurde hier mit sieben Antworten bedacht. Eine weitere Anfrage zu einer Stationenarbeit zu einem konkreten Thema erhielt eine Antwort, eine weitere Anfrage dagegen keine Antwort und einen Tipp zum Stationenlernen gab es in einer Anfrage, die auf Hinweise zu filmischem Unterrichtsmaterial abzielte. Eine Anfrage zur Bewertung von Gruppenarbeit wurde mit drei Antworten bedacht. Die Stichworte „migration" sowie „ausländ" treten in keiner E-Mail auf und „migrant" nur in dem Zusammenhang, dass Methoden empfohlen werden, die aus der Arbeit mit Kindern mit Migrationshintergrund stammen – und sich somit hier auf eine andere Zielpopulation beziehen. Insgesamt lässt sich bilanzieren, dass sich von den rund 520 E-Mails zum Fach Deutsch ein bis maximal zwei Prozent dem besseren Umgang mit Heterogenität widmen.

Sehr ähnlich verhält es sich für das Schulfach Pädagogik. Keine Treffer in den 351 E-Mails ergeben sich für die Stichworte „Differenzierung", „einzel", „Heterogenität", „Individualisierung" und „Partnerarbeit". Die Expertenmethode (Suchstichwort „Experte") wird einmal angesprochen als ein Element, welches bereits für den weiteren Unterrichtsverlauf geplant ist. Analog verhält es sich mit dem Stichwort „Projekt", zu welchem es keine konkreten Anfragen gibt. Das „Stationenlernen" wird mehrfach erwähnt, dreimal als didaktische Alternative dann, wenn allgemein nach Vorgehensweisen gefragt war, davon zweimal mit konkreten Hinweisen auf Materialien bzw. Quellen. Keine Treffer gab es für den Suchbegriff „migra" und einen für „auslän", wobei hier „Ausländer" als Unterrichtsgegenstand angesprochen wurden, d.h. unterrichtliche Maßnahmen für Kinder mit ausländischen Wurzeln wurden hier nicht behandelt.

Für die Mailingliste des Fachs Pädagogik lässt sich somit ebenfalls festhalten, dass der bessere Umgang mit Heterogenität in nur sehr geringem Maße thematisiert wird. Entsprechend wenige Beiträge kann die Mailingliste zur Bewältigung diesbezüglicher Herausforderungen aktuell leisten. Unbestimmt muss an dieser Stelle bleiben, ob die Anfragen zum Thema Umgang mit Heterogenität so selten sind, weil das Thema auf Seiten der Lehrkräfte keine hohe Dringlichkeit bzw. Priorität hat oder ob hierfür andere Gründe ausschlaggebend sind.

3.2 Unterrichtsbezogene Bedeutung der Kommunikation im Internet

In einer Online-Befragung wurde die Bedeutung des Internets für die Erledigung unterrichtsbezogener Teilaufgaben erhoben. Im Rahmen des vorliegenden Beitrags soll die Frage beantwortet werden, inwiefern verschiedene Teilgruppen unter den Lehrkräften von der betreffenden Kommunikation profitieren. Die Entwicklung des zugrundeliegenden Fragebogens sowie seine Administrierung erfolgten im Frühjahr 2010. Vorgestellt werden zunächst das Design und die Erhebungsmethode, bevor anschließend ausgewählte Ergebnisse zu einem hier besonders interessierenden Konstrukt dargelegt und diskutiert werden.

3.2.1 Design, Methodik und erzielte Stichprobe

Im Zuge der internetgestützten Befragung wurden Lehrkräfte aller Schulformen und Fächer zur Teilnahme eingeladen. Der Bogen umfasste 26 inhaltsbezogene sowie fünf personenbezogene Fragen. Seine Distribution erfolgte über die in Tabelle 2 genannten Internetforen, Mailinglisten und Portale. Angegeben ist dort auch die Anzahl der gemeldeten Mitglieder soweit diese von den Administratoren ermittelt werden konnten. Die Grundgesamtheit zu der Befragung lässt sich auf der Basis dieser Zahlen nicht treffend bestimmen. Für manche, aber nicht alle Angebote sind Registrierungen notwendig und die Besucherzahlen der Internetseiten wurden ebenfalls nicht durchgängig erfasst. Zudem sind Doppelanmeldungen bzw. das parallele Nutzen mehrerer Plattformen nicht auszuschließen.
Tabelle 3 informiert über die erzielte Stichprobe. Obwohl die Befragung durch die Struktur des Fragebogens ein hohes Maß an Standardisierung besitzt, liegen für die Stichprobenziehung die für InternetBefragungen typischen Probleme und Einschränkungen vor (vgl. Couper & Coutts 2006). So ist die zugrundeliegende Grundgesamtheit letztendlich undefiniert, da der Fragebogen allen Internetnutzern weltweit zugänglich war. Es erfolgt lediglich eine passive, selbstgesteuerte Auswahl der Teilnehmerinnen und Teilnehmer, sodass deren Beteiligung in erheblichem Maße von Mechanismen der Selbstselektivität bestimmt ist (vgl. Döring 2003, Hauptmanns 1999). Ausschlaggebend für die Wahl des Erhebungsinstruments der Onlinebefragung war deren kostengünstige Umsetzung im Rahmen einer Diplomarbeit (vgl. Rauscher 2010) in Kombination mit der leichten Erreichbarkeit vieler potenzieller Teilnehmerinnen und Teilnehmer (vgl. Schnell, Hill & Esser 2008). Legt man den Wert von 48.500 Personen zugrunde, welche auf den Fragebogen relativ leicht hätten aufmerksam werden können, so ergibt

Tabelle 2: Zur Befragung genutzte Internetforen, Newsgroups und Portale

Distributionspfad	Anzahl der Mitglieder (im Frühjahr 2010)	Internetadresse
Bayerischer Bildungsserver	Keine Nutzerzahlen verfügbar	www.schule.bayern.de/
Lehrerforen.de	ca. 9.000 registrierte Nutzer, ca. 6.500 Besuche/Tag	www.lehrerforen.de/
Lehrer-online.de	ca. 13.000 registrierte Nutzer	www.lehrer-online.de/
4-teachers.de	11.280	www.4teachers.de/
Referendar.de	11.238	www.referendar.de/
Mailingliste Deutsch	531	http://de.groups.yahoo.com/group/deutschunterricht/
Mailingliste Geografie	219	www.zum.de/wwwgeo.html
Mailingliste Mathematik	647	www.zum.de/wwwmathe.html
Mailingliste Musik	1.526	http://de.groups.yahoo.com/group/Schulmusik/
Mailingliste Pädagogik	281	http://de.groups.yahoo.com/group/schulfach-paedagogik/
Mailingliste WWWLehre	ca. 800	www.zum.de/wwwlehre.html
Gesamt, ca.:	**48.500** (Mindestwert, ohne Berücksichtigung von Dopplungen)	

sich auf der Basis der 430 auswertbaren Fragebögen eine Rücklaufquote von rund 0.9 %. Dieser Wert ist zwar gering, übertrifft aber zumindest die von Couper & Coutts (2006, S.229) mit Verweis auf ähnliche Studien genannte Quote von 0.5 %.
Anhand der Angaben in Tabelle 3 wird deutlich, dass nur wenige jener Befragungsteilnehmerinnen und -teilnehmer, deren Bögen für die Auswertung berücksichtigt werden konnten, die Angabe ihrer Hintergrunddaten verweigert haben. Der Wert schwankt zwischen 1.4 % für die Schulform und 7.2 % für das Geschlecht. Zur Auswertung der Daten wurden daher beim Auftreten fehlender Werte nur jene für die abhängigen Variablen geschätzt und zwar auf der Basis des sogenannten EM-Algorithmus (*expectation maximization*) im Programm PASW Statistics, Version 18.0.0 (vgl. Lüdtke, Robitzsch, Trautwein & Köller 2007).
Für die Kategorien Schulform, Geschlecht und Beschäftigung war jeweils ein approximativer Vergleich der Häufigkeiten in der erzielten Stichprobe mit den

Daten des Statistischen Bundesamtes für das Schuljahr 2008/2009 möglich.[2] Auf Seiten der Stichprobendaten wurden dabei die Personen der Rubrik „keine Angaben" sowie jene von beruflichen Schulen nicht beachtet. Von Seiten der statistischen Daten zu allgemeinbildenden Schulen wurden die Lehrkräfte aus Vorklassen und Schulkindergärten nicht berücksichtigt.

Für die drei oben genannten Kategorien muss die Hypothese einer Gleichverteilung verworfen werden, d.h. für keine der Kategorien kann die erzielte Stichprobe als repräsentativ für die Gesamtheit der bundesdeutschen Lehrkräfte an allgemeinbildenden Schulen angesehen werden. So sind beispielsweise die Gymnasiallehrkräfte in der vorliegenden Stichprobe deutlich überrepräsentiert (41.2 % vs. 26 % im Bundesdurchschnitt), während zugleich die Grundschullehrkräfte unterrepräsentiert sind (12.3 % vs. 29 % im Bundesdurchschnitt).

Die Grundgesamtheit, auf die anhand von Signifikanztests und vor dem Hintergrund der ausgewerteten Selbstauskünfte verallgemeinert wird, ist somit eine hypothetische: Es ist jener Teil aller deutschsprachigen Lehrkräfte, welcher erstens das Internet im o.g. Befragungszeitraum für berufsbezogene Zwecke nutzt, der zweitens eine grundlegende Bereitschaft zur Beteiligung an Onlinebefragungen besitzt und für den drittens die vorliegende Stichprobe anhand der soziodemografischen Rahmendaten repräsentativ ist. Wenn die vorliegende Untersuchung somit keine zufallskritischen Aussagen über die Gesamtheit der deutschsprachigen Lehrkräfte – auch nicht jener, welche das Internet ganz grundsätzlich nutzen – treffen kann, so liefern die Ergebnisse jedoch vor allem in Bezug auf diese Gruppe aussagekräftige Indizien und begründete Hypothesen. Im Anschluss an Bredenkamp (1972, S.35) lassen sich signifikante Ergebnisse in Bezug auf die betreffende Gesamtpopulation als eine „bestätigende Instanz" zugunsten der jeweils interessierenden Alternativhypothese interpretieren. Ungeachtet dessen ist den vorliegenden Analysen ein stark explorativer Charakter eigen.

3.2.2 Konstrukt, Ergebnisse und Diskussion zur Kommunikation im Internet

Im Rahmen des vorliegenden Beitrags näher betrachtet werden sollen die Rückmeldungen verschiedener Lehrergruppen zu der unterrichtsbezogenen Unterstützung, welche sie durch die Kommunikation im Internet jeweils erfahren. Das zugrundeliegende Instrument ist die in Tabelle 4 dokumentierte, aus vier Items bestehende Skala. Der Gesamtmittelwert von 1.54 über alle Befragungsteilnehmerinnen und -teilnehmer macht deutlich, dass selbst jene Lehrkräfte, welche das

---

2   Online unter: www.destatis.de/jetspeed/portal/cms/Sites/destatis/Internet/DE/Content/ Statistiken/BildungForschungKultur/Schulen/Tabellen/Content100/AllgemeinbildendeSchulenLehrkraefte,templateId=render Print.psml am 11.08.2010

Tabelle 3: Kerndaten Online-Stichprobe
(Absolute Zahl (N) und Anteil (in Prozent von N = 430) der Lehrkräfte verschiedener Teilgruppen in der Stichprobe)

Schulform[1]		Alter		Geschlecht		Status		Beschäftigung	
	N/ Anteil	(in J.)	N/ Anteil		N/ Anteil		N/ Anteil		N/ Anteil
Grunds.	53/ 12.3	bis 30	55/ 12.8	w.	220/ 41.6	Leh.	402/ 93.5	Tz.	71/ 16.5
Haupts.	54/ 12.6	31–40	117/ 27.2	m.	179/ 51.2	Ref.	21/ 4.9	Vz.	344/ 80.0
Reals.	33/ 7.7	41–50	87/ 20.2	k. A.	31/ 7.2	k. A.	7/ 1.6	k. A.	15/ 3.5
Gesamts.	34/ 7.9	51–60	130/ 30.2						
Gym.	177/ 41.2	ü. 60	33/ 7.7						
Berufs.	19/ 4.4	k. A.	8/ 1.9						
Fachs.	29/ 6.7								
Sonstige	25/ 5.8								
k. A.	6/ 1.4								

1 Legende:
k. A.: keine Angabe   in J.: in Jahren   w.: weiblich   Leh.: Lehrer/in   Tz.: Teilzeit
                       ü.:   über   m.: männlich   Ref.: Referendar/in Vz.: Vollzeit

Internet verhältnismäßig häufig nutzen – zumindest häufig genug, um die Einladung zur Teilnahme an der Studie zu erhalten und Onlinebefragungen gegenüber hinreichend aufgeschlossen zu sein –, die unterrichtsbezogene Unterstützung durch die Kommunikation im Internet lediglich ambivalent bewerten. Das leichte Überschreiten des Mittelwerts fällt dabei nicht ins Gewicht, wie ein nicht signifikanter t-Test für eine Stichprobe gegen den Wert von 1.5 zeigt.
Ein Vergleich der acht in der linken Spalte von Tabelle 3 aufgelisteten Schulformgruppen per ANOVA liefert ebenfalls kein signifikantes Ergebnis. Auffällig ist jedoch, dass sich die Grundschullehrkräfte bei einem Mittelwert von 1.82 (SD: 0.71) deutlich zufriedener zeigen als die übrigen sieben Gruppen. Deren Mittelwerte unterscheiden sich insgesamt nur wenig: Das Maximum liegt mit einem Mittelwert von 1.64 bei den Berufsschullehrkräften (SD: 0.64), das Minimum bei Gesamtschullehrerinnen und -lehrern mit einem Mittelwert von 1.45 (SD: 0.75). Der Bewertungsunterschied zwischen Berufsschul- und Gesamtschullehrkräften ist auch bei einem gesondert durchgeführten und etwas toleranteren t-Test nicht signifikant und die zugehörige Effektstärke ist mit d = .26 klein (s.u., vgl. Cohen 1988).

Tabelle 4: Unterstützung durch Kommunikation im Internet

Einleitungstext zur Fragebogenskala:

Welche Unterstützung bietet Ihnen die Kommunikation über das Internet? (gemeint sind Plattformen mit einem Mindestmaß an Interaktion, z.B. Mailinglisten, Blogs, Foren etc.; NICHT gemeint sind anonym genutzte Materialsammlungen o.ä.)

Die Kommunikation mit anderen Lehrern über das Internet...	MW^1	SD^1	r_{it}^1
...führt zu einer Zeitersparnis bei der Unterrichtsvorbereitung.	1.27	0.93	.581
...hilft mir, mein Fachwissen zu erweitern.	1.66	0.97	.737
...hilft mir, meine pädagogischen Kompetenzen zu erweitern.	1.26	0.90	.683
...hilft mir, neue Impulse für meinen Unterricht zu erhalten.	1.95	0.97	.756
Skala insgesamt	1.54	0.78	

Skalierung: 0 = trifft gar nicht zu / hierzu kommuniziere ich nicht über das Internet, 1 = trifft eher nicht zu, 2 = trifft eher zu, 3 = trifft voll zu

Reliabilität: Crohnbachs α = .849 (N = 430)

1 Legende: MW = Mittelwert; SD = Standardabweichung; r_{it} = Item-Skala-Korrelation

Alle Gruppen außer die der Grundschullehrkräfte unterscheiden sich bei einem t-Test für eine Stichprobe nicht signifikant vom Skalenmittelwert = 1.5, welcher einer ambivalenten Einschätzung des Hilfreichseins der Internetkommunikation entspricht. Für die Gruppe der Grundschullehrkräfte wird der betreffende Vergleich jedoch signifikant (t(52) = 3.308, p = .002), ebenso wie ein t-Test zwischen den Grundschullehrkräften und dem Pool aller sonstigen Lehrkräfte (MW: 1.51, SD: 0.78; t(422) = 2.785, p=.006). Die Effektstärke liegt mit d = .41 einem mittleren Effekt deutlich näher als einem kleinen (s. FN 3 in Tab. 5). Insgesamt zeigen sich somit die Grundschullehrkräfte deutlich zufriedener als das Mittel der Lehrkräfte aus allen anderen hier betrachteten Schulformen. Zudem ist die Gruppe der Grundschullehrkräfte die einzige, für welche eine insgesamt positive Bewertung der Internetkommunikation zufallskritisch abgesichert werden kann. Dieser Befund ist interessant vor dem Hintergrund, dass die Kooperation der Grundsschulehrkräfte innerhalb ihrer schuleigenen, „realen" Kollegien im Schnitt ebenfalls intensiver ausgeprägt ist als an den anderen Schulformen (vgl. z.B. Heise 2009, Lohre, Kober, Madelung, Schnorr & Weisker 2006, Steinert, Klieme, Maag Merki, Döbrich, Halbheer & Kunz 2006). Grundschullehrkräfte erhalten somit in der innerschulischen wie auch der internetgestützten Kommunikation die größte unterrichtsbezogene Unterstützung, während das Gros der Lehrkräfte anderer Schulformen anscheinend in beiden Domänen eher wenig bis keine Unterstützung erfährt, die ihr Unterrichtshandeln bedeutsam fördert bzw. erleichtert. Dieser Befund unterstreicht das Ergebnis früherer Studien, wonach sich die Muster der Online- und Präsenzkommunikation gegenseitig bedingen bzw. verstärken (vgl. Welker & Matzat 2009). Die Ausstattung der Grundschulen mit Internetarbeitsplätzen dürfte für den betreffenden Unterschied kaum von Bedeutung sein, denn diese ist gemäß der Erhebung von Heise (2009, S.203) an Grundschulen deutlich schlechter als an den Schulformen der Sekundarstufe I.

Vergleicht man die Bewertungen der in Tabelle 3 genannten Altersgruppen, so ergeben sich anhand einer ANOVA keine signifikanten Unterschiede. Auch unterscheidet sich keine der Gruppen signifikant vom Skalenmittelwert von 1.5. Zwischen dem Maximum in der Altersgruppe über 60 Jahre (MW: 1.67, SD: 0.97) und dem Minimum in der Altersgruppe 42–50 Jahre (MW: 1.45, SD: 0.86) ergibt sich lediglich ein kleiner, inhaltlich bedeutsamer Effekt von d = .26, der jedoch auf dem 5%-Fehlerniveau nicht signifikant ausfällt. Die Unterschiede zwischen den beiden Geschlechtergruppen sind bei d = .13 vernachlässigbar. Insgesamt bewerten weibliche Lehrkräfte die unterrichtsbezogenen Impulse aus der Kommunikation im Internet genauso ambivalent wie ihre männlichen Kollegen.

Für die beiden in Tabelle 3 aufgeführten Statusgruppen „Lehrer/in" vs. „Referendar/in" ergibt sich ebenfalls kein signifikanter Unterschied (MW: 1.53, SD: 0.79 bzw. MW: 1.69, SD: 0.40), allerdings sind die Bewertungen mit d = .20 auf Seiten der Referendarinnen und Referendare bedeutsam positiver (bei kleinem Effekt) und ein t-Test für eine Stichprobe gegen den Wert von 1.5 fällt signifikant aus (t(20) = 2.214, p = .039). Diese Gruppe bewertet die internetgestützten Impulse somit tendenziell höher als ihre Kolleginnen und Kollegen mit Berufserfahrung. Indes ist der Unterschied nur klein. Gar kein Unterschied im Hinblick auf die Bewertung der unterrichtsbezogenen Kommunikation im Internet ergibt sich bei d = .00 schließlich zwischen voll- und teilzeitbeschäftigten Personen (vgl. Tab. 3).

Eine letzte, hier vorzustellende Auswertung orientiert sich an den Unterrichtsfächern der befragten Lehrerinnen und Lehrer. Diese wurden nicht per Auswahl erhoben, sondern die Lehrkräfte wurden innerhalb des Onlinefragebogens aufgefordert, sie selbst per Tastatur einzutragen. Die betreffende Frage lautete: „Welche Schulfächer unterrichten Sie? Bitte ordnen Sie die Schulfächer gestaffelt nach der jeweiligen Anzahl der Unterrichtsstunden. Beginnen Sie mit dem umfangreichsten Schulfach." In Bezug auf die unterrichteten Fächer waren somit Mehrfachantworten zulässig. In die fachspezifischen Analysen wurden alle

Lehrkräfte (N = 363) einbezogen, sofern sie gültige Fachangaben gemacht haben und nicht an einer Grundschule unterrichten.[3]
Tabelle 5 informiert über die absolute und relative Häufigkeit, mit der die jeweiligen Unterrichtsfächer genannt wurden. Angegeben sind zudem jeweils Mittelwert und Standardabweichung für die betreffende Gruppe sowie für alle Personen mit anderen Fächern. Die Spalte „d" informiert über das betreffende Effektstärkemaß und die Spalten zum t-Test enthalten die zugehörigen Angaben, sofern zwischen den beiden jeweils verglichenen Gruppen derselben Zeile ein signifikantes Ergebnis vorlag.

Wie sich zeigt, sind Lehrkräfte mit Englisch und anderen neusprachlichen Fächern sowie Musik signifikant und bedeutsam zufriedener mit dem unterrichtsbezogenen Nutzen aus der Internetkommunikation als ihre jeweiligen Kolleginnen und Kollegen mit anderen Fächern. Umgekehrt verhält es sich für die Gruppe der naturwissenschaftlichen sowie der gesellschaftswissenschaftlichen Fächer. Hier liegen die Bewertungen der Lehrkräfte, welche diese Fächer unterrichten, bedeutsam niedriger als bei ihren jeweiligen Kolleginnen und Kollegen ohne die betreffenden Unterrichtsfächer. Die Effektstärken liegen jeweils zwischen einem kleinen und einem mittleren Effekt (s. FN 3 in Tab.5).

Über die Ursachen für die Bewertungsunterschiede können hier nur Hypothesen formuliert werden. Die Tatsache, dass die drei Fächergruppen mit positiven Abweichungen auch signifikant bessere Bewertungen haben als durch den Skalenmittelwert 1.5 repräsentiert, belegt auf jeden Fall, dass die betreffenden Lehrkräfte durch internetgestützte Kommunikation auch absolut gesehen hilfreiche Impulse zugunsten ihres Unterrichts erhalten (vgl. Fettdruck in Tab. 5). Eine Art positive Selektion zugunsten der genannten Fächer anhand der kontaktierten Mailinglisten ist zumindest für Musiklehrerinnen und -lehrer denkbar. Gemäß Tabelle 3 liegt für dieses Fach eine verhältnismäßig große und daher mutmaßlich auch aktive Mailingliste vor. Für die Fächer Deutsch, Geografie und Mathematik wurden jedoch ebenfalls zahlreiche Mitglieder einer Mailingliste angeschrieben, ohne dass hier bedeutsame Effekte im Vergleich zu den Lehrkräften mit allen übrigen Fächern auftreten. Die Mitgliedschaft in einer Mailingliste alleine ist somit nicht hinreichend für eine positive Bewertung der unterrichtsbezogenen Kommunikation mit Hilfe des Internets. Der Vollständigkeit halber sei hier darauf hingewiesen, dass bei der Durchführung der Befragung nicht erhoben wurde, über welchen Verbreitungsweg die teilnehmenden Personen auf den Fragebogen aufmerksam wurden oder ob sie Mitglied in einer Mailingliste zu ihren Unterrichtsfächern sind.

---

3   In Grundschulen gilt – mehr als an den Schulformen der Sekundarstufe I – das Klassenlehrerprinzip. Die Lehrkräfte unterrichten dort alle Unterrichtsfächer und Ausnahmen von dieser Regel treten eher unsystematisch auf.

Tabelle 5: Bewertung der Kommunikation im Internet nach Unterrichtsfächern (Vergleich für Lehrpersonen bestimmter Fächer bzw. Fächergruppen („Fach") mit den jeweils „Sonstigen" anhand von Mittelwert (MW), Standardabweichung (SD), Absolute Zahl (N)/ Anteil in Prozent, Effektstärke (d) und Signifikanztest (t-Test), s. Text).

	Fach[1]			Sonstige[1]			d[3]	t-Test		
	MW	SD	N/ Anteil[2]	MW	SD	N/ Anteil[2]		t	df	p
Neuspra.[4]	**1.83**	**0.65**	**23/ 6.3**	1.48	0.78	340/ 93.7	.44	2.041	361	.042
Musik	**1.77**	**0.57**	**75/ 20.7**	1.44	0.81	288/ 79.3	.44	3.370	361	.001
Englisch	**1.72**	**0.77**	**61/ 16.8**	1.46	0.78	302/ 83.2	.33	2.332	361	.020
Informatik[5]	1.65	0.80	69/ 19.0	1.47	0.77	294/ 81.0	.23			
Reli. / Ethik[6]	1.57	0.83	53/ 14.6	1.50	0.77	310/ 85.4	.10			
Sport	1.54	0.90	28/ 7.7	1.50	0.77	335/ 92.3	.04			
Deutsch	1.49	0.81	142/ 39.1	1.52	0.76	221/ 60.9	.03			
Andere[7]	1.48	0.79	44/ 12.1	1.51	0.78	319/ 87.9	.04			
Kunst	1.45	0.82	20/ 5.5	1.51	0.78	343/ 94.5	.08			
Mathematik	1.44	0.83	139/ 38.3	1.55	0.75	224/ 61.7	.14			
Pädagogik[8]	1.38	0.85	29/ 8.0	1.52	0.77	334/ 92.0	.17			
Altspra.[9]	1.36	0.45	7/ 1.9	1.51	0.78	356/ 98.0	.19			
Geografie	1.35	0.82	37/ 10.2	1.52	0.78	326/ 89.8	.22			
Nawi[10]	**1.33**	**0.80**	**105/ 28.9**	1.58	0.76	258/ 71.1	.31	-2.718	361	.007
GW[11]	**1.32**	**1.78**	**123/ 33.9**	1.60	0.76	240/ 66.1	.36	-3.268	361	.001

1 Fettdruck: Signifikante Abweichung vom Skalenmittelwert von 1.5 mit p < .05 (s. Tab. 4)
2 An N = 363 (Lehrkräfte der Sekundarstufen I und II mit gültigen Fachangaben, s. Text)
3 Untere Grenzen für kleine, mittlere und große Effekte sind d = .20, .50 und .80 (Cohen 1988)
4 Neusprachliche Fächer außer Englisch: Französisch, Italienisch, Russisch, Spanisch, Türkisch
5 Informatik sowie Informationstechnische Grundbildung, Wirtschaftsinformatik
6 Religion und Ethik sowie „Werte und Normen"
7 Buchführung, Bürotechnik, Darstellendes Spiel, Diagnostik, Fachtheorien, Geschäftsprozesse, Gestalten, Hauswirtschaft, Holztechnik, Kommunikationstraining, Medienkunde, Prozesskommunikation, Seminarfach, Sozialkompetenz, Technisches Werken
8 Pädagogik sowie Pädagogik & Psychologie (PP), Sonderpädagogik, Sozialpädagogik
9 Altsprachliche Fächer: Griechisch, Hebräisch, Latein; aufgrund geringer Fallzahlen: exakter Mann-Whitney-U-Test statt t-Test
10 Naturwissenschaften: Biologie, Chemie, Physik, Technik
11 Gesellschaftswissenschaften (ohne Geografie): Arbeit-Wirtschaft-Technik, Berufs- und Lebensorientierung, Geschichte, Gesellschaftskunde, Politik, Sozialkunde, „Welt, Zeit und Gesellschaft", Wirtschaftslehre

Umgekehrt sind mit den Lehrkräften des Fachs Englisch sowie der weiteren neusprachlichen Fächer zwei Gruppen zu identifizieren, für die keine spezielle Mailingliste kontaktiert wurde und deren Bewertungen zugleich deutlich positiver ausfallen als bei den jeweiligen Vergleichsgruppen. Hier wäre es interessant, in künftigen Studien mehr über die Ursachen der Zufriedenheit mit der internetgestützten Kommunikation zu erfahren: Liegt es am Angebot fremdsprachlicher Texte und damit kontextbezogener Unterrichtsmaterialien im Netz? Gibt es für diese Fächer aktive Mailinglisten? Inwiefern lassen sich zufriedenheitsrelevante Faktoren auf andere Fächer übertragen?

Ebenso offen bleiben muss an dieser Stelle die Frage, warum die Lehrkräfte der Natur- sowie der Gesellschaftswissenschaften mit der unterrichtsbezogenen Kommunikation im Internet zum einen deutlich unzufriedener sind als die jeweiligen Vergleichsgruppen und zum anderen – anhand des in Tabelle 5 durch Fettdruck indizierten Signifikanztests – absolut gesehen, die negativen Einschätzungen zu diesem Aspekt des kollegialen Austauschs bei ihnen deutlich überwiegen. Ein Mangel an authentischen Unterrichtsmaterialien, z.b. Beispiele für hilfreiche Erzeugnisse oder Problemlagen der chemischen Industrie, dürfte als Ursache kaum in Betracht kommen. Auch eine Analyse des Anteils weiblicher Lehrkräfte liefert keine aussagekräftigen Ergebnisse. Ein hoher Anteil weiblicher Lehrkräfte hat sich in mehreren Studien als günstige Hintergrundvariable für das Kooperationsniveau innerhalb von Fachkollegien sowie die Entwicklung pädagogischer Organisationen erwiesen (Esslinger-Hinz 2003, Jäger 2004).

Zwar ist der betreffende Anteil für Englisch und die neusprachlichen Fächer mit 71.2 % bzw. 73.7 % verhältnismäßig hoch und für die Gesellschaftswissenschaften sowie die Naturwissenschaften mit 49.1 % sowie 44.4 % eher niedrig (Mittelwert über alle Gruppen: 53.1 %), aber eine Spearman-Rangkorrelation über alle Gruppen fällt mit $\varrho = .197$ gering aus. Dies liegt daran, dass auch verhältnismäßig unzufriedene Gruppen mit hohem weiblichem Anteil (Pädagogik: MW: 1.38; Anteil: 75 %) sowie tendenziell zufriedene Gruppen mit geringem weiblichem Anteil auftreten (Informatik: MW: 1.65; Anteil: 20.9 %). In einer zugehörigen Regressionsanalyse mit Geschlecht als einziger unabhängiger Variable ergibt sich für diesen Aspekt kein signifikanter Zusammenhang und die Varianzaufklärung ist mit $\eta^2 = .002$ klein. Die globale Nullhypothese, wonach sich die nach Fächern gruppierten Lehrkräfte in ihren unterrichtsbezogenen Vorteilen durch die Kommunikation im Internet *nicht* unterscheiden, kann auf der Basis der 15 Vergleiche aus Tabelle 5 zurückgewiesen werden: Das unter Berücksichtigung einer sogenannten Bonferroni-Korrektur zu unterschreitende Niveau der Irrtumswahrscheinlichkeit von .05/15 = 0.003 wird für die Vergleiche der Lehrkräfte mit und ohne Musik bzw. mit und ohne Gesellschaftswissenschaften nicht erreicht (vgl. Bortz et al. 2000, S.46ff.). Anhand der vorliegenden Untersuchung lässt sich somit schließen, dass aktuell bestimmte Teilgruppen der Lehrkräfte von einer unterrichtsbezogenen Kommunikation via Internet mehr profitieren als andere. Als positive Beispiele konnten die Grundschullehrkräfte sowie für die Sekundarstufen I und II die Lehrkräfte mit musisch-künstlerischen und neusprachlichen Fächern identifiziert werden. Zu ergänzen bleiben die hier vorgestellten Analysen selbstverständlich um weiterführende, v.a. inferenzstatistische Betrachtungen.

4 Fazit und Ausblick

Richtig genutzt bietet das Internet – *nomen est omen* – die Möglichkeit zu einer (fast) perfekten Vernetzung und damit der Kommunikation zwischen Lehrkräften. Selbst komplexe Aufgaben wie die gemeinsame Vorbereitung ganzer Unterrichtsreihen sowie von Hospitationen auf Distanz stellen bereits heute, in Zeiten von Wikis, Webcams und Internetkonferenzen, zumindest technisch gesehen kein Problem mehr dar (vgl. Yang & Tsai 2010). Zugleich ist einzuräumen, dass Lehrkräfte die mit anderen über das Internet kommunizieren bzw. „vernetzt" sind, nicht automatisch einem professionellen Netzwerk angehören, welches dieser Bezeichnung gerecht wird. Dieses muss die Überprüfung und Modifikation subjektiver Theorien anregen (s. Groeben 1988), wozu wiederum ein inhaltlicher Fokus und eine nicht unerhebliche und erst längerfristig zu bewältigende Reflexion notwendig sind (vgl. Wahl 1991).
Wie einzelne der hier vorgestellten Ergebnisse zeigen, folgen die Muster der Onlinekommunikation mitunter jenen in Zusammenhängen der persönlichen Präsenz. Sollten sich diese Befunde erhärten, wäre für die internetgestützte Verbesserung der Lehrerprofessionalität eher ein Matthäus-Effekt dergestalt auszumachen, dass bereits gut vernetzte Personen durch die erweiterten Vernetzungsoptionen zusätzlich profitieren. Ein Ausgleich der Defizite aus mangelnder Kommunikation innerhalb der einzelschulischen Kollegien zugunsten besonders bedürftiger Lehrkräfte, wäre gemäß diesem Muster dagegen weniger wahrscheinlich. Die gefundenen fachkulturellen Unterschiede zum Hilfreichsein der internetgestützten Kommunikation sind interessant, lassen sich bislang allerdings nicht schlüssig erklären. Sie bieten einen unmittelbaren Anlass für weiterführende Untersuchungen.
Im Allgemeinen lässt sich prognostizieren, dass die verschiedenen Formen der Präsenz- und der Onlinekommunikation zwischen Lehrkräften noch stärker verschmelzen (Kerres 2006) und sich die professionsbezogenen Denk- und Kommunikationsprozesse in beiden Domänen in besonderer Weise ergänzen (Guiller, Durndell & Ross 2008).

5 Literaturverzeichnis

Baumert, J. & Kunter, M. (2006): Stichwort: Professionelle Kompetenz von Lehrkräften. *Zeitschrift für Erziehungswissenschaft, 9* (4), 469–520.
Beijaard, D., Korthagen, F. & Verloop, N. (2007): Understanding how teachers learn as a prerequisite for promoting teacher learning. *Teachers and Teaching: Theory and Practice, 13* (2), 105–108.
Berkemeyer, N., Manitius, V., Müthing, K. & Bos, W. (2009): Ergebnisse nationaler und internationaler Forschung zu schulischen Innovationsnetzwerken. Eine Literaturübersicht. *Zeitschrift für Erziehungswissenschaft, 12* (4), 667–689.
Bonsen, M. & Rolff, H.-G. (2006): Professionelle Lerngemeinschaften von Lehrerinnen und Lehrern. *Zeitschrift für Pädagogik, 52* (2), 167–184.
Bortz, J., Lienert, G. & Bohnke, K. (2000): *Verteilungsfreie Methoden in der Biostatistik*. Berlin: Springer.
Bredenkamp, J. (1972): *Der Signifikanztest in der psychologischen Forschung*. Frankfurt a. M.: Akademische Verlagsgesellschaft.
Clarke, D. J. & Hollingsworth, H. (2002): Elaborating a model of teacher professional growth. *Teaching and teacher education, 18*, 947–967.
Cohen, J. (1988): *Statistical power analysis for the behavioral sciences*. Hillsdale, New Jersey: Lawrence Erlbaum Associates.
Couper, M. P. & Coutts, E. (2006): Probleme und Chancen verschiedener Arten von Online-Erhebungen. *Kölner Zeitschrift für Soziologie und Sozialpsychologie*, 44. Sonderheft, 217–243.
Deutsch, M. (1949): A theory of co-operation and competition. *Human Relations, 2* (2), 129–152.
Dohmen, G. (2001): *Das informelle Lernen. Die internationale Erschließung einer bisher vernachlässigten Grundform menschlichen Lernens für das lebenslange Lernen aller*. Bonn: BMBF.
Döring, N. (2000): Kommunikation im Internet: Neun theoretische Ansätze. In: B. Batinic (Hrsg.): *Internet für Psychologen* (S. 345–378). Göttingen: Hogrefe.
Döring, N. (2003): *Sozialpsychologie des Internet. Die Bedeutung des Internet für Kommunikationsprozesse, Identitäten, soziale Beziehungen und Gruppen*. Göttingen: Hogrefe.
Esslinger-Hinz, I. (2003): Kooperative Kompetenzen für Lehrerinnen und Lehrer. Professionelle Zuständigkeiten dürfen nicht geteilt werden! *Die Deutsche Schule, 95* (1), 86–98.
Europäische Kommission (2001): *Einen europäischen Raum des lebenslangen Lernens schaffen. Mitteilung der Kommission*. Online unter: http://eur-lex.europa.eu/LexUriServ/LexUriServ.do?uri=COM:2001:0678:FIN:DE:PDF am 13.08.2010.
Fussangel, K., Rürup, M. & Gräsel, C. (2010): Lehrerfortbildung als Unterstützungssystem. In: H. Altrichter & K. Maag Merki (Hrsg.): *Handbuch Neue Steuerung im Schulsystem* (S. 327–354). Wiesbaden: VS.
Granovetter, M. (1973): The strength of weak ties. *American Journal of Sociology, 78* (6), 1360–1380.
Granovetter, M. (1983): The strength of weak ties: A network theory revisited. *Sociological Theory, 1*, 201–233.
Gräsel, C., Fußangel, K. & Pröbstel, C. (2006): Lehrkräfte zur Kooperation anregen – eine Aufgabe für Sisyphos? *Zeitschrift für Pädagogik, 52* (2), 205–219.
Groeben, N. (1988): *Das Forschungsprogramm Subjektive Theorien. Eine Einführung in die Psychologie des reflexiven Subjekts*. Tübingen: Francke.
Guiller, J., Durndell, A. & Ross, A. (2008): Peer interaction and critical thinking: face-to-face or online discussion. *Learning and Instruction, 18* (2), 187–200.
Hauptmanns, P. (1999): Grenzen und Chancen von quantitativen Befragungen mit Hilfe des Internet. In: B. Batinic, A. Werner, L. Gräf & W. Bandilla (Hrsg.): *Online Research. Methoden, Anwendungen und Ergebnisse* (S. 21–38). Göttingen: Hogefe.
Heise, M. (2007a): Kontexte von Lehrer-Bildung. Disparitäten schulischer Angebotsstrukturen für professionelles Lernen von Lehrkräften. In: O. Böhm-Kasper, C. Schluchart & U. Schulzek

(Hrsg.): *Kontexte von Bildung. Erweiterte Perspektiven in der Bildungsforschung* (S. 131–157). Münster: Waxmann.

Heise, M. (2007b): Professionelles Lernen jenseits von Fortbildungsmaßnahmen. Was tun Lehrkräfte im Vergleich zu anderen akademischen Berufsgruppen? *Zeitschrift für Erziehungswissenschaft, 10* (4), 513–531.

Heise, M. (2009): *Informelles Lernen von Lehrkräften. Ein Angebots-Nutzungs-Ansatz.* Münster: Waxmann.

Hibbert, K. & Rich, S. (2006): Virtual communities of practice. In: J. Weiss, J. Nolan, J. Hunsinger & P. Trifonas (Hrsg.): *The international handbook of virtual learning environments* (S. 563–579). Dordrecht, NL: Springer.

Hiebler, S. (2006): Online bedeutet nicht unbedingt einsam. Wie Lehrerinnen und Lehrer in virtuellen Lernräumen miteinander „netzwerkeln". In: E. Hultsch (Hrsg.): *Auch Vögel reisen im Team. Über Chancen und Schwierigkeiten der Teamfähigkeit und Teamarbeit im Bildungswesen* (S. 117–141). Graz: Pädagogische Hochschule Steiermark.

Holtappels, H. G. (1999): Neue Lernkultur – veränderte Lehrerarbeit. Forschungsergebnisse über pädagogische Tätigkeit, Arbeitsbelastung und Arbeitszeit in Grundschulen. In: U. Carle & S. Buchen (Hrsg.): *Jahrbuch für Lehrerforschung – Band 2* (S. 137–151). Weinheim: Juventa.

Hord, S. M. (2004): *Learning together, leading together. Changing schools through professional learning communities.* New York: Teachers College Press.

Jäger, M. (2004): *Transfer in Schulentwicklungsprojekten.* Wiesbaden: VS.

KMK (2004): *Standards für die Lehrerbildung: Bildungswissenschaften.* Online unter: www.kmk.org/doc/beschl/standards_lehrerbildung.pdf am 27.07.2007.

Kullmann, H. (2010): *Lehrerkooperation – Ausprägung und Wirkungen am Beispiel des naturwissenschaftlichen Unterrichts an Gymnasien.* Münster: Waxmann.

Lave, J. & Wenger, E. (1991): *Situated learning: Legitimate peripheral participation.* Cambridge: Cambridge University Press.

Lipowsky, F. (2004): Was macht Fortbildungen für Lehrkräfte erfolgreich? *Die Deutsche Schule, 96,* 462–479.

Little, J. W. (1990): The persistence of privacy: Autonomy and initiative in teacher's professional relations. *Teachers College Record, 91* (4), 509–536.

Lohman, M. C. (2006): Factors Influencing Teachers' Engagement in Informal Learning Activities. *Journal of Workplace Learning, 18* (3), 141–156.

Lohre, W., Kober, U., Madelung, P., Schnorr, D. & Weisker, K. (2006): *Entwicklung ist messbar – Zwischenbericht der wissenschaftlichen Begleitforschung zum Projekt „Selbstständige Schule".* Troisdorf: Bildungsverlag EINS.

Lüdtke, O., Robitzsch, A., Trautwein, U. & Köller, O. (2007): Umgang mit fehlenden Werten in der psychologischen Forschung. Probleme und Lösungen. *Psychologische Rundschau, 58* (2), 103–117.

Overwien, B. (2005): Stichwort: Informelles Lernen. *Zeitschrift für Erziehungswissenschaft, 8* (3), 339–355.

Piepenburg, U. (1991): Ein Konzeption von Kooperation und die technische Unterstützung kooperativer Prozesse. In: H. Oberquelle (Hrsg.): *Kooperative Arbeit und Computerunterstützung. Stand und Perspektiven* (S. 79–98). Göttingen.

Rafaeli, S. & LaRose, R. J. (1993): Electronic bulletin boards and „public goods" explanations of collaborative mass media. *Communication Reserarch, 20* (2), 277–279.

Rauscher, H. (2010): *Mögliche Beiträge des Internets zur Entwicklung der pädagogischen Professionalität von Lehrkräften – Explorative Analysen auf der Basis eines Online-Fragebogens.* Diplomarbeit im Fach Pädagogik. Augsburg: Universität Augsburg.

Reinmann, G. (2008): Lernen und Lehren im Zeitalter des Web 2.0. Ein Streifzug durch den aktuellen Stand beim E-Learning in verschiedenen Bildungskontexten. *Medien und Erziehung. Zeitschrift für Medienpädagogik, 52* (2), 13–20.

Schnell, R., Hill, P. & Esser, E. (2008): *Methoden der empirischen Sozialforschung. 8. Aufl.* München: Oldenbourg.
Smaller, H., Tarc, P., Antonelli, F., Clark, R., Hart, D. & Livingstone, D. W. (2005): *Canadian teachers' learning practices and workload issues: Results from a national teacher survey and follow-up focus groups.* Online unter: http://wall.oise.utoronto.ca/resources/Smaller_Clark_Teachers_Survey_Jun2005.pdf am 13.08.2010.
Sommerlad, E. & Stern, E. (1999): *Workplace learning, culture and performance.* London: Institute of Personnel and Development.
Steinert, B. & Klieme, E. (2003). *Levels of teacher cooperation as levels of school development: A criterion-referenced approach to school evaluation.* Skript zum Vortrag auf der European Conference on Educational Research (ECER), 17.09.2003, Hamburg.
Steinert, B., Klieme, E., Maag Merki, K., Döbrich, P., Halbheer, U. & Kunz, A. (2006): Lehrerkooperation in der Schule: Konzeption, Erfassung, Ergebnisse. *Zeitschrift für Pädagogik, 52* (2), 185–203.
Stern, E. (2009): Implizite und explizite Lernprozesse bei Lehrerinnen und Lehrern. In: O. Zlatkin-Troitschanskaia, K. Beck, D. Sembill, R. Nickolaus & R. Mulder (Hrsg.): Lehrprofessionalität. Bedingungen, Genese, Wirkungen und ihre Messung (S. 355–364). Weinheim: Beltz.
Wahl, D. (1991): *Handeln unter Druck. Der weite Weg vom Wissen zum Handeln bei Lehrern, Hochschullehrern und Erwachsenenbildern.* Weinheim: Verlag Deutscher Studien.
Watkins, K. & Marsick, V. (1990): *informal and incidental learning in the workplace.* London: Taylor & Francis.
Welker, M. & Matzat, U. (2009): Online-Forschung: Gegenstände, Entwicklung, Institutionalisierung und Ausdifferenzierung eines neuen Forschungszweiges. In: N. Jackob, H. Schoen & T. Zerback (Hrsg.): *Sozialforschung im Internet. Methodologie und Praxis der Online-Befragung* (S. 33–48). Wiesbaden: VS.
Wenger, E. (1998): *Communities of practice. Learning, meaning, and identity.* Cambridge: Cambridge University Press.
Yang, Y. F. & Tsai, C. C. (2010): Conceptions of and approaches to learning through online peer assessment. *Learning and Instruction, 20* (1), 72–83.

„Teachers' Beliefs": Überzeugungen von (Grundschul-) Lehrkräften über Schüler und Schülerinnen mit Migrationshintergrund – Theoretische Konzeption und empirische Überprüfung

Inka Wischmeier

Der Zusammenhang von professionellem Lehrerhandeln und Schülerleistungen wird heute vor allem unter dem Prozess-Produkt-Paradigma und dem Expertenansatz diskutiert. Ersteres untersucht den systematischen Zusammenhang zwischen Merkmalen des Unterrichts und Schülerleistungen. Letzteres definiert Lehrkräfte als kompetente Fachleute, die Experten für guten Unterricht sind. Dabei steht die Frage nach dem optimalen berufsbezogenen Handeln von Lehrkräften im Vordergrund. Dieses Handeln beruht nicht auf Persönlichkeitsmerkmalen, wie das im Persönlichkeitsparadigma diskutiert wurde, sondern auf Wissensbeständen und daraus resultierendem Können. Lehrer verfügen demnach über spezifisches, erfahrungsgesättigtes deklaratives und prozedurales Wissen, das sich in verschiedene Wissensdomänen unterscheiden lässt. Genannt werden allgemeines pädagogisches Wissen (general pedagogical knowledge), Fachwissen (subject-matter content knowledge), fachdidaktisches Wissen (pedagogical content knowledge), Organisationswissen und Beratungswissen (vgl. Baumert & Kunter, 2006). Hinzu kommen unterschiedliche Wissenstypen. Hier wird Lehrerwissen grundsätzlich und weitgehend konsensual in theoretisch-formales Wissen und Können sowie praktisches, erfahrungsbezogenes und situationsspezifisches Wissen unterschieden (vgl. Fenstermacher, 1994, S.12ff.; Baumert & Kunter, 2006, S.483). Diesem Wissen vorgeschaltet (Filterfunktion) oder vorstehend oder mit diesem zusammenspielend – das genaue Verhältnis ist zur Zeit weder theoretisch noch empirisch abschließend geklärt – sind Überzeugungen und Werthaltungen, motivationale Orientierungen und selbstregulative Fähigkeiten (Baumert & Kunter, 2006). In diesem Aufsatz liegt der Fokus auf den Überzeugungen von Lehrkräften (Teachers' Beliefs) und deren Einfluss auf das Lehrerhandeln mit besonderem Blickwinkel auf Überzeugungen über Schüler und Schülerinnen (SS) mit Migrationshintergrund (MH). In einem ersten Schritt wird eine Annäherung an den viel diskutierten Begriff der Überzeugungen vorgenommen, um anschließend den Forschungsstand in Bezug auf Überzeugungen von Lehrkräften über SS mit MH darzustellen. In einem dritten Schritt werden die Ergebnisse des von der Autorin durchgeführten Forschungsprojekts ÜGL (Überzeugungen von Grundschullehrkräften) vorgestellt.

1 Begriffliche Klärungen

Der Begriff der Überzeugungen ist im wissenschaftlichen Diskurs umstritten. Er wird vornehmlich aus anthropologischer, philosophischer oder (sozial) psychologischer Sichtweise bearbeitet. Unstimmigkeiten herrschen vor allem darüber, was genau als Überzeugung zu bezeichnen bzw. unter einer Überzeugung zu verstehen ist. Die Operationalisierungen in vielen Studien lassen keine genaue Abgrenzung zu anderen Begriffen zu. Teilweise erscheint die Verwendung des Begriffes als Synonym zu Einstellungen, Werte, Meinungen, (Vor-) Urteile, Axiome, subjektive Theorien, Ideologien, Ideen, Vorstellungen... (vgl. Pajares, 1992, S.309, Richardson, Op't Eynde, De Corte & Verschaffel, 2002, S.15, Calderhead, 1996, S.719). Für die hier besprochene Problematik von besonderer Bedeutung ist die Abgrenzung zum Begriff Wissen (knowledge).[1] Eine sinnvolle Unterscheidung zwischen Wissen und Überzeugungen wird hier in philosophisch begründeten unterschiedlichen Rechtfertigungssystemen und Geltungsansprüchen gesehen.[2] Wissen und Überzeugungen sind kategorial getrennte Wissensformen (vgl. Baumert & Kunter, 2006; Fenstermacher, 1996; Green, 1971), deren Rechtfertigungssysteme beide für sich in Anspruch nehmen, ihre Aussagen – mit unterschiedlichen Begründungen – als „gültig" zu beschreiben. Die Geltungsansprüche für Wissen liegen in einer allgemeinen Akzeptanz und den Rückgriff auf für objektiv wahr gehaltene, also bewiesene Aussagen. Die „Richtigkeit" dieser Aussagen zeigt sich „in ihrer Verträglichkeit mit anderen Aussa-

---

1 Schwierig erscheint auch die Abgrenzung zum Konstrukt der Einstellung. Da diese Unterscheidung hier aber nicht von Relevanz ist, sondern in der Diskussion um professionelles Lehrerhandeln die Unterscheidung zwischen Wissen und Überzeugung im Vordergrund steht, wird hier darauf nicht weiter eingegangen.
2 Andere Unterscheidungen versuchen sich darin, Wissen auf seine kognitive und Überzeugungen auf eine affektive Komponente festzulegen (vgl. Pajares, 1992, Nespor, 1987). Dies wird hier nicht nachvollzogen, da auch Wissen affektive Komponenten enthält und Überzeugungen sich keinesfalls auf eine affektive Komponente reduzieren lassen, sondern auf Kognitionen beruhen (vgl. auch Trautmann, 2005). Es existieren noch weitere Versuche der Unterscheidung, auf die hier nicht weiter eingegangen wird und die bspw. bei Kuper & Hartung (2007) oder Leuchter, Pauli, Reusser & Lipowski (2006) nachgelesen werden können. Einige Autoren halten die begriffliche Trennung von Wissen und Überzeugungen insgesamt für unsinnig und verweisen auf ihre Ähnlichkeit und gegenseitige Bedingtheit (Chisholm, 1989, Lehrer, 1990, Shape, 1983).

gen in einem systematischen Zusammenhang" (Schnädelbach, 2002, 180, vgl. auch Fenstermacher, 1994, S.21ff.). Solche Aussagen sollten widerspruchsfrei sein, Argumenten standhalten und diskursiv validiert werden können. Green nennt als den hauptsächlichen Unterschied zwischen Wissen und Überzeugen dementsprechend die „truth condition" und die „evidence condition", die beide dem Wissensbegriff zugeordnet sind (Green, 1997, S.69ff.). Es reicht also nicht, zu *meinen*, man wisse etwas, sondern es muss *bewiesen* und durch Gegenargumente widerlegt werden können. Chisholm (1989) nennt 13 verschiedene Stufen, mit denen der (epistemische[3]) Status von theoretisch-formalen Wissen überprüft werden kann. Erst ab der vierten Stufe, d. h. wenn eine Tatsache, bzw. eine Aussage *bewiesen* ist, kann von *Wissen* im epistemischen Sinne gesprochen werden:

6 Certain

5 Obvious

4 Evident

3 Beyond Reasonable Doubt

2 Epistemically in the Clear

1 Probable

0 Counterbalanced

-1 Probably False

-2 In the Clear to Disbelieve

-3 Reasonable to Disbelieve

-4 Evidently Fals

-5 Obviously Fals

-6 Certainly Fals

(vgl. Chisholm, 1989, S.16, in: Fensternacher 1994, 22; Pyramidendarstellung I. W.)

---

3   Epistemisch bzw. die Epistemologie wird hier mit W. Hamlyn (1967) verstanden als: "that branch of philosophy which is concerned with the nature and scope of knowledge, its presuppositions and basis, and the general reliability of the claims to knowledge" (Hamlyn, 1967, S.8f. in: Fenstermacher, 1994, S.19).

Schwierig wird diese Unterscheidung, wenn man die unterschiedlichen Wissenstypen betrachtet, die Lehrern und Lehrerinnen zugeschrieben werden. In Bezug auf erfahrungsbasiertes Wissen erscheint eine Rechtfertigung unter Rückgriff auf objektiv für wahr gehaltene, bewiesene Aussagen, problematisch. Erfahrungsbasiertes Wissen müsste im Grunde genommen als Überzeugung, nicht als Wissen gelten. Es sei denn, Lehrer sind in der Lage, dieses Wissen objektiv zu begründen und seine Richtigkeit zu beweisen.

Wissen, so kann also jetzt festgehalten werden, wird hier bestimmt als objektiv für wahr gehaltene, widerspruchsfreie, (auch diskursiv) validierte Aussagen. *Überzeugungen* dagegen müssen

> „weder den Kriterien der Widerspruchsfreiheit noch den Anforderungen der argumentativen Rechtfertigung noch der diskursiven Validierung genügen. Es genügt der individuelle Richtigkeitsglaube" (Baumert & Kunter, 2006, S.497; vgl. auch Schnädelbach, 2002, S.187).

Überzeugungen sind also Ansichten, Meinungen, Deutungen von Welt, (Dingen, Personen, Interaktionen) die *subjektiv* für wahr gehalten werden, auch wenn andere Aussagen bzw. (epistemisches) Wissen dagegen sprechen bzw. die Überzeugungen durch epistemische Theoreme widerlegt werden können (vgl. Baumert & Kunter, 2006, Fenstermacher, 1996; Green, 1971; Richardson, 1996, Thompson, 1992). Überzeugungen lassen sich „als implizite oder explizite subjektiv für wahr gehaltene Konzeptionen [bestimmen], welche die Wahrnehmung der Umwelt und das Handeln beeinflussen" (Baumert & Kunter, 2006, S.497, angelehnt an Op't Eynde, De Corte & Verschaffel 2002). Wissen kann den Charakter einer Überzeugung annehmen, wenn es durch (epistemische) Erweiterung der ursprünglichen Theoreme Veränderungen erfährt, die von der Person nicht angenommen werden (sie bei ihrer alten Überzeugung, vormals Wissen bleibt). Überzeugungen können umgekehrt zu Wissen werden, wenn die Begründungen allgemeine Akzeptanz erfahren und objektiv für wahr gehalten werden. Diese Tatsache macht es schwierig, in empirischen Untersuchungen zu epistemologischen Überzeugungen in Themenbereichen, die nicht abschließend theoretisch geklärt sind, zwischen Wissen und Überzeugungen der Probanden zu unterscheiden.[4]

In der Literatur werden allgemeine, auch globale Überzeugungen von spezifischen unterschieden (Pajares, 1992, Nespor, 1987). Globale Überzeugungen umfassen die Einstellungen, Meinungen und Werte eines Individuums, ebenso

---

4   Ein gutes Beispiel hier für sind Forschungen zu epistemologischen Überzeugungen über den Spracherwerb bzw. die Annahme (das „Wissen"!?), dass der Zweitspracherwerb auf dem Erstspracherwerb aufbaue, ein nicht gelungener Aufbau der Erstsprache also dazu führe, dass auch eine zweite Sprache nur unzulänglich erlernt werden könne (Interdependenzhypothese). Diese These steht heute zur Diskussion.

wie selbst- und fremdbezogene Überzeugungen über die eigene Person, sowie die physische und soziale Umwelt (Rokeach, 1989, Pajares, 1992). Die Unterscheidung in globale und spezifische Überzeugungen ist allerdings umstritten und rein theoretischer Natur, denn spezifische Überzeugungen sind nicht losgelöst von globalen, und umgekehrt zu betrachten (vgl. hierzu auch Leuchter et al., 2006; Lipowski et al., 2003). So könnten bspw. allgemeine Überzeugungen über Ausländer, spezifische Überzeugungen im schulischen Kontext, bspw. über das Lernen von Kindern mit Migrationshintergrund, beeinflussen. Auch umgekehrt ist es denkbar, dass die im Unterrichtskontext erworbenen spezifischen Überzeugungen die allgemeinen Überzeugungen über Ausländen beeinflussen. Auch hier deuten sich methodische Differenzierungsprobleme an. Eine Person verfügt über verschiedene Überzeugungssysteme, in denen sich Überzeugungen mit unterschiedlicher Bedeutung (stärker/schwächer) für die Person 'anordnen'. Diese Anordnung kann man sich konzentrisch vorstellen. Überzeugungen von zentraler Bedeutung befinden sich im inneren, in der Mitte des Kreises. Green spricht in diesem Falle von „primary beliefs" (Green, 1971, S.44). Sie werden nicht von anderen Überzeugungen abgeleitet, haben zentrale Bedeutung für das Denken und Handeln der Person („psychological strength", Green, 1971, S.47) und liegen in ihrer Entstehung meist sehr weit zurück in der Personengenese. Solche „primary beliefs" sind sehr resistent gegenüber Veränderungen oder Modifikation (Pajares, 1992, Richardson, 1996, Green, 1971). Ein weiteres Merkmal solcher Überzeugungssysteme ist hier schon angedeutet: Sie sind aufeinander bezogen und dies zeigt sich daran, dass sie, abgesehen von den „primary beliefs", durch andere Überzeugungen begründet bzw. von diesen abgeleitet werden. Überzeugungssysteme verfügen also über eine quasi-logische innere Struktur (Green, 1971, S.44). Überzeugungen gruppieren sich zudem in Cluster, die kontext- und/oder inhaltsbezogen sein können (Green, 1971, Pajares, 1992, Calderhead, 1996). Inkongruente oder sich widersprechende Überzeugungen werden in unterschiedlichen (Überzeugungs-)Systemen aufbewahrt. Zusammengefasst lässt sich die Struktur von Überzeugungssystemen in drei Dimensionen festhalten: Zentralität, quasi-logische Struktur und Gruppierung in Cluster. Sie bleiben bestehen, auch wenn ein Abgleich mit den Überzeugungen anderer keine Übereinstimmung erbracht hat Sie besitzen subjektive Gültigkeit. Sie werden Aufrecht erhalten, auch wenn sie in deutlichem Gegensatz zu allgemein anerkannten Wissensbeständen stehen und sind resistent gegenüber Argumenten und Logik.

Überzeugungen von Lehrern und Lehrerinnen (Teachers' Beliefs)[5] dienen „als Filter für die Wahrnehmung der Fachinhalte, für die Zuweisung von Bedeutung sowie für Verstehen, Motivation und Leistung" (Trautmann, 2005, S.39). Ihnen wird, als ein Baustein unter anderen, zentrale Bedeutung für das Lehrerhandeln beigemessen (Pajares, 1992, Calderhead, 1994, Richardson, 1994). Sie werden als Filter hinsichtlich der kognitiven Verarbeitung und Integration neuer Informationen, der Wahrnehmung des Schülerverhaltens und der Gestaltung des eigenen Unterrichts bspw. in Bezug auf Aufgabenstellungen und (Stoff-) Vermittlungsmethoden wirksam. So konnten bspw. Staub & Stern (2002) am Beispiel des Mathematikunterrichts zeigen, dass Lehrkräfte, die ein konstruktivistisch orientiertes Überzeugungsmuster in ihrer Lehre verfolgen, bessere Ergebnisse in Textaufgaben erzielten, als Schüler und Schülerinnen, deren Lehrkräfte einem direktiven, lehrerzentrierten Überzeugungsmuster anhingen (Staub & Stern, 2002, S.354).

Calderhead (1996) definiert Teachers' Beliefs als „untested assumptions that influence how they [teachers] think about classroom matters and respond to particular situations" (Calderhead, 1996, S.719). Er unterscheidet fünf untereinander verknüpfte Teilaspekte von *Teachers' Beliefs*, die in der Handlungspraxis eines Lehrers oder einer Lehrerin wirksam werden:

1 Überzeugungen über Schüler und ihr/das Lernen,
2 Überzeugungen über die Lehrtätigkeit bzw. das Unterrichten,
3 Überzeugungen über das jeweilige Fach (epistemologische Überzeugungen),
4 Überzeugungen in Bezug auf das eigene professionelle Selbstverständnis und den eigenen professionellen Werdegang (wie wichtig werden Praktika eingeschätzt, welchen Wert messen Studenten wissenschaftlichen Theorien bei etc.),
5 Überzeugungen hinsichtlich der eigenen Person und der Lehrerrolle (vgl. Calderhead, 1996, S.719ff).

Staub & Stern (2002) sprechen von Überzeugungen als explizite und implizite Theorien von Lehrern über das Unterrichten und das Lernen von Schülern und Schülerinnen. Sie fordern eine stärkere Fokussierung der Forschung auf fachspezifische Überzeugungen und die entsprechende Fachdidaktik, da sie davon ausgehen, dass Lehrkräfte vor allem *bereichsspezifische* Experten sind, die über und in ihrem jeweiligen Fach elaboriertes Wissen und Überzeugungen haben. Das gleiche gilt für Ziele und Lernwege von Schüler und Schülerinnen im eigenen Fach (vgl. Staub & Stern, 2002, S.345). Baumert & Kunter (2006) nehmen, wie-

---

5   Rege und sehr aufschlussreiche Forschungsarbeiten liegen auch zu (epistemologischen) Überzeugungen von Schülern bspw. im Fach Mathematik vor. Im Bereich des Fachs Mathematik erscheint die Forschung epistemologischer Überzeugungen am weitesten fortgeschritten (siehe bspw. Kraus et al., 2008; Kuntze, Heinze & Reiss, 2008; Leder, Pehkonen & Törner, 2002).

derum in Anlehnung an Op't Eynde, De Corte & Verschaffel[6], ganz im Sinne Staub & Sterns, am Beispiel der Mathematik, folgende sinnvolle Unterscheidungen pädagogischer Überzeugungen vor:

- epistemologische Überzeugungen, die sich auf Struktur, Genese und Validierung von Wissensbeständen beziehen,
- Überzeugungen über das Lernen in einem schulischen Gegenstandsbereich (subjektive Lerntheorien)
- subjektive Theorien über das Lehren des Gegenstands,
- selbstbezogene Überzeugungen hinsichtlich des Lernens und Lehrens im Gegenstandsbereich (selbstbezogene Fähigkeitskognitionen) (zitiert nach Baumert & Kunter, 2006, S.497).

Hinzugefügt werden müssten noch die Dimension, die Calderhead in seiner Unterteilung aufgenommen hatte. Nämlich die Überzeugungen hinsichtlich des eigenen Professionsverständnis (Calderhead, 1996, S.720) – Baumert & Kunter sprechen von „Berufsethik" (2006, S.497) – und die Zielvorstellungen als Richtungsweiser für die Unterrichtsplanung (ebd.).
Es stellt sich die Frage, ob für den hier besprochenen Gegenstandsbereich – Überzeugungen von Schülern und Schülerinnen mit Migrationshintergrund – diese Einteilung ebenfalls sinnvoll, oder ob die Erforschung allgemeiner (pädagogischer) Überzeugungen ratsamer ist. Die Frage dahinter ist, ob Lehrer und Lehrerinnen globale Überzeugungen über SS mit MH haben oder ob sich diese Überzeugungen fachspezifisch äußern. Auch die Gruppe der Kinder mit Migrationshintergrund ist gegebenenfalls stärker zu spezifizieren. Reicht ein Migrationshintergrund aus, um allgemeine Überzeugungen wirksam werden zu lassen oder unterscheiden sich diese Überzeugungen nach Nationalität (bspw. russischsprachige Schüler sind gut in Mathematik)? Es ist nach Forschungsstand[7] und öffentlichen Diskursen zu vermuten, dass Lehrkräfte, vor allem in den Bereichen familiärer Einfluss, Einfluss der Migrationserfahrung (auch vermittelt über die zweite und dritte Generation) und in Bezug auf Fähigkeiten in der deutschen Sprache, allgemeine (pädagogische) Überzeugungen über SS mit MH haben. Dies betrifft im Besonderen auch den Diskurs über die Bildungsbeteiligung von Kindern mit Migrationshintergrund. Die diesbezüglichen Hinweise in der Presse und in den Organen der wissenschaftlichen Gemeinschaft können an den Lehrkräften nicht spurlos vorbei gehen. Sie werden die Überzeugungen der

---

6   Op't Eynde, De Corte & Verschaffel nehmen in Bezug auf Überzeugungen *von Schülern und Schülerinnen* folgende Einteilung (mit hier nicht aufgeführten Unterpunkten) vor: „1. Beliefs about mathematics education, 2. Beliefs about the self, 3. Beliefs about the social context" (Op't Eynde, De Corte & Verschaffel, 2002, S.28).

7   Siehe hierzu auch die späteren Ausführungen.

Lehrer und Lehrerinnen hinsichtlich der Fähigkeiten von SS mit MH beeinflussen. Eine Diskursanalyse diesbezüglich steht noch aus und wäre dringendes Forschungsdesiderat. Auch liegen, nach hier vorliegendem Kenntnisstand, kaum Forschungen zu fachbezogenen pädagogischen Überzeugungen von Lehrern und Lehrerinnen über SS mit MH vor, sodass sich hier wieder nur vermuten lässt, dass solche vorhanden sind. Wichtig erscheint die Differenzierung in ethnische Gruppen und Geschlecht, da Schüler und Schülerinnen mit türkischem und italienischem Migrationshintergrund im deutschen Schulsystem besonders schlecht abschneiden (Kristen, 1999). Eine besondere methodische Schwierigkeit liegt zudem in dem Problem der sozialen Erwünschtheit, da es sich um ein gesellschaftlich ausgesucht sensibles Thema handelt.

In Bezug auf die Genese pädagogisch relevanter Überzeugungen lassen sich drei Bereiche ausmachen, die an ihrem Aufbau beteiligt sind: (1) Einflüsse aus der Personal- und Sozialgenese, (2) Überzeugungen, die während der eigenen Schulzeit und (3) formales Wissen bzw. Wissen, das während des Studiums gewonnen wurde, d. h. epistemologische Überzeugungen (Richardson, 1996; Clandini, 1992, in Fenstermacher, 1994; Calderhead, 1996, Pajares, 1992). Die ersten beiden Punkte haben Einfluss darauf, was und wie Lehramtsstudierende während ihres Studiums lernen und damit auf das Wissen, dass sie während ihres Studiums erwerben und in praktisches Können umsetzen. Die Reflexion dieser Überzeugungen sollte ein wichtiger inhaltlicher Bereich und Ziel für das Lehramtsstudium werden, damit zukünftiges Unterrichten von Lehramtsstudierenden sich nicht an expliziten und impliziten Überzeugungen ausrichtet, sondern (noch stärker) auf Wissen und Können basiert.

Auch wenn die hier vorgenommene Trennung zwischen Wissen und Überzeugungen von den meisten Autoren geteilt wird, ist ihre empirische Evidenz fragwürdig. Woolfolk Hoy, Davis & Pape (2006) verweisen darauf, dass diese Unterscheidung in vorliegenden Studien nicht nachzuweisen sei. Die Befragten trennen in ihren Antworten nicht zwischen Überzeugungen und Wissen (Woolfolk Hoy, Davis, Pape, 2006, S.716, vgl. auch Trautmann, 2005, S.39; vgl. auch Richardson, 1992). Mithin zeigen sich die größten Schwierigkeiten in der methodischen Umsetzung des theoretischen Konstrukts. Überzeugungen lassen sich nicht unmittelbar messen und müssen vermittelt und operationalisiert werden. In Aussagen aus Interviewstudien oder durch Fragebögenitems kann, wie oben schon erwähnt, nur sehr schwer zwischen Wissen und Überzeugungen getrennt werden. Diese Problematik zeigt sich auch in der Fragebogenkonstruktion des weiter unten besprochenen Forschungsprojekts. Werden nur Aussagen erhoben, ist es zudem schwierig und umstritten von diesen Aussagen auf das konkrete Handeln von (Lehr-)Personen zu schließen. Diese Probleme sind schon aus der Einstellungsforschung bekannt. Zuletzt muss noch einmal darauf verwiesen werden, dass auch die Operationalisierung des Konstrukts, in vielen Studien zu wünschen übrig lässt.

2 Forschungsstand

Zur Erforschung von Überzeugungen wird das gesamte Methodenensemble der quantitativen und qualitativen empirischen Sozialforschung angewendet, also Fragebögen, Beobachtung, Interviewstudien, Gruppendiskussionen etc. Wie schon erwähnt, ist die Erforschung von Überzeugungen im Fach Mathematik am weitesten voran geschritten. Studien zu Überzeugungen über SS mit MH liegen kaum vor, hier zeichnet sich ein großes Forschungsdesiderat ab. Der Hintergrund zu solchen Studien ist die bekannte und viel diskutierte Überrepräsentation bestimmter Gruppen an verschiedenen Schulformen. SS mit MH sind auf der Hauptschule und der Förderschule mit dem Förderschwerpunkt Lernen überrepräsentiert, während SS ohne MH dies auf Gymnasien sind. In der empirischen Bildungsforschung herrscht Einigkeit darüber, dass vor allem personen- und familien bzw. umweltbezogene Faktoren Ursache dieser Ungleichverteilung sind (Ditton, 2010, 2004; Watermann & Baumert, 2006; Helmke, 1997). Zumindest für den Bereich der Förderschule lässt sich aber sagen, dass große Überschneidungen bspw. in Bezug auf den gemessenen IQ zwischen Förder- und Hauptschülern festgestellt wurden (vgl. Schröder, 2000, S.120). Somit kann vermutet werden, dass neben personen- und umweltbezogene Faktoren weitere Einflüsse eine Rolle spielen. Auch in den internationalen Schulleistungsuntersuchungen PISA und IGLU wurde deutlich, dass, bei gleichen kognitiven Fähigkeiten, Kinder aus Familien mit niedrigem sozioökonomischen Hintergrund, größere Anstrengungen vollziehen müssen, als Kinder aus Familien mit höherem sozioökonomischen Status, um die gleiche Bewertung zu erlangen. (Deutsches PISA-Konsortium, 2001, 2004; Bos, 2003, 2005). Hier könnte das Konzept der Teachers' Beliefs möglicherweise weiteren Aufschluss bringen.

Studien, die sich mit allgemeinen Überzeugungen von Lehrkräften in Bezug auf SS mit MH bzw. auf Schüler und Schülerinnen, die einer ethnischen Minderheit oder Schüler und Schülerinnen, die einer stigmatisierten Gruppe angehören, auseinander setzten, fokussieren vornehmlich Leistungserwartungen von Lehrern und Lehrerinnen an diese Gruppen und ihren Einfluss auf Schülerleistungen. Die anglo-amerikanische Forschung ist hier richtungsweisend. Sie kann diesbezüglich auf eine lange Tradition zurückblicken. Die zahlreichen Studien im einzelnen vorzustellen, würde den Rahmen dieses Artikels sprengen. Es liegt eine gute Metaanalyse von Jussim und Harber (2005) vor, auf die im Folgenden teilweise zurück gegriffen wird. Jassim und Haber (2005) kommen in ihrer Meta-Analyse zu den Ergebnissen, dass die vorgefassten Leistungserwartungen von Lehrern und Lehrerinnen die schulischen Leistungen der Schüler und Schülerinnen beeinflussen und zwar je nach Erwartung sowohl positiv als auch negativ. Die Erwartungseffekte sind üblicherweise klein, aber statistisch signifikant. Erwartungen von Lehrer und Lehrerinnen werden besonders dann zu *sich selbst erfüllenden Prophezeiungen* und haben mittlere bis große Effekte, wenn sie auf der Zugehörigkeit der betroffenen Schüler und Schülerinnen zu stereotypisierten Gruppen basieren und nicht, wie in den meisten experimentellen Situationen, durch zufällige Zuschreibung entstehen. Leistungserwartungen sind dann besonders gering, wenn sie auf der Basis sozialer Kategorien wie niedriger sozioökonomischer Status oder Ethnizität beruhen (Jussim & Harber, 2005, 135ff.; Alexander & Schofield, 2006, S.49)[8]. Ehrenberg, Goldhaber & Brewer (1995) konnten in ihrer Re-Analyse zeigen, dass Lehrkräfte dazu neigen, Angehörige der eigenen sozialen Gruppe besser zu bewerten als Nichtangehörige (Ehrenberg & Brewer, 1995 S.14). Das gilt auch für Lehrer und Lehrerinnen, die selber einer Minderheitengruppe angehören. In der Studie von Hauser-Cram, Sirin & Stipek (2003)[9] wurde deutlich, dass eine unterschiedliche Leistungserwartung sich vor allem bei unterschiedlichen Unterrichtspraktiken zeigt: Lehrer, die einen curriculum-zentrierten Unterricht verfolgten, bewerteten Schüler mit einem angenommenen von eigenen Werten[10] abweichenden familiären Hintergrund sowohl in Bezug auf ihre Literalität als auch auf mathematische Fähigkeiten deutlich schlechter als Lehrkräfte, die einen schülerzentrierten Unterricht verfolgten (Hauser-Cram, Sirin & Stipek, 2003, S.817f.). Dies traf auch bei Kontrolle des sozioökonomischen Status und der tatsächlichen Leistung der Schüler und Schülerinnen zu. Jungbluth (1994) konnte für den niederländischen Raum die beschriebenen Effekte ebenfalls zum Teil kenntlich machen. An der Aufklärung der Leistungsvarianzen der Schüler und Schülerinnen, die durch Lehrervariablen beeinflusst sind hat die Schichtzugehörigkeit in seiner Studie größeren Anteil als der ethnische Hintergrund. Die Ergebnisse der von ihm durchgeführten Studien zeigen, dass Lehrer

---

8 In den Meta-Analysen von Jussim & Haber und Alexander & Schofield werden keine genauen Angaben zur den Stichproben der re-analysierten Studien gemacht, insofern auch keine Angaben zu den (ethnischen) Hintergründen der SS.
9 Die Autoren haben die Transitionsphase vom Kindergarten in die Grundschule (elementary school) und die Leistungserwartungen von Lehrkräften in Bezug auf 105 Kindergartenkindern in dieser Transitionsphase untersucht. Diese Kinder werden als Kinder aus Familien mit niedrigem sozio-ökomoischen Status (low-incomae families, 814) beschrieben und gehörten unterschiedlichen ethnischen Gruppen an. Genannt werden: African-Americans (9%), Euro-Americans (76%), Asian-Americans (8%) Latinos (7%) (815).
10 Dabei wurde in der Studie davon ausgegangen, dass unterschiedliche Wertvorstellungen vor allem bei Familien von SS mit ethnischen Hintergründen vorliegen, die von denen der Lehrkräfte abweichen. Kulturelle Unterschiede werden in dieser Studie in der Hauptsache mit unterschiedlichen Wertvorstellungen verbunden.

und Lehrerinnen in der Regel niedrigere Leistungserwartungen an SS mit MH[11] richteten: „Ihre Fähigkeiten werden im Vergleich zu denen der relativ privilegierten Schüler unterschätzt und ihnen werden nur relativ niedrige Lernzielniveaus zugemutet" (Jungbluth 1994, S.121). Dies ist aber stärker, wie schon erwähnt, von der Sozialschicht als von der Ethnizität abhängig.

Im deutschsprachigen Raum liegen wenige in sich heterogen angelegte und nicht explizit auf das theoretische Konstrukt der Leistungserwartungen fokussierte Studien mit kleinen Stichproben vor. Die Fragestellungen konzentrieren sich oft auf Leistungsbewertungen im Zusammenhang mit dem Übertritt von der Grundschule auf eine weiterführende Schule. Wagner, van Dick, Petzel, u. a. (2001) stellen heraus, dass die Leistungsbewertung und -vorhersage durch die Lehrkräfte stark durch das Herkunftsmilieu geprägt sind.

„(...) Übergangsempfehlungen haben oft wenig mit den Fähigkeiten der Kinder zu tun, sie sind in viel höherem Maße vom Schulabschluss und der sozialen Lage der Eltern abhängig" (Wagner, v. Dick, & Petzel, 2001). LAU 5[12] (Lehmann, Peek, & Gänsfuß, 1997) konnte zeigen, dass in den klasseninternen Leistungserfolgen zwischen Lehrereinschätzungen und Testergebnissen erhebliche Unterschiede festzustellen waren. Herauszustellen ist, dass die Klassen von Lehrern und Lehrerinnen, die die Leistungsrangfolge ihrer Schüler gut einschätzten, im Durchschnitt deutlich bessere Leistungen erzielten als die Klassen von Lehrern, deren Schülerbeurteilungen nur geringe Passungswerte mit den Testleistungen aufweisen (ebd.). Der Forschungsstand ist in Bezug auf die Bewertung von SS mit MH durch Lehrkräfte insgesamt uneinheitlich. Es liegen auf der einen Seite Ergebnisse vor, die eine Benachteiligung von SS mit MH vermuten lassen. Andere Ergebnisse zeigen, dass diese Gruppe nicht oder sogar positiv diskriminiert wird (Kristen, 1999; Lehmann, Peek & Gänsfuß, 1997). In der deutschsprachigen Diskussion spielt zudem die Bewertung der Sprachkenntnisse von SS mit MH eine zentrale Rolle. Gomolla und Radtke (2002) konnten in einer Argumentationsanalyse aus Interviews mit Lehrkräften typische Erklärungsmuster für die schlechtere Benotung und die Übergangsempfehlung ausländischer Kinder auf eine Hauptschule finden. Dazu gehören neben familiären und sozialen Lebenshintergründen vor allem Sprachdefizite (Gomolla & Radtke, 2002, S.234ff.).

Marburger, Helbig & Kienast (1997) untersuchen in ihrer Studie den Umgang von Lehrkräften mit einer multiethnischen Schülerschaft. Der Einfluss von Kindern mit MH auf den Unterricht wird vorwiegend negativ kommentiert. Sowohl in Bezug auf den Unterrichtsablauf, da sie das „‚Niveau der Klasse'"

---

11 Jungbluth unterscheidet nach Ethnie („Niederländer, Koloniale, Marokkaner, Türken, Sonstige", 119).
12 Hamburger Studie zu Aspekten der Lernausgangslage von Schülerinnen und Schülern der fünften Klassen.

(Hervorhebung im Original) senken und als „,Sand im Getriebe'" (Hervorhebung im Original) auch das Lernen der deutschen Kinder behindern, als auch hinsichtlich der Zusatzbelastung für die Lehrkräfte, welche kulturelle Heterogenität im Unterricht als Überforderung, Mehraufwand und Kräfteverschleiß empfinden (Marburger, Helbig, & Kienast, 1997, S.26).

Edelmann (2006) erarbeitet in ihrer Dissertation vier Kategorien pädagogischen Handelns und aus ihnen verschiedene Lehrertypen, die durch einen bestimmten Umgang mit kultureller und sprachlicher Heterogenität in ihren Klassen charakterisiert sind. Ein „abgrenzend-distanzierter Typus" steht den stillschweigendanerkennenden, sprach- und synergieorientierten Typen entgegen. Lehrkräfte ersteren Typus ignorieren die kulturelle Thematik weitgehend und orientieren ihre Werte und Normen einseitig an der Mehrheitsgesellschaft. Bei synergieorientierten Lehrkräften hingegen werden alle Aspekte der kulturellen Heterogenität als Lernpotential für alle Schüler und Schülerinnen gedeutet und explizit in den Unterricht integriert. Dem Typus des individuellsynergieorientierten Typus waren in der Studie ausschließlich Lehrkräfte mit MH oder Schweizer Lehrkräfte mit binationalen Partnerschaften zugeordnet (Edelmann, 2006. S.56). Diese Einteilungen könnten auf unterschiedliche Überzeugungssysteme von Lehrkräften über SS mit MH deuten, weitere Forschungen, die diese Einteilung aufnehmen, wären zur genaueren Klärung nötig.

Untersuchungen zu *Überzeugungen hinsichtlich der eigenen Person und der Lehrerrolle* sind ebenfalls verbreitet. Hier werden vornehmlich Selbstwirksamkeitsüberzeugungen untersucht. Im deutschsprachigen Raum kann der Forschungsstand allerdings nur als unbefriedigend bezeichnet werden, während in der amerikanischen Schul- und Bildungsforschung die Untersuchung von Selbstwirksamkeitseinschätzungen von Lehrern und Lehrerinnen inzwischen eine mehr als 20jährige Tradition aufweist (Ashton, Web. 1986; Gibson, Dembo, 1984 etc.). Im Zentrum steht dabei die Frage nach dem Zusammenhang zwischen Selbstwirksamkeit (sowohl kollektiv wie individuell) und dem Phänomen des Burnouts und der wahrgenommenen Arbeitsbelastung (Edelstein, 1998; Schmitz, 1998; Schmitz, Schwarzer, 2002). Zusammenfassend lässt sich festhalten, dass der theoretisch vermutete Zusammenhang zwischen individueller und kollektiver Lehrerselbstwirksamkeit und dem Burnout von Lehrern und Lehrerinnen, bestätigt werden konnte. Sowohl individuelle als auch kollektive Lehrerselbstwirksamkeit korrelieren negativ mit Leistungsverlust, Depersonalisierung und emotionaler Erschöpfung; hohe subjektive Wirksamkeit geht einher mit geringer individueller Burnout-Belastung, wohingegen niedrige Selbstwirksamkeit ein Ausbrennen im Beruf wahrscheinlicher macht (Schmitz, Schwarzer, 2002). Studien, die explizit die Beziehung zwischen Lehrerselbstwirksamkeit und dem Umgang mit sprachlicher und kultureller Heterogenität untersuchen, liegen nicht vor.

Die Darstellung des Forschungsstandes hat deutlich gemacht, dass in Deutschland ein Forschungsdefizit in Bezug auf pädagogische Überzeugungen (Teachers' Beliefs) über SS mit MH vorliegt. Die im Folgenden beschriebene Studie kann dieses Defizit nicht aufholen, versteht sich aber als ein Beitrag zu einer sich weiter ausfächernden Forschung in diesem Bereich.

3 Das Forschungsprojekt ÜGL (Überzeugungen von Grundschullehrkräften)

Ziel des Projektvorhabens ist es, die Überzeugungen von Grundschullehrkräften über SS mit MH[13] auf verschiedenen Dimensionen (Leistungserwartungen, Elternunterstützung etc.) heraus zu arbeiten. Das Forschungsprojekt untersucht im Einzelnen:

a. Überzeugungen von Lehrkräften in Bezug auf eine kulturell und sprachlich heterogen[14] zusammengesetzte Schülerschaft,
b. Überzeugungen hinsichtlich der eigenen Person und der Lehrerrolle hier explizit die (individuellen und kollektiven) bereichsspezifischen Selbstwirksamkeitsüberzeugungen.

Hintergrund des Forschungsinteresses ist die weiter oben schon erwähnte ungleiche (und hinreichend bekannte) Verteilung von deutschen und SS mit MH auf den verschiedenen Schulformen des deutschen Bildungssystems. Die oben erwähnten Überzeugungen wurden in zwei Teilstudien mit einem schriftlichen standardisierten Fragebogen erhoben. An der Studie waren 14 Grundschulen eines bayerischen Landkreises und 13 Grundschulen einer bayerischen mittelgroßen Stadt beteiligt. Es wurden 326 Fragebögen an die Klassenlehrer und -lehrerinnen verteilt, von denen 115 beantwortet zurück kamen. Die Rücklaufquote beträgt damit 35,3%. Von den beteiligten Lehrkräften waren 11,4 % männlich und 88,6% weiblich.

---

13 Darunter verstanden werden SS, die sich durch ihren sprachlichen und/oder ethnischen Hintergrund als „nicht deutsch" charakterisieren lassen, ungeachtet der Frage, ob sie die deutsche Staatsbürgerschaft besitzen oder nicht.
14 Kulturelle und sprachliche Heterogenität bezieht sich auf eine Schülerschaft, in der SS sich bezüglich ihres sprachlichen und/oder ethnischen Hintergrundes unterscheiden.

3.1 Teilstudie 1)[15]: Überzeugungen von Lehrkräften in Bezug auf eine kulturell und sprachlich heterogen zusammengesetzte Schülerschaft

In dieser Teiluntersuchung werden sowohl (allgemeine) Überzeugungen von Grundschullehrer und -lehrerinnen über SS mit MH und deren Eltern als auch Überzeugungen, die das Lernen von SS mit MH oder das Unterrichten in kulturell heterogenen Klassen betreffen. Die Untersuchung allgemeiner Überzeugungen über SS mit MH ist ein heikles und sensibles Thema, denn niemand wird in einer Gesellschaft, in der das Gleichheitspostulat aller Menschen in Bezug auf die Entwicklung von Fähigkeiten unabhängig von Geschlecht oder Ethnie einen hohen Wert darstellt, leichtfertig zugeben, über einzelne Gruppen bestimmte (negative) Vorstellungen zu haben. Zu riskant erscheint der begründete Vorwurf des Vorurteils. Damit wird das Problem der sozialen Erwünschtheit zu einer großen Herausforderung bei dem hier gewählten Forschungsinstrument. Andererseits birgt ein Fragebogen die Möglichkeit, die eigenen Gedanken anonym und unabhängig einer Kontrolle von außen darzubieten. Im einzelnen wurden folgende Überzeugungen überprüft:

a. Überzeugungen über den Einfluss einer hohen Anzahl von SS mit MH auf den Unterricht und das Unterrichten (bspw. stellt eine höhere Belastung dar, SS mit MH senken das Leistungsniveau, schafft ein ungünstiges Lernklima, vgl. Allemann-Ghionda, 2006, S.260; Marburger et al., 1997, S.26; Weber, 2003, S.269).
b. Subjektive Lerntheorien über SS mit MH (bspw. weit verbreitete allgemeine Entwicklungsverzögerungen, mangelnde Schulfähigkeit, vgl. Gomolla & Radtke, 2002, S.159).
c. Überzeugungen über Verhaltensunterschiede (bspw. über einen höhere Aggressivität oder ein lebhafteres Temperament oder öfter vorkommende Verhaltensstörungen, vgl. Behlen, Jacobs, Merkens et al., 1984, S.74; Feil & Schönhammer, 1983, S.93ff.; Allemann-Ghionda, 2006, S.256).
d. Überzeugungen über Eltern von Kindern mit MH (bspw. Eltern von SS mit MH können ihre Kinder nicht ausreichend in schulischen Belangen unterstützen, die Eltern haben eine größere Distanz zum deutschen Schulsystem; vgl. Allemann-Ghionda, 2006, S.257; Gomolla & Radtke, 2002, S.243, Weber, 2003, S.119).

Zur Überprüfung der Überzeugungen wurden sechs Hypothesen gebildet, denen wiederum jeweils eine Skala des Fragebogens zugeordnet wurde[16]: Skala I *Verhaltensunterschiede (Ü3)*, Skala II *Leistungsbewertung (Ü2)*, Skala III *Unter-*

---

15 Dieses Teilprojekt wurde zusammen mit Frau Sabine Hauser durchgeführt, die hierzu auch ihre Diplomarbeit verfasst hat.
16 Bei Bedarf können bei der Autorin weitere Informationen zur Zusammensetzung der Skalen erfragt werden.

richt (Ü1), Skala IV *Haltung zum Schulsystem (Ü4)*, Skala V *Unterstützung (Ü4)*, Skala VI *Belastung (Ü1)*.

Die Ergebnisse[17] zeigen, dass die hier befragten Lehrkräfte Unterschiede im Verhalten von deutschen und SS mit MH vermuten und letzteren eine geringere Leistungserwartung entgegenbringen. Dies bestätigt eine Tendenz, die sich auch schon in anderen Studien gezeigt hatte[18]. Aufschlussreich ist dagegen, dass die Lehrkräfte die Überzeugung einer höheren Belastung durch SS mit MH im Unterricht, nicht teilen. Die Hypothese konnte nicht bestätigt werden. Dies widerspricht dem Ergbnis das Marburger, Helbig & Kienast (1997) in ihrer Studie erzielten. Ein Grund hierfür könnte in den unterschiedlichen Forschungsinstrumenten liegen oder in den jeweiligen Stichproben begründet sein. Weitere Studien wären hier nötig. Eine geringere Leistungserwartung scheint aber in dieser Untersuchung nicht mit dem Gefühl einer höheren Belastung für den Unterricht einherzugehen. Dies verwundert insofern, als dass eine geringere Leistungserwartung auch mit der Überzeugung eines höherem Förderaufwandes einher gehen könnte und damit ein größerer unterrichtlicher Aufwand nötig wäre. Solche Zusammenhänge lassen sich aber leider mit dem vorliegenden Instrument nicht untersuchen. Hypothesen, die auf Überzeugungen über die Eltern von SS mit MH abzielten konnten bestätigt werden: Sowohl fehlende schulische Unterstützung durch die Eltern (Skala V) als auch eine größere Distanz zum deutschen Schulsystem (Skala IV) wurden von den Lehrkräften mehrheitlich zustimmend eingeschätzt. Dies erscheint insofern folgerichtig, als dass eine geringere Leistungserwartung auch mit der Einschätzung des die Schüler und Schülerinnen betreffenden Umfelds einhergeht.

Das Alter der Lehrkräfte und damit auch die Anzahl der zurückliegenden Jahre, in denen das Studium absolviert wurde, spielten keine Rolle in der Einschätzung.

---

17 Für jede der aufgestellten Hypothesen gilt dieselbe Bedingung für deren Annahme: Wenn mindestens 20% der gültigen Fälle auf einer Skala einen Skalenwert von 3,00 und höher erreichen, wird die Hypothese angenommen. Andersherum wird eine Hypothese abgelehnt, sobald nicht die 20% der Fälle die Grenzwert von 3,00 erreichen. Ein Fall ist dann gültig, wenn für die betrachtete Skala mindestens 75% der Items beantwortet wurde.

18 Die internationalen Schulleistungsvergleichstudien PISA (2000, 2003) und IGLU (2003, 2004) konnten zeigen, dass neben Faktoren wie vorhandenes oder nicht vorhandenes kulturelles Kapital in den Familien (Bourdieu), den Lehrkräften eine große Bedeutung bei der Verteilung von Schülern und Schülerinnen in weiterführende (allgemein bildende) Schulen zukommt. Die Chance für Kinder, deren Eltern beide in Deutschland geboren sind, eine Realschulempfehlung zu bekommen, ist 2.73 mal so hoch wie von Kindern, deren Eltern beide im Ausland geboren wurden. „Die Chance für eine Gymnasialempfehlung ist 4.69 mal so hoch" (Bos, Voss, Lankes, 2004, S.212). Diese ungleiche Chancenverteilung trifft auch dann noch zu, wenn die Variablen soziale Herkunft und Lesekompetenz kontrolliert werden. Die Chance für Kinder in Deutschland geborener Eltern auf eine Realschulempfehlung ist immer noch 1.73 mal so hoch wie für Kinder im Ausland geborener Eltern (ebd.).

Auch die Anzahl unterrichteter SS mit MH ergab keine Unterschiede im Antwortverhalten. Die einzelnen Skalen korrelieren untereinander positiv, was darauf deuten könnte, dass die hier überprüften Überzeugungen der einzelnen Lehrkräfte ein zusammenhängendes Überzeugungssystem darstellen könnten.

3.2 Teilstudie 2): Überzeugungen hinsichtlich der eigenen Person und der Lehrerrolle[19]

In dieser Teilstudie wurden die individuellen und kollektiven Selbstwirksamkeitsüberzeugungen von Lehrkräften in Bezug auf eine kulturell und sprachlich heterogen zusammengesetzte Schülerschaft taxiert. Untersucht wurde, inwieweit individuelle und kollektive Lehrerselbstwirksamkeitsüberzeugungen handlungsleitende pädagogische Überzeugungen in Bezug auf SS mit MH beeinflussen.

Selbstwirksamkeit ist „die Überzeugung eigener Handlungsmächtigkeit" (Edelstein, 2002, S.18), der Glaube an die eigenen Fähigkeiten, an das eigene Können. Damit einhergehend ist die Überzeugung, gewünschte oder erforderte Handlungen in Angriff zu nehmen sowie zielführend auch gegen Widerstände und Schwierigkeiten ausführen zu können. Verfügt man nicht über diese Überzeugung, kann ein hohes Maß an Hilflosigkeit und Ausgeliefertsein auftreten, was sich demotivierend auf nachfolgende Handlungen auswirkt. Bei Lehrerselbstwirksamkeitsüberzeugungen handelt es sich um *bereichsspezifische* Selbstwirksamkeitsüberzeugungen mit der Überzeugung eines Individuums in gewissen Lebensbereichen über hohe Bewältigungskompetenzen zu verfügen. Lehrerselbstwirksamkeitsüberzeugungen sind dann professionsbezogene Überzeugungen, die sich auf die Selbstwirksamkeit eines Lehrers oder einer Lehrerin im Kontext von Schule und Unterricht beziehen (Bsp.: „Ich weiß, dass ich es schaffe, selbst den problematischsten Schülern den Stoff zu vermitteln"; Schwarzer & Jerusalem, 1999). Individuelle Selbstwirksamkeit ist die *subjektive* Überzeugung eigener Handlungsmächtigkeit. *Kollektive* Selbstwirksamkeitsüberzeugen betreffen den Glauben *einer Gruppe*, in dem sie betreffenden Kontext als Gruppe die Fähigkeit und das Können zu haben, Aufgaben gemeinsam lösen zu können (vgl. Bandura, 1997, S.477). In Bezug auf kollektive *Lehrer*selbstwirksamkeit bedeutet dies, dass bspw. ein Lehrerkollegium sich als Gruppe definiert, die aufgrund ihres Könnens und ihrer Fähigkeiten schwierige Situationen im Kontext Schule bewältigen kann.

Die Fragestellung dieses Teilprojekts beruht auf der Grundannahme, dass die professionelle Handlungskompetenz einer Lehrkraft darüber entscheidet, wie mit

---

19 Dieses Teilprojekt wurde zusammen mit Frau Katja Kuhn durchgeführt, die hierzu auch ihre Diplomarbeit verfasst hat.

kulturell heterogen zusammengesetzten Schulklassen umgegangen wird. Handlungskompetenz wird in diesem Zusammenhang verstanden als die professionelle Fähigkeit und Bereitschaft eines Lehrers oder einer Lehrerin, alle Schüler und Schülerinnen ohne Anblick auf Personenmerkmale zu unterrichten und zu fördern (Gleichheitspostulat), andererseits aber auch faktische Leistungsdefizite von bspw. SS mit MH durch vermehrte eigene Anstrengung und zusätzliche Förderung zu vermindern. Als ein zentraler Teilaspekt von Lehrer-Professionaliät werden hier die Überzeugungen hinsichtlich der eigenen fachlichen und personalen Fähigkeiten verstanden.

Die methodische Umsetzung des beschriebenen Forschungsinteresses verursacht auch in diesem Bereich Schwierigkeiten, denn das Handeln der Lehrkräfte kann nur mittelbar erfasst werden. Weder sind Unterrichtsbeobachtungen Teil des Projekts, noch wurden Verhaltensfragen in den Fragebogen aufgenommen. Auf die Schwierigkeit, von Aussagen einer Fragebogenstudie auf das tatsächliche Handeln einer Person zu schließen, wurde schon hingewiesen.

In dieser Teilstudie wurde die Fragestellung in zwei Hypothesen operationalisiert:

a. Es besteht ein Zusammenhang zwischen dem Grad an individueller und kollektiver Selbstwirksamkeit von Lehrkräften und deren kompetenten Handelns in Bezug auf den Umgang mit kultureller Heterogenität in der Schule.
b. Unterschiede zwischen den Lehrkräften in der Handlungskompetenz lassen sich hierbei durch die Ausprägung an individueller und kollektiver Selbstwirksamkeit erklären.

Zur Überprüfung der ersten Hypothese wurden zwei Skalen gebildet, die Überzeugungen von Lehrern über SS mit MH und deren Umgang mit dieser Schülergruppe messen: Skala 1 *Umgang mit ausländischen Schülern* und Skala 2 *Auffassungen gegenüber SS mit MH*. Diese wurden mit den Skalen zur individuellen und kollektiven Selbstwirksamkeit von Schwarzer und Jerusalem (1999) auf einen positiven, also einseitigen, Zusammenhang überprüft.

In den Ergebnissen[20] zur ersten Hypothese zeigt sich, dass ein Zusammenhang zwischen individueller Lehrerselbstwirksamkeit und der Auffassungs- sowie der Umgangsskala ergibt (r = .24, p = 0,05 und r = .47, p = 0,01)[21]. In Bezug auf einen Zusammenhang zwischen kollektiver Lehrerselbstwirksamkeit und der Auffassungs- sowie der Umgangsskala ergibt sich nur teilweise ein statistisch signifikanter Zusammenhang, nämlich nur für die Auffassungsskala (r = .37, p =

---

20 Die Hypothese gilt als bestätigt, wenn ein statistisch signifikanter Zusammenhang auf einem Niveau von p = 0,05 ermittelt wurde.
21 Einseitige Signifikanz, da es sich um positiv gerichtete Hypothesen handelt.

0,01 und r = .21). In der Varianzanalyse wurden zur Überprüfung der zweiten Hypothese die Selbstwirksamkeitserwartungen in die Kategorien 'hoch selbstwirksam', 'mittel selbstwirksam' und 'niedrig selbstwirksam' eingeteilt, sodass jeder Proband in eine der Kategorien eingeordnet werden konnte[22]. Die Mittelwertsdifferenzen zwischen den drei Gruppen der individuellen Lehrerselbstwirksamkeit zeigen auf der Umgangsskala einen F-Wert von 14,17 und für die Auffassungsskala einen F-Wert von 5,79. Sie sind auf dem Wert von 1% signifikant. 28% der Gruppendifferenzen in Bezug auf die Umgangsskala lassen sich durch den Faktor *individuelle Selbstwirksamkeit* aufklären und 14% in Bezug auf die Auffassungsskala. Die Werte für die *kollektive Lehrerselbstwirksamkeit* zeigen keine Signifikanz. Korreliert wurden die Daten noch mit der im Fragebogen enthaltenen Angabe nach dem Ausländeranteil in der unterrichteten Klasse, um überprüfen zu können, ob das Antwortverhalten mit der Zahl der unterrichteten SS mit MH variiert. Dem ist nicht so, der Anteil der SS mit MH in den einzelnen Klassen hat keinen Einfluss auf das Antwortverhalten.

Zusammenfassend lässt sich also feststellen, dass sowohl die individuelle als auch die kollektive Lehrerselbstwirksamkeit positiv in Verbindung mit den als relevant erachteten Überzeugungen in Bezug auf den schulischen Umgang mit SS mit MH stehen. Die Ergebnisse sind insofern interessant als dass hier deutlich wird, dass der Glaube in die eigenen Fähigkeiten das professionelle Lehrerhandeln sowohl positiv als auch negativ beeinflussen kann. Wichtig wäre es, in der Konsequenz im Lehrerstudium nicht nur Fachwissen zu vermitteln, sondern die Reflexion dieser Selbstüberzeugungen zum Thema werden zu lassen.

4 Fazit

Teachers' Beliefs, pädagogische Überzeugungen von Lehrern und Lehrerinnen, nehmen einen wichtige Stellung in der Erforschung professionellen Lehrerhandelns ein. Ihre Bedeutung ergibt sich aus ihrer wechselseitigen Beeinflussung: Überzeugungen beeinflussen den Wissenserwerb und der Wissenserwerb beeinflusst bzw. verändert wieder die Überzeugungen. Somit wäre es wichtig, die Reflexion eigener Überzeugungen sowohl im Lehrerstudium als auch in der Lehrerweiterbildung zu akzentuieren. Schwierigkeiten liegen in der Ausarbeitung einer Theorie und einer präzisen Operationalisierung, die valide empirische Forschung ermöglicht. Nötig wäre zudem eine Diskursanalyse, die den aktuellen öffentlichen (und Fach-)Diskurs sowohl über die Bildungsbeteiligung von Kin-

---

22 Die Hypothese gilt als bestätigt, wenn die Mittelwertsdifferenzen auf mindestens 5% Niveau signifikant sind und sich durch die Faktoren individuelle Selbstwirksamkeit und kollektive Selbstwirksamkeit erklären lassen.

dern mit Migrationshintergrund als auch über die Integrationsbemühungen von hier lebenden Ausländern analysiert und für die Untersuchung von Teachers' Beliefs fruchtbar macht. Denn ohne Zweifel beeinflusst dieser Diskurs die Wahrnehmung der Lehrkräfte von SS mit MH, sei es in Bezug auf ihre familiäre Unterstützung als auch in Bezug auf ihre Leistungserwartungen und allgemeine Überzeugungen über SS mit MH, wie auch die Ergebnisse des hier vorgestellten Forschungsprojekts deutlich gemacht haben. Es sollten zukünftig sowohl allgemeine Überzeugungen im Vordergrund des Forschungsinteresses stehen als auch fachspezifische. Allgemeine Überzeugungen insbesondere über den familiären Hintergrund dieser Gruppe werden die fachspezifischen Überzeugungen bspw. über die Fähigkeiten im Fach Deutsch stark beeinflussen. Die fachspezifischen Überzeugungen insbesondere in Bezug auf den Zweitspracherwerb und den Spracherwerb allgemein werden wiederum bspw. allgemeine Leistungserwartungen (fächerübergreifend) beeinflussen.

Deutlich geworden ist in den besprochenem Forschungsprojekt auch, wie wichtig eine vertiefende Forschung zu Lehrerselbstwirksamkeitsüberzeugungen sind.

Bei aller Wichtigkeit, die dem Konzept der Teachers' Beliefs hier zugesprochen wird, bleibt nicht zu übersehen, dass herkunftsbedingte Faktoren die stärksten Prädiktoren für Schulleistung und Bildungskarrieren darstellen und der sozio-ökonomische Hintergrund als Erklärungskraft sowohl für Schülerleistungen als auch für Lehrererwartungen den Faktor der ethnischen Zugehörigkeit überwiegt. Die Einflussmöglichkeiten der Grundschule bleiben hier begrenzt. Gesellschaftliche Einflussmöglichkeiten stehen zur Diskussion um müssen strikt an demokratischen Prinzipien ausgerichtet werden. Das Konzept der Überzeugungen kann aber einen Beitrag leisten, Blockaden und/oder Gräben in der Verständigung und in den impliziten und expliziten Annahmen übereinander, zumindest im schulischen Kontext, zu überwinden.

5   Literatur

Alexander, K., & Schofield, J. W. (2006). Erwartungseffekte: Wie Lehrerverhalten schulische Leistungen beeinflusst. In J. W. Schofield (Ed.), *Migrationshintergrund, Minderheitenzugehörigkeit und Bildungserfolg. Forschungsergebnisse der pädagogischen, Entwicklungs- und Sozialpsychologie* (pp. 47-70). Berlin.

Allemann-Ghionda, C., Auernheimer, G., Grabbe, H., & Krämer, A. (2006). Beobachtung und Beurteilung im soziokulturell und sprachlich heterogenen Klassen: die Kompetenzen der Lehrpersonen. *Zeitschrift für Erziehungswissenschaft, 52*(51. Beiheft), 250-267.

Ashton, P. T., & Webb, R. B. (1986). *Making a difference: Teachers' sense of efficacy and student achievement.* New York und London.

Bandura, A. (1997). *Self-efficacy: The exercise of control.* New York: Freeman.

Baron, R. M., Tom, D. Y. H., & Cooper, H. M. (1985). Social class, race and teacher expections. In J. B. Dusek, V. C. Hall & W. J. Meyer (Eds.), *Teachers expectations* (pp. 251-269). Hillsdale, NJ.
Baumert, J. (2001). *PISA 2000: Basiskompetenzen von Schülerinnen und Schülern im internationalen Vergleich*. Opladen: Leske + Budrich.
Baumert, J., & Köller, O. (2005). Sozialer Hintergrund, Bildungsbeteiligung und Bildungsverläufe im differenzierten Sekundarschulsystem. In H. Frederking, H. Heller & A. Scheunpflug (Eds.), *Nach Pisa. Konsequenzen für Schule und Lehrerbildung nach zwei Studien* (pp. 9-21). Wiesbaden: VS Verlag für Sozialwissenschaften.
Baumert, J., & Kunter, M. (2006). Stichwort: Professionelle Kompetenz von Lehrkräften. *Zeitschrift für Erziehungswissenschaft, 9*(4), 469-520.
Baxter, J. A., & Lederman, N. G. (2001). Assesment ans Measurement of Paedagogical Content Knowledge. In J. Gess-Newsome & N. G. Lederman (Eds.), *Examinig Pedagogical Content Knowledge* (pp. 147-161). Dordrecht, Boston, London: Kluwer Academic Publishers.
Bos, W. (2005). *IGLU : Vertiefende Analysen zu Leseverständnis, Rahmenbedingungen und Zusatzstudien* (1. Aufl. ed.). Münster [u.a.]: Waxmann.
Bos, W., Lankes, E.-M., & Prenzel, M. u. a. H. (2003). *Erste Ergebnisse aus IGLU. Schülerleistungen im internationalen Vergleich*. Münster/New York: Waxmann.
Calderhead, J. (1996). Teachers: Beliefs and knowledge. In D. Berliner (Ed.), *Handbook of educational psychology* (pp. 709-725). New York.
Carlsen, W. S. (2001). Domains of Teacher Knowledge. In J. Gess-Newsome & N. G. Lederman (Eds.), *Examinig Pedagogical Content Knowledge* (pp. 133-144). Dordrecht, Boston, London: Kluwer Academic Publishers.
Chisholm, R. (1989). *Theory of knowledge*. Englewood Cliffs,NJ: Prentice-Hall.
Clandini, D. J. (1992). *Narrative and story in teacher education*. London: Falmer.
Cummins, J. (2003). Bilingual Education. In J. Bourne & E. Reid (Eds.), *Language Education* (pp. 3 – 19). London/Sterling Kogan Page.
Dee, T. S. (2005). A teacher like me: Does race, ethnicity or gender matter? *American Economic Review, 95*(2), 158-165.
Ditton, H. (2004). Der Beitrag von Schule und Lehrern zur Reproduktion von Bildungsungleichheit. In R. Becker & W. Lauterbach (Eds.), *Bildung als Privileg? Erklärungen und Befunde zu den Ursachen der Bildungsungleichheit* (pp. 251-281). Wiesbaden: VS Verlag.
Ditton, H. (2010). Wie viel Ungleichheit durch Bildung verträgt eine Demokratie. *Zeitschrift für Pädagogik, 56*(1), 53-68.
Ditton, H., & Krüsken, J. (2006). Der Übergang von der Grundschule in die Sekundarstufe I. *Zeitschrift für Erziehungswissenschaft, 9*(3), 348-372.
Edelmann, D. (2006). Pädagogische Professionalität im transnationalen sozialen Raum. Eine Studie über Sichtweisen und Erfahrungen von Primarlehrpersonen in Bezug auf die kulturelle Heterogenität ihrer Schulklassen. *Zeitschrift für Erziehungswissenschaft, 52*(51. Beiheft), 235-249.
Edelstein, W. (1998). Selbstwirksamkeit in der Schulreform. *Unterrichtswissenschaft, 26*(2), 100-106.
Edelstein, W. (2002). Selbstwirksamkeit, Innovation und Schulreform. Zur Diagnose der Situation. Zeitschrift für Pädagogik, Beiheft, 44, 13-53.
Ehrenberg, R. G., & Brewer, D. J. (1995). Did teacher's verbal ability andrace matter in the 1969's? Coleman revisited. *Economics of Education Review, 14*(1), 1-12.
Feil, C., & Schönhammer, R. (1983). *Mentalität und Vorurteil - Ausländische Kinder aus der Sicht von Erzieherinnen*. München: DJI Materialien.
Fenstermacher, G. D. (1994). The Knower and the Known. The Nature of Knowledge in Research on Teaching. *Review of Research in Education, 20*, 3-56.

Furinghetti, F., & Pehkonen, E. (2002). Rethinking Characterizations of Beliefs. In G. Leder, C., E. Pehkonen & G. Törner (Eds.), *Beliefs: A Hidden Variable in Mathematics Education?* (pp. 39-57). Dordrecht u. a.: Kluwer Academic Publisher.

Gess-Newsome, J. (2001). Secondary teachers' knowledge about subject matter and their impact on Instruction. In J. Gess-Newsome & N. G. Lederman (Eds.), *Examinig Pedagogical Content Knowledge* (pp. 51-94). Dordrecht, Boston, London: Kluwer Academic Publishers.

Gibson, S., & Dembo, M. R. (1984). Teacher Efficacy: A construct validation. *Journal of Educational Psychology, 76,* 569 - 582.

Goddard, R. D. (2003). The Impact of School on Teacher Beliefs, Influence, and Student Achievement: The Role of Collective Efficacy Beliefs. In J. Raths & A. C. McAninch (Eds.), *Teacher Beliefs and Classromm Performance: The Impact of Teacher Education* (pp. 183-202). Greenwich: IAP.

Gomez, M. L., & Tabachnik, B. R. (1992). Telling teaching stories. *Teaching Education, 4*(2), 129-138.

Gomolla, M., & Radtke, F.-O. (2002). *Institutionelle Diskriminierung. Die Herstellung ethnischer Differenz in der Schule.* Opladen: Leske + Budrich.

Hamyln, D. (1967). *History of epistemology* New York: Macmillian.

Hauer-Cram, P., Sirin, S. R., & Stipek, D. (2003). When teachers' and parents' values differ; Teachers' ratings of academic competence in children from low-incom families. *Journal of Educational Psychology, 95*(4), 813-820.

Helmke, A. (1997). Individuelle Bedingungsfaktoren der Schulleistungen: Ergebnisse aus dem Scholastik-Projekt. In F. E. Weinert; & A. Helmke (Eds.), *Entwicklung im Grundschulalter* (pp. S. 203-216). Weinheim: Beltz.

Helmke, A., & Schrader, F. W. (2001). Jenseits von TIMSS: Messungen sprachlicher Kompetenzen, komplexe Längsschnittstudien und kulturvergleichense Analysen. Ergebnisse und Perspektiven ausgewählter Leistungsstudien. In F. E. Weinert (Ed.), *Leistungsmessung in Schulen* (pp. 237-250). Basel und Weinheim: Beltz-Verlag.

Jeuk, S. (2003). *Erste Schritte in der Zweisprache Deutsch. Eine empirische Untersuchung zum Zweispracherwerb türkischer Migrantenkinder in Kindertageseinrichtungen.* Freiburg im Breisgau.

Jungbluth, P. (1994). Lehrerwartungen und Ethnizität. Innerschulische Chancendeterminanten bei Migrantenschülern in den Niederlanden. *Zeitschrift für Pädagogik, 40*(1), 113-125.

Jussim, L., & Harber, K. D. (2005). Teacher expections and self-fulfilling prophecies: Knowns and unknowns, recolved and unresolved controversies. *Personality and Social Psychology Review, 9*(2), 131-155.

Kahmis, M. (2002). *Biografie und Profession.* Bad Heilbrunn.

Klieme, E., & Vietluf, S. (2009). Teaching practices, teachers' beliefs and attitudes. In OECD (Ed.), *Creating effective teaching and learning environments* (pp. 87-135). Paris: OECD.

Krauss, S., Neunbrand, M., Blum, W., Baumert, J., Brunner, M., Kunter, M., et al. (2008). Die Untersuchung des professionellen Wissens deutscher Mathematik-Lehrerinnen und -Lehrer im Rahmen der COAKTIV-Studie. *Journal für Mathematik-Didaktik, 29*(3/4), 223-258.

Kristen, C. (1999). Bildungsentscheidungen und Bildungsungleichheit - ein Überblick über den Forschungsstand, *Arbeitspapiere* (pp. S.255-276). Mannheim: Mannheimer Zentrum für Europäische Sozialfoschung.

Kuhn, Katja (unveröff. Diplomarbeit): Das Konstrukt der Lehrerselbstwirksamkeit als Subsystem der 'Teacher Beliefs' in kulturell heterogenen Schulklassen, Augsburg.

Kuntze, S., Heinze, A., & Reiss, K. (2008). Vorstellungen von Mathematiklehrkräften zum Umgang mit Fehlern im Unterrichtsgespräch. *Journal für Mathematik-Didaktik, 29*(3/4), 199-222.

Kuper, H., & Hartung, V. (2008). Überzeugungen zur Verwendung des Wissens aus Lernstandserhebungen. Eine professionstheoretische Analyse. *Zeitschrift für Erziehungswissenschaft, 10*(2), 214-229.

Leder, G., C., Pehkonen, E., & Törner, G. (Eds.). (2002). *Beliefs: A Hidden Variable in Mathematics Education?* Dordrecht, Boston, London: Kluwer Academic Publichers.
Lehmann, R., Peek, R., & Gänsfuß, R. (1997). *Aspekte der Lernausgangslage von Schülerinnen und Schülern der fünften Klassen an Hamburger Schulen. Bericht über die Untersuchung im September 1996.* Berlin.
Leuchter, M., Pauli, C., Reusser, K., & Lipowsky, F. (2006). Unterrichtsbezogene Überzeugungen und handlungsleitenden Kognitionen von Lehrpersonen. *Zeitschrift für Erziehungswissenschaft, 9*(4), 562-579.
Lipowsky, F., Thußbas, C., Klieme, E., Reusser, K., & Pauli, C. (2003). Professionelles Lehrerwissen, selbstbezogene Kognitionen und wahrgenommene Schulumwelt- Ergebnisse einer kulturvergleichenden Studie deutscher und schweizer Mathematiklehrkräfte. *Unterrichtswissenschaft, 31*(3), 207-237.
Maier, U. (2007). Leistungserwartungen von Grundschullehrkräften an zukünftige Sekundarschüler. *Empirische Pädagogik, 21*(1), 38-57.
Neal, L. I., McCray, A. D., Webb-Johnson, G., & Bridgest, S. T. (2003). The effects of African American movement styles on teachers' perceptions and reactions. *The Journal of Special Education, 37*(1), 49-57.
Nespor, J. (1987). The role of beliefs ind the practice of teaching. *Journal of Curriculum Studies, 19*, 317-328.
Op't Eynde, P., de Corte, E., & Verschaffel, L. (2002). Framing Student's Mathematics-Related Beliefs. A Quest for Conceptual Clarity and a Comprehensive Categorization. In G. Leder, C., E. Pehkonen & G. Törner (Eds.), *Beliefs: A Hidden Variable in Mathematics Education?* (pp. 13-37). Dordrecht u. a.: Kluwer Academic Publishers.
PISA-Konsortium, D. (Ed.). (2007). *PISA '06. Die Ergebnisse der dritten internationalen Vergleichsstudie*. Münster New York: Waxmann.
Podell, D. M., & Soodak, L. C. (1993). Teacher efficacy and bias in special education referrals. *Journal of Educational Research, 86*(4), 247-253.
Prenzel, M., & Deutsches PISA-Konsortium. (2004). *PISA 2003 : der Bildungsstand der Jugendlichen in Deutschland ; Ergebnisse des zweiten internationalen Vergleichs*. Münster [u.a.]: Waxmann.
Reich, H. H., & Roth, H. J. (2002). *Spracherwerb zweisprachig aufwachsender Kinder und Jugendlicher. Ein Überblick über den Stand der nationalen und internationalen Forschung.* . Hamburg: Behörde für Bildung und Sport.
Richardson, V. (1996). The Role of Attitudes and Beliefs in Learning to Teach. In V. Richardson (Ed.), *Handbook of Research on Teacher Education* (Vol. 2, pp. 102-119). New York: Macmilan
Rokeach, M. (1989). *Beliefs, attitudes and values : a theory of organization and change* (1. ed., 9. print ed.). San Francisco, Calif. [u.a.]: Jossey-Bass.
Roßbach, H.-G., & Tietze, W. (1996). *Schullaufbahnen in der Primarstufe. Eine empirische Untersuchung zu Integration und Segregation von Grundschülern.* Münster New York: Waxmann.
Schmitz, G. S. (1998). Entwicklung der Lehrerselbstwirksamkeitserwartungen von Lehrern. *Unterrichtswissenschaft, 26*(2), 140-171.
Schmitz, G. S., & Schwarzer, R. (2002). Individuelle und kollektive Selbstwirksamkeitserwartungen von Lehrern. *Zeitschrift für Pädagogik, 44. Beiheft*, 192-215.
Schnädelbach, H. (2008). *Erkenntnistheorie*. Hamburg: Junius.
Schofield, J. W. (Ed.). (2006). *Migrationshintergrund, Minderheitenzugehörigkeit und Bildungserfolg. Forschungsergebnisse der pädagogischen, Entwicklungs- und Sozialpsychologie*. Berlin.

Schrader, F. W., & Helmke, A. (2001). Alltägliche Leistungsbeurteilung durch Lehrer. In F. E. Weinert (Ed.), *Leistungsmessungen in Schulen* (pp. 45-58). Weinberg und Basel: Beltz-Verlagq.

Schröder, U. (2000). *Lernbehindertenpädagogik. Grundlagen und Perspektiven sonderpädagogischer Lernhilfe*. Stuttgart: Kolhammer.

Schulte, K., Bögeholz, S., & Watermann, R. (2008). Selbstwirksamkeitserwartungen und Pädagogisches Professionswissen im Verlauf des Lehramtsstudiums. *Zeitschrift für Erziehungswissenschaft, 11*(2), 268-287.

Schwarzer, R., & Jerusalem, M. (Eds.). (1999). *Skalen zur Erfassung von Lehrer- und Schülermerkmalen : Dokumentation der psychometrischen Verfahren im Rahmen der wissenschaftlichen Begleitung des Modellversuchs Selbstwirksame Schulen*. Berlin: R. Schwarzer.

Staub, F. (2004). Fachspezifisches Coaching. *Zeitschrift für Erziehungswissenschaft, Beiheft, 7*(3), 113-142.

Thompson, A. G. (1992). Teachers' Beliefs and Conceptions: A Synthesis of the Reasearch. In D. A. Grouws (Ed.), *Handbook of Research on Mathematics Teaching and Learning. A Project of the National Council of Teachers of Mathematics*. New York: Macmillan Publishing Company.

Trautmann, M. (2005). Überzeugungen vom Englischlernen. *Zeitschrift für Erziehungswissenschaft, 8*(1), 38-52.

Van der Hoeven-Van Doornum, A. A., Voeten, M. J., & Jungbluth, P. (1991). The effect of teacher expectations and aspiration levels on school careers of pupils in primary education. *Tijdschrift voor Onderwijsresearch, 15*(1), 23-41.

Wagner, U., v. Dick, R., & Petzel, T. u. a. (2001). Der Umgang von Lehrerinnen und Lehrern mit interkulturellen Konflikten. In G. Auernheimer, R. van Dick, T. Petzel & U. Wagner (Eds.), *Interkulturalität im Arbeitsfeld Schule. Empirische Untersuchungen über Lehrer und Schüler* (pp. 17-40). Opladen: Leske + Budrich.

Watermann, R., & Baumert, J. (2006). Entwicklung eines Strukturmodells zum Zusammenhang zwischen sozialer Herkunft und fachlichen und überfachlichen Kompetenzen: Befunde national und international vergleichender Analysen. In J. Baumert, P. Stanat & R. Watermann (Eds.), *Herkunftsbedingte Disparitäten im Bildungswesen. Vertiefende Analysen im Rahmen von PISA 2000* (pp. 61-94). Wiesbaden: VS Verlag für Sozialwissenschaften.

Weber, M. (2003). *Heterogenität im Schulalltag. Konstruktion ethnischer und geschlechtlicher Unterschiede*. Opladen: Leske, + Budrich.

Woolfolk Hoy, A., Davis, H., & J., P. S. (2006). Teacher Knowlege and Beliefs. In P. A. Alexander & P. H. Winne (Eds.), *Handbook of Educational Psychology* (Vol. 2, pp. 715-737). London: LEA.

Kulturelle Stereotype und ihre Bedeutung für das Verstehen in Schule und Unterricht

Josef Strasser

1 Einleitung: Heterogenität, Bildungserfolg und Stereotype

Die wachsende Heterogenität von Schülern und Schülerinnen ist ein immer wieder konstatierter Umstand, insbesondere die sprachlich-kulturelle Vielfalt hat an deutschen Schulen zugenommen (Bender-Szymanski, 2007). Bedenklich stimmt, dass pädagogisches Handeln diese Herausforderung offensichtlich nur unzureichend meistert. Denn was den Bildungserfolg von Kindern und Jugendlichen mit einem anderen als dem deutschen sprachlich-kulturellen Hintergrund angeht, so sind diese im Bildungssystem deutlich benachteiligt (vgl. u.a. Aktionsrat Bildung, 2007; Klemm, 2008; Stanat & Christensen, 2007, Walter & Taskinen, 2007).

Es ist zu vermuten, dass in den Bildungsprozessen von benachteiligten Kindern und Jugendlichen Stereotype wirksam werden (vgl. bspw. Allemann-Ghionda, 2006). Denn Interaktionen zwischen Angehörigen unterschiedlicher Gruppen sind generell vielfach durch stereotype Vorstellungen und Urteile geprägt. Stereotype formen Interaktionen, indem sie soziale Situationen und deren Folgen antizipieren helfen. Sie fungieren als Erwartungen darüber, wie Personen einer bestimmten Kategorie sein werden, was sie tun werden und was es in der Interaktion mit ihnen zu beachten gilt (Lippmann, 1922). Stereotype helfen Komplexität zu reduzieren und erfüllen somit zunächst eine handlungserleichternde Funktion. Gleichzeitig bergen sie die Gefahr, dass sie rigide und nicht mehr flexibel adaptierbar an neue Erfahrungen werden und somit Interaktionen zwischen Angehörigen unterschiedlicher Gruppen belasten (Ashmore & Del Boca, 1981).

Im pädagogischen Bereich können Handlungen und Urteile, die auf inflexiblen stereotypen Vorstellungen beruhen, weitreichende Konsequenzen haben und bspw. über den Verlauf von Bildungskarrieren bestimmen. Dies zeigt sich insbesondere an Übergängen im (deutschen) Bildungssystem: Diese Übergänge, die als Statuspassagen an eine hohe Selektivität gebunden sind, regeln neben individuellen Bildungsbiographien auch die gesellschaftliche Struktur. In Bezug darauf stimmt beispielsweise der Befund bedenklich, dass die Empfehlungen für den Übergang vom Primar- in den Sekundarbereich nur selten auf adäquaten Urteilen basieren. Derartige sachinadäquate Beurteilungen und Fehlzuweisungen sind insbesondere bei Migrantenkindern festzustellen (Aktionsrat Bildung, 2007). Für die Fehleinschätzungen werden neben mangelnder diagnostischer Kompetenz von Lehrern stereotype Vorstellungen und Vorurteile gegenüber Migrantenkindern verantwortlich gemacht. Wie sehr Lehrer in ihren Urteilen über Schüler und Schülerinnen durch kulturelle Stereotype geprägt sind, konnte Allemann-Ghionda (2006) in einer explorativen Studie aufzeigen.

Trotz der vielen, leider oft nur anekdotischen oder nebenbei registrierten Hinweise auf das Mitspielen von Stereotypen, ist deren Wirksamkeit in Bildungsprozessen bislang kaum thematisiert, geschweige denn systematisch untersucht worden. Dabei ist davon auszugehen, dass kulturelle Stereotype durch ihre Bedeutung für das gegenseitige Verstehen in Schule und Unterricht wirksam werden. Dies kann in mehrfacher Hinsicht geschehen: zum einen 1) können Stereotype das Verstehen der Lehrperson prägen, zum anderen kann auch 2) die Art und Weise, wie Schüler und Schülerinnen ihre Mitschüler oder ihre Lehrkräfte aus anderen kulturellen Kontexten verstehen, durch Stereotype beeinflusst sein. Des Weiteren 3) wirken sie sich auf das selbstbezogene Verstehen aus, d.h. darauf wie sich Kinder und Jugendliche selbst einschätzen. Und schließlich 4) kann das Verstehen der Unterrichtssituation, die Art und Weise wie eine Unterrichtssituation aufgefasst wird, stereotypen Sichtweisen folgen. Insgesamt sind eher a) direkte und b) indirekte Einflüsse von Stereotypen auf Bildungsprozesse und – ergebnisse zu unterscheiden. Direkte Wirkungen sind solche, die sich aus dem Umstand ergeben, dass man stereotypen Urteilen unmittelbar ausgesetzt ist. Trifft man nicht unmittelbar und explizit auf derartige Urteile, können Stereotype dennoch das Verstehen der eigenen Person und die Sicht auf Situationen prägen und somit indirekt wirken. Nachfolgend sollen zunächst vorliegende Befunde zum Zusammenhang zwischen negativen gruppenbezogenen Stereotypen und akademischer Leistung dargestellt werden. Dabei wird zwischen a) direkten und b) indirekten Einflüssen unterschieden. Da scheinbar insbesondere den indirekten Effekten eine besondere Bedeutung zukommt wird das Phänomen des *stereotype threat*, das nahelegt, dass Stereotype selbst (oder gerade) dann negativ wirken, wenn man ihnen nicht unmittelbar ausgesetzt ist, näher analysiert. Die bisherigen Befunde hierzu weisen auf eine wichtige Rolle dieses Phänomens für die Bildungsprozesse von Angehörigen stereotypisierter Gruppen hin. Denn sowohl ihr selbstbezogenes Verstehen wie auch ihre Sicht auf schulische Situationen scheinen durch gängige Stereotype beeinflusst. Da diese Erkenntnisse überwiegend in anderen Bildungssystemen erzielt wurden stellt sich die Frage nach der Übertragbarkeit der Befunde auf deutsche Verhältnisse. Abschließend werden

Forschungsdesiderate benannt und es wird erörtert, welchen Ertrag ein Einlösen der Desiderate verspricht.

2 Negative Stereotype und akademische Leistung

2.1 *Direkte Effekte*

In der Regel wird Stereotypen ein relativ direkter Einfluss unterstellt; negative Stereotype wirken demnach durch diskriminierendes Verhalten und diskriminierende Urteile gegenüber den vom Stereotyp betroffenen Personen. Dass Stereotype auch schulische bzw. leistungsrelevante Interaktionen direkt beeinflussen, wurde in unterschiedlicher Weise nachgewiesen. Befunde liegen für deren Einfluss auf das Verhalten und die Urteile von Lehrern, Eltern und Peers vor.

Arnold & Cross (2003) konnten bspw. zeigen, dass Lehrer mathematikbezogene Interessen und Kompetenzen ihrer Schüler nicht nach deren tatsächlicher Befähigung beurteilen, sondern nach gängigen Stereotypen bezüglich der ethnischen Gruppen, zu denen die jeweiligen Schüler gehörten (erwartungsgemäß wurden asiatische Kinder kompetenter als weiße, diese wiederum besser als afroamerikanische Schüler beurteilt). Stereotype wirken sich vor allem auf die Erwartungen von Lehrkräften aus, diese Erwartungen wiederum haben einen bedeutsamen Effekt auf die tatsächliche Leistung. Forschung zu Erwartungseffekten hat erbracht, dass diese Effekte besonders dann auftreten, wenn sie nicht durch experimentell variierte Zuschreibung entstehen, sondern auf der Zugehörigkeit der jeweiligen Schüler zu stereotypisierten Gruppen basieren (Jussim & Harber, 2005). Über die Rolle der Zugehörigkeit zu einer stigmatisierten Gruppe bei Erwartungseffekten ist noch nicht viel bekannt. Die wenigen Studien, die sich mit dieser Frage beschäftigten deuten jedoch darauf hin, dass Schüler stigmatisierter Gruppen bezüglich Self-fulfilling Prophecies besonders gefährdet sind (Jussim & Harber, 2005). In einer Studie von Jussim, Eccles und Madon (1996) zum Beispiel wurden sehr große Erwartungseffekte bei Schülerinnen und Schülern mit niedrigem sozioökonomischen Status und geringer Leistung und bei afroamerikanischen Schülerinnen und Schülern nachgewiesen. Das Geschlecht dagegen schien keine Rolle zu spielen.

Während es noch kaum Untersuchungen zu ethnischen Vorurteilen bei Lehrkräften gibt, fasst Lüddecke (2004) zusammen, dass die Mehrzahl der Untersuchungen zur Wahrnehmung bzw. Nichtwahrnehmung von ethnischen Unterschieden in der Klasse stereotypisierende und vorurteilsbehaftete Sichtweisen von Lehrpersonen auf Schülerinnen und Schüler mit Migrationshintergrund bestätigen (Auernheimer, Blumenthal, Stübig & Willmann, 1996; Gogolin & Kroon, 2000;

Auernheimer, Dick, Petzel & Wagner, 2001; Bender-Szymanski, 2001). Stereotype Sichtweisen von Lehrpersonen können deren Bildungsprognosen von Kindern mit Migrationshintergrund beeinflussen, was wiederum Einfluss auf die Übertrittsempfehlungen der Kinder haben kann. Allemann-Ghionda, Auernheimer, Grabbe und Krämer (2006) untersuchten in einer qualitativen Studie die Beurteilungskompetenz von Lehrpersonen in heterogenen Klassen und konnten ebenfalls stereotype Sichtweisen von Lehrpersonen nachweisen. Die untersuchten Lehrkräfte gaben außerdem an, dass sie Schwierigkeiten hätten, Migrantenkinder mit geringen Deutschkenntnissen zu beurteilen. Nichtsdestotrotz waren sie davon überzeugt, auch ohne systematische Kompetenzdiagnostik in der Lage zu sein, adäquate Bildungsprognosen für diese Kinder abgeben zu können (Allemann-Ghionda et al. 2006). Wichtigstes Kriterium zur Beurteilung der Bildungsperspektiven der Kinder war aus der Sicht der befragten Lehrpersonen das Elternhaus. Dieser Befund stimmt mit anderen Studien überein, die ebenfalls nachweisen konnten, dass Lehrkräfte für ihre Übertrittsempfehlungen auch die angenommene Bildungsorientierung der Eltern mit einbeziehen (z.B. Tiedemann & Billmann-Mahecha, 2007).

Darüber hinaus lassen sich für Lehrpersonen geschlechtsspezifische Erwartungen und Überzeugungen nachweisen. Dazu gehört z.B. die Überzeugung vieler Lehrkräfte, dass Jungen in den MNT-Fächern generell begabter seien als Mädchen (z.B. Heller, Finsterwald & Ziegler 2001).

Auch Eltern sind in ihrer Einschätzung der Fähigkeiten ihrer Kinder nicht frei von Stereotypen (z.B. Dresel, Schober & Ziegler, 2007; Tiedemann 2000). Tenenbaum & Leaper (2003) fanden bspw., dass Eltern mit ihren männlichen Kindern dann in kognitiv herausfordernder Weise interagierten, wenn es um naturwissenschaftliche, nicht aber wenn es um soziale und interpersonale Fragen ging. Die (durch Stereotype geprägten) Überzeugungen der Eltern scheinen vor allem das akademische Selbstkonzept ihrer Kinder zu formen und zwar stärker als das deren tatsächlichen Fähigkeiten, Interessen oder Leistungen tun (z.B. Frome & Eccles, 1998). Positive und negative Erwartungen der Eltern scheinen sich also indirekt auf Leistung und Motivation auszuwirken, indem sie das domänenspezifische Fähigkeitsselbstkonzept der Schülerinnen und Schüler beeinflussen. In Bezug auf die Domänen Physik und Mathematik beispielsweise konnten Dresel et al. (2007) nachweisen, dass stereotype Erwartungen der Eltern, Jungen seien in mathematisch-naturwissenschaftlichen Fächern begabter als Mädchen, sich positiv auf Motivation und schulisches Leistungshandeln der Jungen auswirken, wohingegen sich für Mädchen negative Wirkungen zeigen. Dieser negative Effekt auf die Leistung der Mädchen in naturwissenschaftlichen Fächern fällt sogar erkennbar größer aus als der positive Effekt auf Jungen.

Was den Einfluss von Peers betrifft, konnte festgestellt werden, dass Angehörige ethnischer Minderheiten einem wesentlich stärkeren Risiko als andere ausgesetzt sind, von ihren gleichaltrigen Mitschülern sozial ausgeschlossen zu werden (Kistner, Metzler, Gatlin & Risi, 1993). Wenngleich ethnische Vorurteile unter Jugendlichen nur wenig erforscht sind, lassen sich auch unter Jugendlichen stereotypisierende Sichtweisen und Vorurteile nachweisen, wobei insbesondere Schülerinnen und Schüler mit türkischem Migrationshintergrund betroffen sind (Lüddecke, 2005). Beispielsweise fand Mitulla (1997) in einer an Augsburger Hauptschulen durchgeführten Studie, dass die im Durchschnitt 11-jährigen Schülerinnen und Schülern ethnische Stereotype und die dazugehörigen negativen Zuschreibungen kannten.

Ohne dass sich diese Einstellungen in diskriminierendem Verhalten niederschlagen müssen, können sie Auswirkungen auf das soziale Verhalten der Jugendlichen untereinander haben. Deutsche Kinder sind hauptsächlich mit Kindern der eigenen Gruppe befreundet, während Kinder mit Migrationshintergrund – insbesondere türkische Kinder – häufiger bei ihren Mitschülern unbeliebt sind und am Rand der Klassengemeinschaft stehen (Mitulla, 1997; Oswald & Krappmann, 2006).

In einer Langzeituntersuchung mit Jugendlichen mit türkischem Migrationshintergrund, mit Aussiedler- und deutschen Jugendlichen zu Anerkennungsdefiziten waren 2001 noch knapp ein Viertel, 2003 nur 14% der befragten türkischen Jugendlichen der Meinung, ihre ethnische Gruppe werde in Deutschland anerkannt bzw. „fair und gerecht" behandelt (Möller & Heitmeyer, 2004). Dass dies weitreichende Folgen für die schulischen Leistungen von Kindern und Jugendlichen haben kann, ergibt sich aus dem Zusammenhang zwischen schulischem Erfolg und sozialer Eingebundenheit (Krappmann & Oswald, 1995).

Insgesamt kann man sagen, dass Stereotype über intellektuelle Fähigkeiten zunächst dadurch die Entwicklung individueller Kompetenz behindern, dass sie bei Lehrern, Eltern und Mitschülern ein unterschiedliches Verhalten hervorrufen. Allerdings können Stereotype selbst dann negativ wirken, wenn man Vorurteilen und einer unterschiedlichen Behandlung nicht unmittelbar ausgesetzt ist. Oft reicht das eigene Wissen um die in einer Gesellschaft bestehenden Stereotype aus, um sich selbst anders zu verhalten bzw. sich selbst zu beeinträchtigen.

2.2 Indirekte Effekte - Selbstbezogenes Verstehen und eigene Erwartungen

Stereotype können sich nicht nur durch interpersonale Erwartungen, also die Erwartungen anderer wie Lehrer, Mitschüler und Eltern auf die Schülerinnen auswirken, sie können auch die intrapersonalen Erwartungen der Schülerinnen beeinflussen und Auswirkungen auf deren eigene Begabungswahrnehmung und

ihr fähigkeitsbezogenes Selbstkonzept und damit auch auf ihre Leistung haben (vgl. Ludwig, 2007). Beispielsweise lassen sich in Schulfächern entsprechend geschlechtsbezogener Stereotype unterschiedliche Leistungserwartungen bei Männern und Frauen nachweisen. Jungen haben in der Regel in Fächern wie Mathematik, Chemie und Physik, Mädchen in sprachlichen Fächern eine höhere Leistungserwartung (z.B. Dresel, Heller, Schober & Ziegler, 2001).
Wenn Stereotype bspw. die Zugehörigkeit zu einer bestimmten Gruppe mit geringen intellektuellen Fähigkeiten assoziieren, können diese sich nachteilig auf die Leistungsfähigkeit von Angehörigen der jeweiligen Gruppen auswirken. Ausschlaggebend ist dabei die Angst davor, dass das eigene Handeln nur auf Basis der gruppenbezogenen Stereotype beurteilt wird (Steele & Aronson, 1995).

Die Befürchtung in einer bestimmten Situation durch die individuelle Leistung negative Stereotype über die eigene Gruppe zu bestätigen, wird als *Stereotype Threat* bezeichnet. Gerade diese Sorge kann dann die gefürchtete schlechte Leistung erst hervorbringen (Martens, Johns, Greenberg & Schimel, 2006).

Die ersten Studien zum Phänomen des Stereotype Threat wurden von Steele und Aronson (1995) durchgeführt. Ausgangspunkt war der oben dargestellte Umstand, dass bei standardisierten Tests in Schule und Hochschule Angehörige nichtasiatischer Minderheiten schlechter abschneiden, als man aufgrund ihrer vorhergehenden Leistung erwarten würde (Steele, Spencer & Aronson, 2002). Auch wenn man Hintergrundfaktoren (wie soziökonomischen Status oder Vorwissen) konstant hält, zeigen diese Gruppen geringere Leistungen als Weiße (Steele, 1997). Dieser Unterschied besteht noch nicht am Anfang der Schulzeit, wird aber im Laufe der Zeit immer größer (Osborne, 2001).
Steele und Aronson gingen von folgender Hypothese aus: Wenn die Befürchtung, ein negatives Stereotyp über die eigene Gruppe zu bestätigen, die Leistung in standardisierten Tests beeinträchtigt, sollte eine Reduktion der Befürchtung zu einem Anstieg der Leistung bei denjenigen führen, die als intellektuell unterlegen stereotypisiert werden. Auf diejenigen, die von dem Stereotyp nicht betroffen sind, sollte die Änderung der Umstände wenig oder gar keinen Einfluss haben (Aronson & Steele, 2005).
In einer ersten Studie legten Steele und Aronson (1995) weißen und afroamerikanischen College-StudentInnen schwierige Items des GRE (Graduate Record Examination, ein in den USA gebräuchlicher standardisierter Leistungstest) zu Englischer Literatur vor. In der Kontrollgruppe wurde die diagnostische Erfassung verbaler Intelligenz als Zweck des Tests ausgegeben. Dies sollte ausreichen, das Stereotyp über die intellektuelle Unterlegenheit von Afroamerikanern zu aktivieren und somit die Befürchtung auszulösen, ein negatives Stereotyp zu bestätigen. Der Experimentalgruppe wurde derselbe Test als Instrument beschrieben, mit dem Prozesse und Vorgehensweisen beim verbalen Problemlösen

und nicht die individuelle Begabung erhoben werden sollte. Steele und Aronson (1995) gingen davon aus, dass unter letzter Bedingung kein Stereotype Threat erzeugt würde und Afroamerikaner ebenso gut wie Weiße abschneiden würden. Genau das war der Fall. Wenn der Test als nichtdiagnostisch für sprachliche Fähigkeiten präsentiert wurde, entsprach die Leistung der Afroamerikaner der der Weißen. Wurde der Test als diagnostisch für die intellektuelle Begabung beschrieben, war die Leistung der Afroamerikaner signifikant schlechter als die der Weißen und ebenfalls signifikant schlechter als die der Afroamerikaner in der Bedingung ohne Stereotype Threat.

3 Merkmale und Wirkweisen von Stereotype Threat

3.1 *Allgemeine Kennzeichen von Stereotype Threat*

Steele, Spencer & Aronson (2002) definieren Stereotype Threat als die Empfindung bzw. Befürchtung nach einem Stereotyp über die eigene Gruppe beurteilt oder behandelt zu werden oder durch sein eigenes Handeln zur Bestätigung des Stereotyps beizutragen. Diese Befürchtung entsteht in Situationen, in denen negative Stereotype über Gruppen, denen man angehört, persönlich relevant werden. Diese Definition impliziert, dass Stereotype die jeweils Betroffenen schon beeinflussen können, bevor sie tatsächlich abwertende Urteile oder diskriminierendes Verhalten erfahren. Aus der Definition lassen sich einige allgemeine Merkmale von Stereotype Threat ableiten: 1) Stereotype Threat ist eine situative Bedrohung, deren Erleben nicht notwendigerweise von bestimmten Merkmalen oder Eigenschaften der betroffenen Person abhängen (wie etwa dem Glauben an das Stereotyp) sondern durch situative Hinweise hervorgerufen wird. 2) Stereotype Threat ist demnach eine relativ generelle Bedrohung, die je nach Situation von jedem erfahren werden kann. Denn jede Person gehört sozialen Gruppen an, und über jede Gruppe bestehen mehr oder weniger negative Stereotype. In Situationen, auf die das Stereotyp anwendbar ist, kann es zu einem Erfahren der Bedrohung kommen. 3) Die Art der Bedrohung resultiert aus dem spezifischen Inhalt des Stereotyps. Dieser bestimmt die Situationen, die betroffenen Personen und das fragliche Verhalten, auf die das jeweilige Stereotyp zutrifft. So erleben etwa Frauen, Jugendliche oder Senioren jeweils andere Arten von Bedrohung. Für erstere sagen bspw. gängige Stereotype Defizite in mathematisch-naturwissenschaftlichen Kompetenzen voraus, sodass die Bedrohung in solchen Situationen (z.B. Matheunterricht) akut wird, in denen diese Kompetenzen gefragt sind, nicht aber in anderen.

Die inhaltliche Bedeutung eines Stereotyps bestimmt auch das erlebte Ausmaß der Bedrohung (Steele et al., 2002), da Inhalte von Stereotypen unterschiedlich stark negativ besetzt sein können. Wie bedrohlich ein Stereotyp erfahren wird, hängt zudem von der Identifikation mit dem jeweils betroffenen Handlungsbereich ab (Cadinu, Maass, Frigerio, Impagliazzo & Latinotti, 2003). Personen, denen bspw. mathematische Fähigkeiten sehr wichtig sind bzw. denen es viel bedeutet als mathematisch befähigt wahrgenommen zu werden, sind für Stereotype Threat wesentlich anfälliger als andere (Aronson, Lustina, Good & Keough, 1999). Ebenso bestimmt die Identifikation mit der vom negativen Stereotyp betroffenen Gruppe das Ausmaß von Stereotype Threat. Frauen bspw. die sich stärker mit dem eigenen Geschlecht identifizieren, zeigen in Stereotype Threat-Experimenten einen deutlicheren Leistungsabfall als Frauen, die die Kategorie Geschlecht als weniger bedeutsam wahrnehmen. Steele et al. (2002) vermuten, dass das Ausmaß von Stereotype Threat außerdem von individuellen Bewältigungsstrategien abhängt. Stereotype sollten demnach als weniger bedrohlich wirken, wenn man sich eigener Fähigkeiten oder Fertigkeiten bewusst ist, die im Widerspruch zum Stereotyp stehen.

3.2 Moderation von Stereotype Threat-Effekten

Stereotype Threat resultiert aus einer spezifischen Person-Umwelt-Interaktion. Merkmale der Umwelt wie auch des Individuums bestimmen demzufolge die Stärke und den Einfluss von Stereotype Threat auf das individuelle Verhalten. Vorliegende Forschung hat einige situative und personbezogene Faktoren identifiziert. Zu den situativen Aspekten, die nachweislich einen moderierenden Einfluss auf das Erleben von Stereotype Threat haben, gehören die Aufgabenschwierigkeit, die wahrgenommene Diagnostizität eines Tests sowie die Bedeutung und Relevanz des jeweiligen Stereotyps. Auf Seiten der Person gibt es Belege vor allem für den Einfluss der Identifikation mit der Domäne, der Identifikation mit der Bezugsgruppe und des individuellen Stigmabewusstseins.
Je schwieriger ein Test ist, desto eher tritt Stereotype Threat auf. Dies konnten bspw. Spencer, Steele & Quinn (1999) für die Leistungen von Frauen und Männern in Mathematik nachweisen. Ein geschlechtsspezifischer Stereotyp Threat-Effekt zeigte sich bei den gleichbegabten Versuchspersonen nur dann, wenn sie einen schwierigen Test zu absolvieren hatten. Dabei ist es nicht die tatsächliche Schwierigkeit allein, sondern alle mit einem Test verbundene Anforderungen, die diesen schwierig oder „frustrierend" machen (z.B. Distraktoren wie Zeitdruck, hoher nicht-aufgabenbezogener *cognitive load*) und damit zu Stereotype Threat beitragen. Es ist anzunehmen, dass diese potentiell frustrierenden Aspekte dem jeweiligen Stereotyp Glaubwürdigkeit verleihen. D.h. für diejenigen, für die

ein leistungsbezogenes Stereotyp relevant ist, weisen frustrierende Aspekte in der Testsituation auf das Stereotyp hin und darauf, dass es tatsächlich zutreffen könnte. Die Sorge, dieses nicht zu bestätigen kann dann als zusätzlicher Distraktor wirken, der dann sehr wahrscheinlich die tatsächliche Leistung beeinträchtigt (Steele et al., 2002).

Je nachdem, ob man einem Test unterstellt, dass er eine bestimmte vom Stereotyp betroffene Begabung oder Fähigkeit diagnostiziert, tritt Stereotype Threat auf. Allein der Hinweis auf die Erfassung der jeweiligen Begabung scheint zu genügen, dass das Stereotyp und dessen Bedrohlichkeit ins Bewusstsein tritt. Anders verhält es sich, wenn Tests oder Aufgaben als nicht diagnostisch gekennzeichnet werden (Steele & Aronson, 1995). In zahlreichen Studien wurde dieser Umstand genutzt, um Stereotype Threat durch die vermeintliche Diagnostizität verwendeter Tests zu induzieren (z.b. Aronson & Salinas, 1997; Croizet & Claire, 1998; Davies, Spencer, Quinn & Gerhardstein, 2002). Zumindest wenn es um intellektuelle Leistungen geht, scheint die unterstellte Diagnostizität eine wichtige moderierende Variable für Stereotype Threat zu sein. Allerdings können Stereotype Threat-Effekte auch bei nicht-diagnostischen Aufgaben auftreten, wenn das Stereotyp durch andere situative Hinweisreize salient gemacht wird (Steele et al., 2002).

Wenn die Relevanz eines Stereotyps für einen bestimmten Leistungsbereich explizit oder implizit vermittelt wird, erzielen Angehörige stereotypisierter Gruppen in der jeweiligen Domäne schlechtere Leistungen als Mitglieder nicht-stereotypisierter Gruppen. Wenn der jeweilige Leistungsbereich so definiert wird, dass das negative Stereotyp als nicht relevant erscheint, kommt es zu keinen derartigen Leistungsdifferenzen (Aronson et al., 1999; Spencer et al., 1999). In der Untersuchung von Spencer et al. (1999) wurde bspw. ein schwieriger Mathematiktest entweder als prädiktiv oder nicht-prädiktiv für geschlechtspezifische Unterschiede eingeführt. Mit dieser Kennzeichnung wurde das mathematikbezogene Geschlechterstereotyp für diesen Test also relevant oder irrelevant gemacht. Entsprechend zeigten sich in der nicht-prädiktiven Bedingung keine geschlechtsspezifischen Unterschiede, während in der prädiktiven die erwarteten Differenzen auftraten. Wird hervorgehoben, dass es in Tests oder Aufgaben um veränderliche (erwerbbare) Fertigkeiten geht und nicht um begrenzt beeinflussbare Fähigkeit oder Begabung, kann dies begabungsbezogene Stereotype weniger bedeutsam für die eigene Performanz machen und dadurch deren Bedrohlichkeit vermindern.

Die Bedeutung der Identifikation mit dem jeweiligen Leistungsbereich und der Identifikation mit der stereotypisierten Gruppe wurde oben schon als wichtiger Moderator auf Seiten des Individuums erläutert. Als weiterer Faktor, der das Auftreten und Erleben von Stereotype Threat beeinflusst, wird das individuelle

„Stigma-Bewusstsein" diskutiert (Pinel, 1999; Steele et al., 2002). Damit ist die Erwartung gemeint, mit Stereotypen und der daraus folgenden Diskriminierung konfrontiert zu werden. Diese Erwartung hängt sowohl von der individuellen Wahrnehmung als auch dem Erleben diskriminierenden Verhaltens ab. Hierfür liegen noch kaum Befunde vor. Brown & Pinel (2003) wiesen bei amerikanischen Studentinnen mit hohem Stigma-Bewusstsein nach, dass sie unter Stereotype Threat in einem Mathematiktest schlechter abschnitten als unter der Kontrollbedingung (kein Stereotype Threat). Bei Frauen mit niedrigem Stigma-Bewusstsein hatte die experimentelle Manipulation von Stereotype Threat keine Auswirkung.

Eine weitere personale Moderatorvariable, die allerdings noch kaum untersucht ist, ist die jeweilige Kontrollüberzeugung. Personen, die Erfolge und Misserfolge sich selbst und ihren Eigenschaften zuschreiben, sind demnach anfälliger für Stereotype Threat als Personen, die external attribuieren. Dies ergab sich zumindest in einer Studie von Cadinu et al. (2005).

3.3 Zugrundeliegende Mechanismen

Die Effekte von Stereotype Threat v.a. auf intellektuelle Leistungen und einige der Variablen, die diesen Effekt moderieren, sind gut dokumentiert. Die Mechanismen und Prozesse jedoch, die diesen Effekten zugrunde liegen, sind noch nicht eindeutig identifiziert. Um die Beeinträchtigung der Leistung durch Stereotype Threat zu verhindern, ist es aber wichtig zu wissen, wie Stereotype Threat wirkt, bzw. wie diese Wirkung vermittelt wird.

Die bisher vorliegende Forschung fokussiert v.a. drei Faktoren, durch die Stereotype Threat nachteilig wirksam wird: so können 1) die durch die Bedrohung erlebten Ängste unmittelbar leistungsmindernd wirken. Dadurch dass das Vertrauen in die eigenen Fähigkeiten geschwächt wird kann es 2) zu niedrigeren Leistungserwartungen kommen. Schließlich können 3) kognitive Interferenzen eine Rolle spielen, denn die zusätzliche Verarbeitung von Sorgen und negativen Gedanken bindet kognitive Ressourcen (Schofield, 2006).

Den ersten Arbeiten zu Stereotype Threat (Steele & Aronson, 1995; Aronson & Steele, 2005; Steele et al., 2002; Steele, 1997) lag die Annahme zugrunde, dass das Gefühl ein negatives Stereotyp widerlegen zu müssen, unmittelbar Angst hervorruft, wodurch wiederum die Leistung beeinträchtigt wird. Vor dem Hintergrund des gut untersuchten Zusammenhangs zwischen Angst und Leistung, erscheint diese Annahme plausibel, denn es ist bekannt, dass Angst die Leistung bei leichten Aufgaben steigert, bei schweren hingegen beeinträchtigt. Da Stereotype Threat vorwiegend bei schwierigen Anforderungen auftritt, könnte Angst die vermittelnde Variable des Stereotype Threat-Effekts sein (Aronson & Steele,

2005; O'Brien & Crandall, 2003). Die Befundlage hierzu ist jedoch nicht eindeutig.
In einer Reihe von Studien, die den Einfluss von Angst untersuchten (Keller & Dauenheimer, 2003; Aronson et al., 1999; Chasteen et al., 2005; Schmader & Johns, 2003; Spencer et al., 1999), zeigten sich signifikante Effekte allenfalls vereinzelt.
In anderen Studien dagegen konnte Angst als zumindest beteiligter Mediator nachgewiesen werden (Spencer et al., 1999; Osborne, 2001). Osborne (2001) untersuchte drei von sechs getesteten Leistungsbereichen (Sprachschatz, Lesen und Mathematik) einer national repräsentativen Stichprobe von amerikanischen High School Schülern. Unmittelbar nach den Tests wurden die Teilnehmer befragt, wie sie sich während der Tests gefühlt hatten. Die nichtweißen Teilnehmenden hatten signifikant schlechtere Leistungen und berichteten über signifikant mehr Ängste als die weißen Teilnehmenden. Angst konnte als partieller Mediator nachgewiesen werden.
Die uneinheitliche Befundlage ist nicht zuletzt der methodischen Schwierigkeit, Angst während Leistungssituationen valide und reliabel zu erfassen, geschuldet. Es ist zudem möglich, dass Ängste, die die Leistung beeinflussen, den Betroffenen gar nicht bewusst sind und deshalb durch Selbstberichte nicht erfasst werden. Ein anderer Weg, den Mediator Angst zu identifizieren, ist es deshalb dessen biologische Indikatoren zu messen. Dies erfolgte in Studien von Blascovich, Spencer, Quinn und Steele (2001) und Osborne (2007). Hierbei zeigte sich bspw. bei afroamerikanischen Probanden in der Stereotype Threat Bedingung ein signifikanter Anstieg des Blutdrucks. Die auf biologischen Reaktionen basierenden Studien stützen die Annahme, dass Angst ein zugrundeliegender Faktor des Stereotype Threat-Effekts ist.
Weniger Studien liegen dazu vor, ob Stereotype Threat durch das Herabsetzen der eigenen Leistungserwartungen wirkt. Cadinu, Maas, Frigerio, Impagliazzo und Latinotti (2003) gingen dieser Frage in zwei Studien nach. Sie konnten sowohl bei Frauen bei einem Test zu logischem und mathematischen Denken als auch bei Afroamerikanern bei einem Test zu verbalen Fähigkeiten nachweisen, dass die Teilnehmer, wenn ihnen das negative Stereotyp gegenüber der eigenen stigmatisierten Gruppe bewusst gemacht wurde, geringere Leistungserwartungen hatten, welche die tatsächlich schlechteren Testleistungen vorhersagten.
Eine weitere mögliche Erklärung, warum Stereotype Threat sich nachteilig auf die Leistungen der betroffenen Personen auswirkt, sind kognitive Interferenzen. Um sich auf eine Aufgabe konzentrieren zu können, müssen irrelevante Gedanken unterdrückt werden. Durch Stereotype Threat werden Gedanken und Sorgen aktiviert, dass man das negative Stereotyp bestätigen könnte. Um diese Gedanken und Sorgen zu unterdrücken, müssen kognitive Ressourcen aufgewandt

werden, die dann nicht mehr zur Aufgabenbearbeitung zur Verfügung stehen. Schmader und Johns (2003) fanden in mehreren Experimenten Belege dafür, dass Stereotype Threat die Leistung in anspruchsvollen Tests beeinträchtigt, indem es die Kapazität des individuellen Arbeitsgedächtnisses reduziert. Es gilt zu beachten, dass auch mehrere Mechanismen gleichzeitig beteiligt sein können oder dass je nach Bedingungen verschiedene Mechanismen wirken, z.B. könnte bei einem kurzen Test ein anderer Mediator eine Rolle spielen als bei einem langen Test (Steele & Aronson, 1995).

3.4 Zur Generalisierbarkeit von Stereotype Threat

Der Großteil der Untersuchungen zu Stereotype Threat-Effekten wurde mit Personen afroamerikanischer Herkunft durchgeführt (Aronson & Steele, 2005). Inzwischen liegen auch viele Studien zu Frauen und dem Stereotyp, dass sie schlechtere mathematische Fähigkeiten als Männer haben (Cadinu et al., 2003; Brown & Josephs, 1999; Sekaquaptewa & Thompson, 2003; Quinn & Spencer, 2001; Martens et al., 2006; McIntyre, Paulson & Lord, 2003; Osborne, 2007) vor. Einzelne Untersuchungen dokumentieren die Wirkung von Stereotype Threat bei Mitgliedern verschiedener Gruppen in sehr verschiedenen Domänen: bei Senioren im Bereich der Gedächtnisleistung (Hess, Auman, Colcombe & Rahhal, 2003), bei Personen mit niedrigem sozioökonomischen Status bezogen auf deren sprachliche Fähigkeiten (Croizet & Dutrevis, 2004) oder bei Männern im Bereich der emotionalen Kompetenz (Leyens, Desert, Croizet & Darcis, 2000).

Es war sogar möglich Stereotype Threat bei einer so wenig von negativen Stereotypen betroffenen Gruppe wie weißen Akademikern zu erzeugen (Aronson et al., 1999). Indem bei weißen Studenten einer Eliteuniversität mit herausragender mathematischer Begabung das positive Stereotyp der asiatischen mathematischen Überlegenheit aktiviert wurde, konnte Stereotype Threat erzeugt werden, sodass sie schlechter abschnitten als die Kontrollgruppe, in der kein Vergleich mit asiatischen Personen induziert wurde.

Stereotype Threat scheint demnach ein verbreitetes Phänomen sein, von dem potentiell jeder betroffen sein kann. Festzuhalten ist allerdings auch, dass die Effekte von Stereotype Threat überwiegend bei afroamerikanischen Studierenden in akademischen Testsituationen unter Laborbedingungen untersucht wurden. Eine Generalisierung auf bildungsrelevante Alltagssituationen wurde noch nicht geleistet. In einer Studie konnte zwar gezeigt werden, dass auch im Feld bei „wirklichen" Testsituationen mit realen Folgen für die Probanden Stereotype Threat induziert werden konnte (Stricker, 1998), diese erlaubt aber noch keine Auskunft dazu, ob und wie Stereotype Threat im Unterrichtsalltag wirkt.

Es gibt Hinweise darauf, dass schon Kinder mit Ethnizität assoziierte Stereotype kennen (Katz & Kofkin, 1997; McKown & Weinstein, 2003) und dass die nachteiligen Wirkungen von Stereotype Threat, wie sie sich bei den Leistungen älterer Schüler und Studenten zeigen, schon bei Kindern ab etwa einem Alter von fünf Jahren zu erwarten sind. Wie stark Individuen durch Stereotype beeinflusst werden, wird durch ihre Kenntnis der jeweiligen Stereotype und das Ausmaß ihrer Identifikation mit dem betroffenen Themen- und Bildungsbereich sowie mit der jeweiligen Gruppe bestimmt.

4 Bedrohung durch Stereotype in Deutschland

Ist Stereotype Threat auch bei Migranten und Migrantinnen in Deutschland zu erwarten? Die vorliegenden Befunde zu Stereotype Threat bei unterschiedlichen ethnischen Minderheiten in den USA legen dies nahe. Es ist davon auszugehen, dass auch in Deutschland Stereotype gegenüber bestimmten Migrantengruppen bestehen. Allerdings kann hierzu nur auf wenig systematische Evidenz verwiesen werden. Denn meist gibt es hierzu nur kleinere Studien, die mit methodischen Mängeln behaftet sind (Schofield, 2006). Diese liefern dennoch Indizien, dass Migranten und Migrantinnen insbesondere solche mit türkischer Herkunft negative Stereotype entgegengebracht werden. Diese beziehen sich auch auf intellektuelle Fähigkeiten. In der Untersuchung von Kahraman und Knoblich (2000) zeigte sich etwa, dass deutsche Teilnehmer Türken häufig als „primitiv" und „inkompetent" beschrieben. Schon Mummendey, Bolten und Isermann-Gerke konnten 1982 das Stereotyp des „ungebildeten" Türken belegen. Es steht zu vermuten, dass die öffentliche Aufmerksamkeit, die nicht zuletzt den Ergebnissen von PISA geschenkt wurde, nicht dazu beigetragen hat, dieses Stereotyp abzubauen.

Betrachtet man die vorliegende Forschung zu Stereotype Threat, dann ist dieses Phänomen v.a. bei Migrantengruppen zu erwarten, die als Minderheit im öffentlichen Bewusstsein deutlich sichtbar sind, über die Stereotype bestehen und die sich in ihrer kulturellen Prägung deutlich von der der Majorität abheben. Dies trifft in Deutschland insbesondere auf türkischstämmige Migranten zu. Die Türkei ist das häufigste Herkunftsland deutscher Schüler und Schülerinnen mit Migrationshintergrund (Stanat & Christensen, 2007) und diese unterscheiden sich in ihrem Phänotyp, ihrer Ethnizität und Religion deutlich von der einheimischen Mehrheit. Kann diese Differenz schon durch die damit vermittelte Erfahrung, anders als andere zu sein, sich auf die eigene Leistung auswirken (Thompson & Sekaquaptewa, 2002) legt sie auch die Grundlage für die Entwicklung von Stigma-Bewusstsein, einer Voraussetzung für das Erleben von Stereotype Threat. Da türkischstämmige Schüler und Schülerinnen durch ihre kulturelle Prägung und ihre unterschiedlichen phänotypischen Merkmale wie Hautfarbe und Gesichtszüge leicht als „anders" wahrgenommen werden können, können sie bzw. ihre soziale Gruppe das Ziel von Stigmatisierung sein. Als Angehörige einer stigmatisierten Gruppe sind sie auch im schulischen Kontext von vornherein im Nachteil, da auch hier Interaktionen durch die Stigmatisierung bestimmt werden. Damit können Erfahrungen negativer Stereotypisierung einhergehen, wie sie etwa die von Terkessidis (2004) befragten Studierenden im Rückblick auf ihre Schulzeit berichten. (In unseren eigenen Vorarbeiten fanden sich ebenfalls Hinweise auf derartige Prozesse). Gleichzeitig ist festzustellen, dass türkischstämmige Schüler und Schülerinnen in verschiedenen Leistungstests besonders schlecht abschneiden. In PISA 2003 waren sie von den drei größten Schülergruppen mit Migrationshintergrund diejenigen, die die schlechtesten Leistungen auf der Mathematikskala erzielten (Stanat & Christensen, 2007). Passend zum vermuteten Zusammenhang zwischen deutlicher kultureller Differenz, damit einhergehender Stereotypisierung und Leistungsbeeinträchtigung ist, dass diese Leistungsunterschiede auch in allen anderen westeuropäischen Ländern auftreten, in denen Schüler mit türkischer Herkunft stark vertreten sind. „Die Leistungsdifferenz zwischen türkischstämmigen Schülerinnen und Schülern und solchen aus einheimischen Familien ist besonders groß und reicht von 92 Punkten in Österreich bis zu 125 Punkten in Belgien" (Stanat & Christensen, 2007, S.60).

Vor diesem Hintergrund erscheint die Annahme, dass insbesondere bei türkischstämmigen Lernern Stereotype Threat-Effekte eine Rolle spielen, plausibel. Allerdings sind die vornehmlich an afroamerikanischen Lernern in den USA gewonnenen Erkenntnisse nicht ohne weiteres auf deutsche Verhältnisse übertragbar. Denn es bestehen ebenso in der jeweiligen Kultur und dem Bildungssystem unterschiedlicher Länder Differenzen wie sich auch Gruppen von Zuwanderern bzw. Minoritäten unterscheiden. Diese länder- wie gruppenspezifischen Unterschiede können zu unterschiedlichen Erfahrungen und Erfolgen gerade auch im Bildungsbereich führen. Ogbu (1991, 2003) verweist auf einen bedeutsamen Unterschied zwischen Minoritäten, der hinsichtlich der Motivation bzw. Freiwilligkeit, in ein neues Land zu kommen, besteht. Er zeigt, dass Erkenntnisse zu Angehörigen „unfreiwilliger Minderheiten", wie sie etwa die in US-amerikanischen Studien untersuchten Afroamerikaner darstellen, sich nicht pauschal auf „freiwillige" MigrantInnen generalisieren lassen. Durch Eroberung oder Versklavung in ein Land gezwungene Gruppen bilden stärker eine eigene Identität aus, die gerade auch ein Gegenbild zur Kultur der Mehrheit darstellt. Diese Identität kann langfristig gewonnene und tradierte Überzeugungen beinhalten, wie z.B. dass Teilhabe an der Gesellschaft nicht geschätzt wird und Bildungserfolg sich nicht auszahlt. Erfolg im von der Majorität geprägten Bildungssystem kann sogar als Gefahr für die eigene kulturelle Identität gesehen werden. Türkische Migranten kamen „freiwillig" aus vorwiegend ökonomischen Gründen nach Deutschland. Sie sind erst seit relativ kurzer Zeit hier und blicken auf keine Geschichte der offenen Verfolgung und Unterdrückung zurück, Prozesse der Stigmatisierung und Benachteiligung sind weniger offensichtlich. Insofern bestehen bedeutsame Unterschiede zu der in der Stereotype Threat Forschung überwiegend fokussierten Gruppe der Afroamerikaner. Hermans (2004) zeigt allerdings, dass auch bei freiwilligen Minoritäten sich Entwicklungen ergeben können, die sich auf den Schulerfolg auswirken und durchaus mit den bei unfreiwilligen Minderheiten wirksamen Faktoren verglichen werden können. Dies ist etwa der Fall, wenn Migranten die Erfahrung machen, dass sie geringere Chancen auf Bildungserfolg und die damit verbundenen Vorteile haben als Einheimische oder wenn sie ihre eigene Identität aufs Spiel setzen.

Zwei weitere Gründe sprechen dagegen, dass man die Ergebnisse der Stereotype Threat-Forschung ohne weiteres auf die Verhältnisse im deutschen Schulsystem übertragen kann. Der eine betrifft das Alter der bisher untersuchten Probanden. Es handelt sich dabei überwiegend um junge Erwachsene, die am Anfang ihres Studiums stehen. Es gibt noch kaum Untersuchungen bei Schülern und Schülerinnen. Effekte, die bei einer Altersgruppe auftreten, sind jedoch nicht automatisch auch bei anderen Altersgruppen zu erwarten. Des weiteren erfolgt in beiden Ländern (Deutschland und USA) die Zuweisung zu unterschiedlichen Schulformen und Bildungschancen zu unterschiedlichen Zeitpunkten. In Deutschland ist eine frühe Selektivität gegeben mit einer leistungsabhängigen Aufteilung der Schüler auf unterschiedliche Schulformen. Dies ist in den USA nicht der Fall. Tritt Stereotype schon in relativ frühem Alter auf, so hätte dies aufgrund der frühen Selektion gegebenenfalls stärkere längerfristig wirkende Folgen. Ebenso ist denkbar, dass derartige Effekte auf unterschiedlichen Schulformen unterschiedlich stark ausgeprägt sind.

Trotzdem also Stereotype Threat Effekte bei türkischen Schülerinnen und Schülern plausibel erscheinen, kann man deren Existenz aufgrund der Forschungslage nicht einfach als gegeben annehmen. Es gilt deswegen v. a. zu klären, ob, in welchem Alter und auf welcher Schulform sie in welchem Ausmaß auftreten.

5 Anknüpfungspunkte künftiger Forschung

5.1 *Forschungsdefizite*

Bei der Frage nach der Übertragbarkeit (und der Erwartbarkeit) von Stereotype Threat Effekten auf deutsche Verhältnisse, wurde eine Reihe von Forschungsdefiziten evident. Es ist demnach ungeklärt, ob, in welchem Ausmaß, unter welchen Bedingungen und in welchen Bereichen Stereotype Threat-Effekte bei Angehörigen deutscher Migrantengruppen auftreten und wodurch diese vermittelt werden (Ängste, niedrige Leistungserwartungen, Selbstkonzept etc.). Damit hängt unmittelbar ein anderes Defizit zusammen, denn nur ein Teil der potentiellen Moderator- und Mediatorvariablen ist gut erforscht. Wenig weiß man bspw. zur Rolle des Stigma-Bewusstseins (Brown & Pinel, 2003). Einzelne Moderatorvariablen wurden oft nur punktuell erhoben. Es gibt noch kein Instrument, mit dem die wichtigsten Drittvariablen systematisch erhoben werden können. Um interne Validität zu gewährleisten, ist es jedoch angebracht, diese Variablen möglichst umfassend zu kontrollieren. (Sofern sie nicht zur genaueren Abschätzung ihres Einflusses als Faktor ins experimentelle Design einbezogen werden können). Eine möglichst umfassende Erhebung von Drittvariablen ist insbesondere bei der Untersuchung von Gruppen angeraten, zu denen es noch kaum diesbezügliche Forschung gibt bzw. bei denen je nach Kontext unterschiedliche Mediatoren wirksam werden können. Dies ist bei türkischstämmigen Schülern und Schülerinnen der Fall. Hier sind eine Reihe von moderierenden und vermittelnden Variablen vorstellbar, die in ihrer Bedeutung und Wirksamkeit bspw. mit der besuchten Schulform variieren: z.B. Ausmaß der Dömänenidentifikation und der Bildungsambitionen, Leistungserwartungen, akademisches Selbstkonzept, Stigma-Bewusstsein oder Wissen um Stereotype.

Da Stereotype Threat noch nicht bei deutschen Schülern und Schülerinnen untersucht wurde, weiß man wenig über dessen differenzielle Bedeutung und Wirksamkeit in den unterschiedlichen deutschen Schulformen. Geht man von den vorliegenden Ergebnissen zu Stereotype Threat aus, so sind allerdings durchaus Unterschiede in der Wirksamkeit von Stereotype Threat zwischen unterschiedlichen Schularten zu erwarten. Von Stereotype Threat sind v.a. Personen betroffen, denen Bildung wichtig ist und die sich mit der jeweiligen Leistungsdomäne identifizieren. Demzufolge müssten insbesondere Schüler und Schülerinnen auf Gymnasien für Stereotype Threat anfällig sein. Für Hauptschüler und -schülerinnen sind demgegenüber eine geringere Bildungsmotivation und verminderte Bildungsanstrengungen als schon eingetretene langfristige Folge von Stereotype Threat zu erwarten (Aronson & Steele, 2005), denn der Nichtbesuch einer weiterführenden Schule kann als frühzeitige und fortdauernde Bestätigung des Stereotyps vom „dummen Türken" (Kahraman & Knoblich, 2000) gesehen werden. Wegen der verminderten Identifikation mit dem Bildungsbereich wären demzufolge bei einem einmaligen Test keine Stereotype Threat-Effekte zu erwarten oder nur bei denjenigen Hauptschülern und -schülerinnen, die ihre Bildungsambitionen aufrechterhalten. Drittvariablen wie dem Stigma-Bewusstsein,

der Gruppenzugehörigkeit oder dem Selbstkonzept kommt hier eine entsprechende andere Bedeutung zu.
Bislang erfolgte noch keine systematische Erfassung der situativen Hinweisreize (und deren möglichen Konfigurationen), die direkt oder indirekt eine Bedrohung der eigenen sozialen Identität nahelegen (Steele et al., 2002). Da in schulischen Leistungssituationen „im Feld" Stereotype Threat wenn, dann über solche Hinweisreize induziert wird und nicht über experimentelle Manipulation, ist es erforderlich, diesen auf die Spur zu kommen. Nur so lässt sich die ökologische Validität des Stereotype Threat Phänomens, dessen Gültigkeit in alltäglichen Schulsituationen festmachen.
Wenig ist auch über das subjektive Erleben von Stereotype Threat bekannt, es liegen nur einige Studien zu Ängsten und Befürchtungen unmittelbar in oder nach der Leistungssituation vor. Diese sind allerdings wie dargestellt mit methodischen Problemen verbunden. Unklar ist, ob und wie die Bedrohung durch Stereotype auch im Bewusstsein von Lernenden repräsentiert ist.
Die Bedrohung durch Stereotype wurde fast ausschließlich im Labor untersucht. Damit bleibt die Frage offen, ob und wie Stereotype Threat in tatsächlichen schulischen Leistungssituationen auftritt. Abgesehen von den nicht zu unterschätzenden ethischen Implikationen (wenn es um Leistungen geht, die tatsächlich bedeutsam für den weiteren Bildungs- und Lebensweg sind), ist eine Untersuchung im Feld mit zahlreichen Schwierigkeiten verbunden, Stereotype Threat valide und reliabel im Feld zu erfassen (z.B. allein schon schwierig, die Bedeutung von Leistungstests im schulischen Setting zu variieren). Allerdings lassen sich aus dem Design vorliegender Studien und aus der Erfassung des tatsächlichen Erlebens von Stereotype Threat Anhaltspunkte ableiten, die dann Kriterien für die gezielte Beobachtung von Unterricht liefern.
Noch gibt es keine Forschung dazu, ob und wie Stereotype Threat durch andere Personen in alltäglichen, insbesondere aber in schulischen Situationen aktiviert werden kann. Insbesondere ist ungeklärt, welche Rolle der Lehrperson und ihrem kommunikativen Verhalten zukommt. Über die Einstellung, die Lehrer und Lehrerinnen ihren Schülern mit Migrationshintergrund entgegenbringen, liegen keine repräsentativen Studien vor. Allerdings gibt es, aus Studien zu Wahrnehmung bzw. Nicht-Wahrnehmung ethnischer Unterschiede in der Klasse zahlreiche Hinweise: in der Mehrzahl der Untersuchungen werden stereotypisierende und vorurteilsbehaftete Sichtweisen von Lehrerinnen und Lehrern auf Schülerinnen und Schüler mit Migrationshintergrund bestätigt (vgl. etwa Auernheimer, Blumenthal, Stübig & Willmann, 1996; Petzel, Wagner, Dick, Stellmacher & Lenke, 1997; Heintze, Helbig, Jungbluth, Kienast & Marburger, 1997; Gogolin & Kroon, 2000; Auernheimer, Dick, Petzel & Wagner, 2001; Bender-Szymanski, 2001). Wichtige Anhaltspunkte zur Wirksamkeit von und zum Umgang mit

Stereotype Threat ergaben sich in einer explorativen Interviewstudie von Strasser und Hirschauer (2009). Studierende mit türkischem Hintergrund sollten im Rückblick auf ihre schulische Karriere die Rolle von Stereotypen erkunden. Die meisten Befragten waren sich gesellschaftlicher Stereotype bewusst, verneinten zwar eine direkte Diskriminierung, konnten aber zugleich eine Reihe von spezifischen Episoden schildern, in denen Stereotype zum Tragen kamen. Diese Episoden fanden häufig an Übergängen im Schulsystem statt. Besonders prägend war dabei das Gefühl nicht gemäß der eigenen individuellen Begabung beurteilt zu werden, sondern gemäß der stereotypen Erwartungen und von Lehrpersonen antizipierten Schwierigkeiten, mit denen in deren Augen Migrantenkinder in besonderer Weise zu rechnen haben. Eine erfolgreiche Bewältigung dieser Situation gelang denjenigen, die negative selbstbezogene Informationen ignorierten, aktiv ihre Rolle verhandelten, auf starke elterliche Unterstützung und / oder Unterstützung durch Lehrkräfte und deutsche Freunde bauen konnten und sich ein positives Selbstkonzept bewahrten. Die bisherigen Befunde legen nahe, dass im schulischen Kontext Stereotype direkt, v.a. aber auch indirekt wirksam werden, die konkreten Effekte jeweils von den spezifischen Kontextbedingungen wie auch den individuellen Ressourcen und Strategien abhängig sind.

Auch wenn für das Erleben von Stereotype Threat das eigenen Wissen um in der Gesellschaft vorhandene Stereotype ausreicht und dieser Effekt damit nicht unmittelbar vom Handeln oder der Einstellung der Lehrperson abhängt, gilt es doch deren Rolle und Einflussmöglichkeiten zu klären. Denn unklar ist nicht nur, ob und inwiefern Vorurteile seitens der Lehrer und Lehrerinnen bezüglich der Leistungsfähigkeit bestimmter Migrantengruppen eine Rolle spielen, sondern auch wodurch Lehrpersonen (möglicherweise unbewusst und entgegen der eigenen Einstellung) Stereotype Threat in ihrem unterrichtlichem Handeln aktivieren. Eine Antwort auf diese Fragen ist insofern bedeutsam als sich dadurch Ansatzpunkte für pädagogische Interventionen ergeben.

Der Großteil der vorliegenden Forschung wurde an Studierenden durchgeführt, mit (insbesondere jüngeren) Schülern liegen weitaus weniger Studien vor. Da mangelnder Bildungserfolg von Migranten und Migrantinnen v. a. auch ein schulisches Problem ist, liegt hier vermehrter Forschungsbedarf.

5.2 Was verspricht eine systematische Erforschung von Stereotype Threat bei deutschen Kindern und Jugendlichen mit Migrationshintergrund?

Sollte sich zeigen, dass Effekte von Stereotype Threat bei Kindern und Jugendlichen mit Migrationshintergrund in Deutschland auftreten, so ist das in mehrfacher Hinsicht von Bedeutung: Zunächst wäre damit ein Faktor identifiziert, der zur Erklärung des mangelnden Bildungserfolgs von Migranten und Migrantinnen

jenseits von sprachlichen Defiziten, mangelnden Kenntnissen und Fertigkeiten beiträgt. Denn so wichtig Beherrschung der Unterrichtssprache und Vorwissen für erfolgreiche Bildungskarrieren sind, so wenig darf man ob deren Akzentuierung andere Faktoren übersehen. Leider geht aber mit der entsprechenden Interpretation der Ergebnisse der Schulleistungsstudien oft eine einseitig kulturalistische Sichtweise einher (Karakaşoğlu, 2009) und es wird häufig weder Bezug genommen auf die Diskussion um den „monolingualen Habitus" (Krüger-Potratz, 2005; Gogolin, 1994) der deutschen Schule noch auf Befunde zur „institutionellen Diskriminierung" (Gomolla & Radtke, 2007) oder zu Erkenntnissen zu Einstellungen von Lehrenden gegenüber Migrantenkindern und ihrem Einfluss auf deren Bildungskarrieren (Bender-Szymanski, 2002; Weber, 2002; Weißköppel, 2001). Ohne dass die entsprechenden Konzepte angemessen erhoben worden wären, wird mit Begriffen wie „Nähe zur deutschen Kultur" (Deutsches PISA-Konsortium, 2002, S.289) operiert und damit auf kulturelle Defizite als Erklärung für Bildungsbenachteiligung verwiesen (Karakaşoğlu, 2009). Die Beschäftigung mit Phänomenen wie Stereotype Threat lenkt den Blick dahingegen auf Aspekte, die selbst dann wirken, wenn keine kognitiven oder sprachlichen Defizite bestehen. Diese Perspektive kann die vorherrschende individuenzentrierte Interpretation ergänzen, und soziale Prozesse in den Fokus rücken, die ob ihres unterschwelligen Charakters leicht übersehen werden können. Das situativ und interaktiv bedingte Auftreten von Stereotype Threat legt zudem nahe, dass das Versagen nicht einseitig bei einzelnen Akteuren im Bildungsprozess zu verorten ist. Neben dieser ergänzenden und erweiterten Blickrichtung ließe sich im Hinblick auf den mangelnden Bildungserfolg mit Stereotype Threat insbesondere der (paradoxe) Befund erklären, dass Schülerinnen und Schüler mit Migrationshintergrund eine starke Lernbereitschaft aufweisen, lernmotiviert und der Schule gegenüber positiv eingestellt sind, aber deutlich schwächere Leistungsergebnisse erzielen als Schüler aus einheimischen Familien (Stanat & Christensen, 2006). Denn von der Bedrohung durch Stereotype sind vor allem diejenigen betroffen, die sich mit der jeweiligen Domäne identifizieren und hochmotiviert sind, in dieser kompetent zu sein.
Berücksichtigt man Aspekte wie die vielfältige Wirksamkeit kultureller Stereotype vermeidet man eine Überbetonung individueller Faktoren, die letztlich wiederum zu negativen Selbstzuschreibungen beitragen kann. Auch ist zu bezweifeln, dass die gezielte Förderung z.B. sprachlicher und anderer individueller Kompetenzen tatsächlich alle leistungsmindernden Aspekte „außer Gefecht setzt". Die Erfahrung von Ländern, die seit langem der Benachteiligung von Minderheiten entgegenzuwirken suchen, stimmt pessimistisch. Überdies ist festzuhalten, dass in vielen Ländern bei ethnischen und/oder kulturellen Minderheiten unabhängig von ihrem Migrationsstatus und ihren Kenntnissen der Verkehrs-

sprache bildungsbezogene Differenzen auftreten. Besonders gut dokumentiert ist dies für Minderheiten in den USA; dort schneiden Schüler und Schülerinnen afroamerikanischer, indianischer oder lateinamerikanischer Herkunft in ihren schulischen Leistungen bei gleicher Begabung und gleichem Vorwissen regelmäßig schlechter ab als Angehörige der „Mehrheit" (Bowen & Bok, 1998; Ramist, Lewis & McCamley-Jenkins, 1994).

Sich der Bedeutung kultureller Stereotype für das Verstehen in Schule und Unterricht verstärkt zu widmen, heißt auch den Umstand kultureller Heterogenität an den Schulen anzuerkennen. Denn mehr und mehr Menschen mit unterschiedlichen Hintergründen und Traditionen kommen hier mit einander in Berührung. Das Aufwachsen in unterschiedlichen kulturellen Kontexten, in Kontakt mit unterschiedlichen Herkünften und Sprachen wird ein Stück weit zum Normalfall. Die Sozialisation von Kindern und Jugendlichen, deren Hineinwachsen in gegenwärtige gesellschaftliche Bezüge, wird durch diesen Aspekt der Interkulturalität geprägt (Herwartz-Emden & Strasser, in Druck). Dadurch ist pädagogische Professionalität herausgefordert und es gilt angemessen zu erkennen, wie und auf welchen Wegen schulisches Lernen und Verstehen durch stereotype Urteile und Sichtweisen beeinflusst werden.

6   Literatur

Aktionsrat Bildung (2007). Bildungsgerechtigkeit. Jahresgutachten 2007. Wiesbaden: VS. Allemann-Ghionda, C. (2006). Klasse, Gender oder Ethnie? Zum Bildungserfolg von Schüler/innen mit Migrationshintergrund. Zeitschrift für Pädagogik, 52, S.250-266.
    Allemann-Ghionda, C., Auernheimer, G., Grabbe, H. & Krämer, A. (2006). Beobachtung und Beurteilung in soziokulturell und sprachlich heterogenen Klassen – Die Kompetenzen der Lehrperson. In Zeitschrift für Pädagogik, Beiheft 51, S.250-266.
Arnold, D.H. & Cross, B.D. (2003). The relationship of student ethnicity and gender to teacher perceptions of math interest in Head Start preschoolers. University of Massachussetts: Amherst.
Aronson, J., & Salinas, M. F. (1997). Stereotype threat, attributional ambiguity, and Latino underperformance. Unpublished manuscript, University of Texas.
Aronson, J. & Steele, C. M. (2005). Stereotypes and the fragility of academic competence, motivation, and self-concept. In A. J. Elliot & C. S. Dweck (Eds.). Handbook of competence and motivation. New York, NY: The Guilford Press, pp. 436-460.
Aronson, J. , Lustina, M. J. , Good, C. , Keough, K. , Steele, C. M. & Brown, J. (1999). When white man can't do math: Necessary and sufficient factors in stereotype threat.
Journal of Experimental Social Psychology, 35 (1), pp. 29-46.
Ashmore, R. D. & Del Boca, F. K. (1981). Conceptual approaches to stereotypes and stereotyping. In D. L. Hamilton (Eds.): Cognitive processes in stereotyping and intergroup behaviour. Hillsdale (NJ): Erlbaum, pp. 1-35.
Auernheimer, G., Blumenthal, V. von, Stübig, H. & Willmann, B. (1996). Interkulturelle Erziehung im Schulalltag. Fallstudien zum Umgang von Schulen mit der multikulturellen Situation. Münster: Waxmann.

Auernheimer, G., Dick, R. van, Petzel, T. & Wagner, U. (2001). Interkulturalität im Arbeitsfeld Schule. Empirische Untersuchungen über Lehrer und Schüler. Opladen: Leske + Budrich.
Bender-Szymanski, D. (2001). Kulturkonflikt als Chance für Entwicklung? In G. Auernheimer, R. van Dick, T. Petzel & U. Wagner (Hrsg.), Interkulturalität im Arbeitsfeld Schule. Empirische Untersuchungen über Lehrer und Schüler. Opladen: Leske + Budrich, S.63-98.
Bender-Szymanski, D. (2002). Interkulturelle Kompetenz bei Lehrerinnen und Lehrern aus der Sicht der empirischen Bildungsforschung. In G. Auernheimer (Hrsg.). Interkulturelle Kompetenz und pädagogische Professionalität. Opladen: Leske + Budrich, S.153-179.
Bender-Szymanski, D. (2007). Zunehmende sprachlich-kulturelle Heterogenität in unseren Schulen und mögliche Antworten des Bildungssystems. In Deutsche UNESCO- Kommission (Hrsg.): Migration als Herausforderung. Praxisbeispiele aus den UNESCO-Projektschulen Bonn: Deutsche UNESCO-Kommission, S.161-194.
Blascovich, J., Spencer, S. J., Quinn, D. & Steele, C. (2001). African Americans and high blood pressure: The role of stereotype threat. Psychological science, 12, pp. 225-229.
Bowen, W. G. & Bok, D. C. (1998). The shape of the river: Long-term consequences of considering race in college and university admissions. Princeton: Princeton University Press.
Brown, R. P. & Josephs, R. A. (1999). A burden of proof: Stereotype relevance and gender differences in math performance. Journal of Personality and Social Psychology, 76 (1), pp. 246-257.
Brown, R. P. & Pinel, E. C. (2003). Stigma on my mind: Individual differences in the experience of stereotype threat. *Journal of Experimental Social Psychology, 39*, pp. 626-633.
Cadinu, M. , Maass, A. , Frigerio, S. , Impagliazzo, L. & Latinotti, S. (2003). Stereotype threat: The effect of expectancy on performance. European Journal of Social Psychology, 33 (2), pp. 267-285.
Chasteen, A. L. , Bhattacharyya, S. , Horhota, M. , Tam, R. & Hasher, L. (2005). How Feelings of Stereotype Threat Influence Older Adults' Memory Performance. Experimental Aging Research, 31, pp. 235-260.
Croizet, J.-C. & Claire, T. (1998). Extending the concept of stereotype threat to social class: The intellectual underperformance of students from low socioeconomic backgrounds. Personality and Social Psychology Bulletin, 24, pp. 588-594.
Croizet, J.-C. & Dutrevis, M. (2004). Socioeconomic status and intelligence: Why test scores do not equal merit. Journal of Poverty, 8, pp. 91-107.
Davies, P. G., Spencer, S. J., Quinn, D. M. & Gerhardstein, R. (2002). Consuming Images: How Television Commercials that Elicit Stereotype Threat Can Restrain Women Academically and Professionally. Personality and Social Psychology Bulletin, 28, pp. 1615-1628.
Deutsches PISA-Konsortium (Hrsg.) (2002). PISA 2000 – die Länder der Bundesrepublik Deutschland im Vergleich. Opladen: Leske+Budrich.
Diefenbach, H. (2007). Kinder und Jugendliche aus Migrantenfamilien im deutschen Bildungssystem. Erklärungen und empirische Befunde. Wiesbaden: VS Verlag für Sozialwissenschaften.
Dresel, M.; Schober, B. & Ziegler, A. (2007). Golem und Pygmalion. Scheitert die Chancengleichheit von Mädchen im mathematisch-naturwissenschaftlich-technischen Bereich am geschlechtsstereotypen Denken der Eltern. In P. H Ludwig & H. Ludwig(Hg.): Erwartungen in himmelblau und rosarot. Effekte, Determinanten und Konsequenzen von Geschlechterdifferenzen in der Schule. Weinheim und München: Juventa Verlag, S.61–81.
Dresel, M., Heller, K.A., Schober, B. & Ziegler, A. (2001). Geschlechtsunterschiede im mathematisch-naturwissenschaftlichen Bereich: Motivations- und selbstwertschädliche Einflüsse der Eltern auf Ursachenerklärungen ihrer Kinder in Leistungskontexten. In C. Finkbeiner & G.W. Schnaitmann (Hrsg.): Lehren und Lernen im Kontext empirischer Forschung und Fachdidaktik. Donauwörth: Auer, S.270-288.
Esser, H. (2006). Migration, Sprache und Integration. AKI-Forschungsbilanz 4. Berlin: Arbeitsstelle Interkulturelle Konflikte und gesellschaftliche Integration. Wissenschaftszentrum Berlin für Sozialforschung

Frome, P. M. & Eccles, J.S. (1998). Parents' influence on children's achievement-related perceptions. Journal of Personality and Social Psychology, 74, 435-452
Gogolin, I. (1994). Der monolinguale Habitus der multilingualen Schule. Münster: Waxmann.
Gogolin, I. & Kroon, S. (Hrsg.) (2000). „Man schreibt, wie man spricht": Ergebnisse einer international vergleichenden Fallstudie über Unterricht in vielsprachigen Klassen. Münster: Waxmann.
Gomolla, M. & Radtke F.-O. (2007): Institutionelle Diskriminierung. Die Herstellung ethnischer Differenz in der Schule. Wiesbaden: VS Verlag.
Heintze, A., Helbig, G., Jungbluth, P., Kienast, E. & Marburger, H. (1997). Schule und multiethnische Schülerschaft. Sichtweisen, Orientierungen und Handlungsmuster von Lehrerinnen und Lehrern. Frankfurt: Verlag für Interkulturelle Kommunikation.
Heller, K. A., Finsterwald, M., Ziegler, A. (2001). Implicit theories of German mathematics and physics teachers on gender specific giftedness and motivation. Psychologische Beiträge 43, pp. 172-189.
Hermans, P. (2004). Applying Ogbu's theory of minority academic achievement to the situation of Moroccans in the Low Countries. Intercultural Education, 15, pp. 431-439.
Herwartz-Emden, L. (2003). Einwandererkinder im deutschen Bildungswesen. In K. S. Cortina, J. Baumert, A. Leschinsky, K. U. Mayer & L. Trommer (Hrsg.). Das Bildungswesen in der Bundesrepublik Deutschland: Strukturen und Entwicklungen im Überblick. Reinbek bei Hamburg: Rowohlt, S. 661-709.
Herwartz-Emden, L. & Strasser, J. (in Druck). Interkulturalität und Sozialisation. In P. Genkova, T. Ringeisen & F. Leong (Hrsg.). Stress und Kultur: interkulturelle und kulturvergleichende Perspektiven. Wiesbaden: VS.
Hess, T. M., Auman, C., Colcombe, S. J. & Rahhal, T. A. (2003). The impact of stereotype threat on age differences in memory performance. Journal of Gerontology, 58, pp. 3-11.
Jussim, L. & Harber, K. D. (2005). Teacher expectations and self-fulfilling prophecies: Knowns and unknowns, resolved and unresolved controversies. Personality and Social Psychology Review, 9 (2), pp. 131-155.
Jussim, L., Eccles, J. & Madon, S. J. (1996). Social perception, social stereotypes, and teacher expectations: Accuracy and the quest for the powerful self-fulfilling prophecy. Advances in Experimental Social Psychology 29, pp. 281-388.
Karakaşoğlu, Y. (2009). Beschwörung und Vernachlässigung der Interkulturellen Bildung im ‚Integrationsland' Deutschland. In W. Melzer & R. Tippelt (Hrsg.). Kulturen der Bildung. Beiträge zum 21. Kongress der Deutschen Gesellschaft für Erziehungswissenschaft. Opladen: Budrich, S.177-195.
Kahraman, B. & Knoblich, G. (2000). «Stechen statt Sprechen»: Valenz und Aktivierbarkeit von Stereotypen über Türken. Zeitschrift für Sozialpsychologie, 31 (1), S.31-43.
Katz, P. A. & Kofkin, J. A. (1997). Race, Gender and young children. In S. Luthar, J. Burack, D. Cicchetti & J. Weisz (Eds.). Developmental psychopathology: Perspectives on adjustment, risk and disorder. New York: Cambridge University Press, pp. 51-74.
Keller, J. (2002). Blatant stereotype threat and women's math performance: Self-handicapping as a strategic means to cope with obtrusive negative performance expectations. Sex Roles, 47, pp. 193-198.
Keller, J. (2007). Stereotype threat in classroom settings: The interactive effects of domain identification, task difficulty, and stereotype threat on female students' maths performance. British Journal of Educational Psychology, 77 (2), pp. 323-338.
Keller, J. & Dauenheimer, D. (2003). Stereotype threat in the classroom: Dejection mediates the disrupting threat effect on women's math performance. Personality and Social Psychology Bulletin, 29, pp. 371-38.
Kistner, J., Metzler, A., Gatlin, D., & Risi, S. (1993). Classroom racial proportions and children.s peer relations: race and gender effects. Journal of Educational Psychology, 85, pp. 446-452.

Klemm, K. (2008). Dreifache Benachteiligung. Nichts Neues: Migranten bleiben in Deutschlands Schulen zurück. Erziehung und Wissenschaft, 60, S.14-15.

Kornmann, R. , Burgard, P. & Eichling, H.-M. (1999). Zur Überrepräsentation von ausländischen Kindern und Jugendlichen in Schulen für Lernbehinderte. Revision älterer und Mitteilung neuer Ergebnisse. Zeitschrift für Heilpädagogik, 50 (3), S.106-109.

Krappmann, L. & Oswald, H. (1995). Alltag der Schulkinder. Weinheim: Juventa.

Kronig, W. (1996). Besorgniserregende Entwicklungen in der schulischen Zuweisungspraxis bei ausländischen Kindern mit Lernschwierigkeiten. Vierteljahrsschrift für Heilpädagogik und ihre Nachbargebiete, 65 (1), S.62-79.

Krüger-Potratz, M. (2005). Interkulturelle Bildung. Eine Einführung. Münster: Waxmann.

Leyens, J.-P., Désert, M., Croizet, J. C. & Darcis, C. (2000). Stereotype Threat: Are Lower Status and History of Stigmatization Preconditions of Stereotype Threat? Personality and Social Psychology Bulletin, 26, pp. 1189-1199.

Lippmann, W. (1922). Public opinion. New York: MacMillan Press

Lüddecke, J. (2005). Ethnische Vorurteile in der Schule. Entwicklung eines Präventionskonzepts im Rahmen Interkultureller Pädagogik. Dissertation. Essen: Universität Duisburg-Essen.

Ludwig, Peter H. (2007). Pygmalion zwischen Venus und Mars. Geschlechterunterschiede in schulischen Lernleistungen durch Selbsterfüllung von Erwartungen. In: Ludwig, Peter H.; Ludwig, Heidrun (Hrsg.): Erwartungen in himmelblau und rosarot. Effekte, Determinanten und Konsequenzen von Geschlechterdifferenzen in der Schule. Weinheim und München: Juventa, S. 17–59.

Martens, A. , Johns, M. , Greenberg, J. & Schimel, J. (2006). Combating stereotype threat: The effect of self-affirmation on women's intellectual performance. Journal of Experimental Social Psychology, 42, pp. 236-243.

McIntyre, R. B. , Paulson, R. M. & Lord, C. G. (2003). Alleviating women's mathematics stereotype threat through salience of group achievements. Journal of Experimental Social Psychology, 39 (1), pp. 83-90.

McKown, C. & Weinstein, R. S. (2003). The development and consequences of stereotype consciousness in middle school. Child Development, 74, pp. 498-515.

Mitulla, C. (1997). Die Barriere im Kopf. Stereotype und Vorurteile bei Kindern gegenüber Ausländern. Opladen: Leske + Budrich, zugl. Augsburg, Univ., Dissertation.

Möller, R. & Heitmeyer, W. (2004). Anerkennungsdefizite und Vorurteile. Ergebnisse einer Langzeituntersuchung mit Jugendlichen unterschiedlicher ethnischer Herkunft. Zeitschrift für Erziehungswissenschaft 7 (4), S.497-517.

Mummendey, H. D. , Bolten, H. G. & Isermann-Gerke, M. (1982). Experimentelle Überprüfung des Bogus-Pipeline-Paradigmas: Einstellungen gegenüber Türken, Deutschen und Holländern. Zeitschrift für Sozialpsychologie, 13, S.300-311.

O'Brien, L. T. & Crandall, C. S. (2003). Stereotype Threat and Arousal: Effects on Women's Math Performance. Personality and Social Psychology Bulletin, 29, pp. 782-789.

Ogbu, J. U. (1991). Immigrant and involuntary minorities in comparative perspective. In M. A. Gibson & J. U. Ogbu (Hrsg). Minority status and schooling: A comparative study of immigrant and involuntary minorities. New York, NY: Garland, pp. 3-33.

Ogbu, J. U. (2003). Black American students in an affluent suburb: A study of academic disengagement. Mahwah: Erlbaum.

Osborne, J. W. (2001). Testing stereotype threat: Does anxiety explain race and sex differences in achievement? Contemporary Educational Psychology, 26 (3), pp. 291-310.

Osborne, J. W. (2007). Linking stereotype threat and anxiety. Educational Psychology, 27, pp. 135-154.

Oswald, H. & Krappmann, L. (2006). Soziale Herkunft, Ungleichheit in der Schulklasse und Schulerfolg - unter besonderer Berücksichtigung von Kindern ausländischer Eltern. In K.-S. Rehberg

(Hrsg.). Soziale Ungleichheit, Kulturelle Unterschiede - Verhandlungen des 32. Kongresses der Deutschen Gesellschaft für Soziologie in München 2004, Teil 2, S. 752-764.
Petzel, T., Wagner, U., Dick, R. van, Stellmacher, J. & Lenke, S. (1997). Der Einfluss autoritaristischer Einstellungen von Lehrerinnen und Lehrern auf ihr Verhalten in konflikthaften interkulturellen Situationen in der Schule. Gruppendynamik, 28, S. 291-303.
Pinel, E. C. (1999). Stigma Consciousness: The psychological legacy of social stereotypes. Journal of Personality and Social Psychology, 76, pp. 114-128.
Powell, J. W. & Wagner, S. (2001). Daten und Fakten zu Migrantenjugendlichen an Sonderschulen in der Bundesrepublik Deutschland. Selbständige Nachwuchsgruppe Working Paper 1/2001. Online unter: http://www.mpib-berlin.mpg.de/en/forschung/nwg/NWG_PowellWagner-WP1=2001.pdf
Quinn, D. M. & Spencer, S. J. (2001). The interference of stereotype threat with women's generation of mathematical problem-solving strategies. Journal of Social Issues, 57, pp. 55-71
Ramist, L., Lewis, C., & McCamley-Jenkins, L. (1994). Student group differences in predicting college grades: Sex, language, and ethnic group. College Board Report No. 93-1. New York: College Board.
Rustemeyer, Ruth (1999): Geschlechtstypische Erwartungen zukünftiger Lehrkräfte bezüglich des Unterrichtsfaches Mathematik und korrespondierende (Selbst-) Einschätzun-gen von Schülerinnen und Schülern. Psychologie in Erziehung und Unterricht 46, S.187-200.
Schmader, T. & Johns, M. (2003). Converging evidence that stereotype threat reduces working memory capacity. Journal of Personality and Social Psychology, 85 (3), pp. 440-452.
Schofield, J. W. (2006). Migrationshintergrund, Minderheitenzugehörigkeit und Bildungserfolg. Forschungsergebnisse der pädagogischen, Entwicklungs- und Sozialpsychologie (AKI-Forschungsbilanz Nr. 5). Berlin: Arbeitsstelle Interkulturelle Konflikte und gesellschaftliche Integration, Wissenschaftszentrum Berlin.
Schönwälder, K. (1991). Zu viele Ausländer in Deutschland? Zur Entwicklung ausländerfeindlicher Einstellungen in der Bundesrepublik. Vorgänge, 112 (4), S.1-11.
Sekaquaptewa, D. & Thompson, M. (2003). Solo status, stereotype threat, and performance expectancies: Their effects on women's performance. Journal of Experimental Social Psychology, 39, pp. 68-74.
Spencer, S. J. , Steele, C. M. & Quinn, D. M. (1999). Stereotype threat and women's math performance. Journal of Experimental Social Psychology, 35, pp. 4-28.
Stanat, P. & Christensen G. (2006). Schulerfolg von Jugendlichen mit Migrationshintergrund im internationalen Vergleich. Eine Analyse von Voraussetzungen und Erträgen schulischen Lernens im Rahmen von PISA 2003. Bonn, Berlin: Bundesministerium für Bildung und Forschung (BMBF).
Steele, C. M. (1997). A threat in the air. How stereotypes shape intellectual identity and performance. *American Psychologist, 52*, pp. 613-629.
Steele, C. M. & Aronson, J. (1995). Stereotype threat and the intellectual test performance of African Americans. Journal of Personality and Social Psychology, 69 (5), pp. 797-811.
Steele, C. , Spencer, S. J. & Aronson, J. (2002). Contending with group image: The psychology of stereotype and social identity threat. Advances in Experimental Social Psychology, 34, pp. 379-440.
Strasser, J. & Hirschauer, M. (2009). Coping with negative stereotypes - how Turkish students in Germany experience and get along with stereotypes about their group. Paper presented at the 15th European Conference on Educational Research (ECER). Vienna, Austria, September 28 – 30.
Stricker, L. J. (1998). Inquiring about examinees' ethnicity and sex: Effects on AP Calculus AB examination performance. College Board Report 98-1. New York: College Board.
Tenenbaum, H. R., & Leaper, C. (2003). Parent-child conversations about science: „The socialization of gender inequities?" Developmental Psychology, 39, pp. 34-47.

Terkessidis, M. (2004). Die Banalität des Rassismus. Migranten zweiter Generation entwickeln eine neue Perspektive. Bielefeld: transcript.
Thompson, M., & Sekaquaptewa, D. (2002). When being different is detrimental: The influence of solo status on the performance of women and racial minorities. *Analyses of* Social Issues and Public Policy, 2, pp. 183-203.
Tiedemann, J. & Billmann-Mahecha, E. (2007). Zum Einfluss von Migration und Schulklassenzugehörigkeit auf die Übergangsempfehlung für die Sekundarstufe I. Zeitschrift für Erziehungswissenschaft 10 (1), S.108-120.
Walter, O. & Taskinen, P. (2007). Kompetenzen und bildungsrelevante Einstellungen von Jugendlichen mit Migrationshintergrund in Deutschland: Ein Vergleich mit ausgewählten OECD-Staaten. In M. Prenzel, C. Artelt, J. Baumert, W. Blum, M. Hammann, E. Klieme & R. Pekrun (PISA-Konsortium Deutschland) (Hrsg.). PISA 2006. Die Ergebnisse der dritten internationalen Vergleichsstudie. Münster: Waxmann, S.337-366.
Weber, M. (2003). Heterogenität im Schulalltag: Konstruktion ethnischer und geschlechtlicher Unterschiede. Opladen: Leske+Budrich.
Weissköppel, C. (2001). Ausländer und Kartoffeldeutsche: Identitätsperformanz im Alltag einer gemischten Realschulklasse. Weinheim: Juventa.

Wissenschaftssprache und kulturelle Determiniertheit

Sylvia Rottensteiner

1 Einleitung

Die wissenschaftliche Disziplin der Sprachstilforschung steht trotz 30jähriger Praxis angesichts der wenigen durchgeführten empirischen Untersuchungen und einer daraus resultierenden dürftigen Publikationsliste beinahe noch in den Kinderschuhen. Auch eine kontrastive Erfassung kulturell geprägter Sprachstile kämpft noch mit erheblicher Erklärungsnot. Bereits erfasste systemlinguistische Variationen können laut Michael Clyne und Heinz Kreutz allenfalls als intuitiv bezeichnet werden[1], wenn auch von durchschlagendem Interesse im Hinblick auf die interkulturelle Kommunikation. Mit Fragen des sprach-, literatur- und kulturwissenschaftlichen Vergleichs befasst sich vornehmlich die als angewandte Wissenschaft konzipierte interkulturelle Germanistik. Im Fokus ihres Interesses steht die sprachkulturell geprägte Wissenschaftssprache. Im Dienste der eigenen hermeneutischen Vorgangsweise werden fremdkulturelle wissenschaftliche Standpunkte definiert, analysiert und untereinander in Beziehung gesetzt. Dies geschieht verstärkt vor einem zunehmenden multimedialen Hintergrund, der unwillkürlich durch den Gebrauch des Englischen als Lingua Franca die Verbreitung angelsächsischer Normen fördert.

2 Aktionsrahmen der interkulturellen Germanistik

Laut Alois Wierlacher, neben anderen Vater und Promotor der interkulturellen Germanistik, ist darunter eine „interdisziplinäre germanistische Fremdkulturwissenschaft"[2] zu verstehen, welche die kulturelle Prägung deutscher Arbeiten im Hinblick auf die internationale Zusammenarbeit als Vorteil zu integrieren ver-

---

1   Vgl. Clyne/Kreutz: Kulturalität der Wissenschaftssprache. In: Wierlacher/Bogner: Handbuch interkulturelle Germanistik. Stuttgart/Weimar: Metzler, 2003. S. 60-68.
2   Wierlacher/Bogner: Handbuch interkulturelle Germanistik. Stuttgart/Weimar: Metzler, 2003. S. IX.

sucht. Zu diesem Zwecke werden die grundlegenden Aspekte angewandter Kulturwissenschaft mit den Leitzielen der herkömmlichen Germanistik verknüpft. Als Teildisziplin der Germanistik findet die interkulturelle Germanistik ihre Begründung weitgehend in der Erweiterung ihrer Beobachtungsfelder, welche nun auch die Herkunftssprache und –kultur der Kommunikationspartner im wissenschaftlichen Kontext mit berücksichtigen. Dies erhöht nachhaltig die Komplexität wissenschaftlicher Methoden und Parameter im Vergleich zu den bisherigen Modellen. Eine neu definierte Aufgabenstellung erfordert demnach einen veränderten Grundriss und neue Forschungsziele, die vor allem die Erforschung der Rezeption der Sprachen sowie deren Funktionen im Prozess der interkulturellen Kommunikation ins Blickfeld rücken. Neben der Landeskunde kommen zusätzlich Aspekte der xenologischen und kulturkomparatistischen Wissenschaften zum Tragen. Im Zuge dessen propagiert die interkulturelle Germanistik eine Reihe von Leitbegriffen wie Anerkennung, Blickwinkel, Fremdheit oder Interkulturalität[3].

3 Was ist Wissenschaftssprache?

Der Begriff *Wissenschaftssprache* oder die Formulierung *Sprache der Wissenschaftler* entbehrt einer eindeutigen Definition. Häufig wird eine Umschreibung mit anderen Begriffen wie *Jargon* oder *Register* unternommen. Grundsätzlich besteht die Problematik aber in der Abgrenzung der sog. Wissenschaftssprache zur Alltagssprache, was sich besonders in den Geisteswissenschaften manifestiert. Inwieweit diesbezügliche Definitionen vage gehalten sind und kaum als Orientierungshilfe gelten können, möchte ich mit folgendem Charakterisierungsmodell belegen: Theo Bungarten beschreibt Wissenschaftssprache als einen „angenommenen, allen Einzelwissenschaften gemeinsamen Bestand von Formen und Funktionen, der sich auf charakteristische Weise von denjenigen anderer Kommunikationsbereiche [...] unterscheidet."[4] Über die Fachterminologie hinaus weist die Wissenschaftssprache „spezifische syntaktische und semantische Strukturen, Argumentations- und Sprechaktformen, textstrukturale und stilistisch-statistische Merkmale" auf und verfügt über „besondere kommunikative und soziale Funktionen"[5]. Bungartens Definition hat allgemeingültigen Charak-

---

3   Vgl. Wierlacher/Bogner (Anm. 2) S.199-345 und Zimmermann (Hrsg.) : Interkulturelle Germanistik. Dialog der Kulturen auf Deutsch? Frankfurt a.M./Bern/New York/Paris: Peter Lang, S.21991.
4   Bungarten: Zur Einleitung. In: ders. (Hrsg.): (Hrsg.): Wissenschaftssprache. Beiträge zur Methodologie, theoretische Fundierung und Deskription. München: Wilhelm Fink, 1981.
5   Bungarten (Anm. 4)

ter, wenngleich auch angenommen werden darf, dass er sich dabei auf die eigene, die deutsche Sprache bezieht. Um mehr Universalität bemüht ist Dorothee Kaisers Behauptung, *die* Wissenschaftssprache gäbe es nicht, zumal sie kultur- und domänenspezifisch sei[6]. Dementsprechend ist ihre Vorstellung von Wissenschaftssprache in einem breiteren Rahmen übertragbar: Wissenschaftssprache als Abstraktion einer Vielfalt von mündlichen und schriftlichen Texten mit der Intention der Vermittlung; Wissenschaftssprache als Produkt und Kommunikationsmedium in einem meist institutionalisiertem Rahmen; Wissenschaftssprache als ein Ensemble von Register mit fließenden Grenzen zu anderen Kommunikationsgebieten; Wissenschaftssprache als eine Abstraktion aus den Wissenschaftssprachen verschiedener Fachrichtungen und verschiedener Kulturräume[7]. Mit dieser Definition schließt Kaiser an die Bemerkung Heinz Leonhard Kretzenbachers an, die Hilfssprachen der Wissenschaften würden „über eine oder mehrere Abstraktionsstufen auf dem unverzichtbaren Fundament der natürlichen Sprachen" aufbauen[8]. Innerhalb der einzelnen Abstraktionsstufen scheint mir besonders das sachorientierte und mehr oder weniger entpersonalisierte Handeln erwähnenswert, welches der Domäne Wissenschaft anhaftet. Genau die Frage nach persönlichem oder unpersönlichem Schreibstil ist nämlich ein Angelpunkt innerhalb der Erforschung kulturspezifischer Wissenschaftsstile. Darauf baut auch Beatrice Durand-Sendrail auf, indem sie mit der Aussage, die Wissenschaftssprache sei eine der empirischen Realität ferne Idealsprache, einen Gedanken Leibniz' weiterspinnt. Dementsprechend provokativ fällt auch der Titel zu ihrem Artikel aus: *Die Wissenschaftssprache ist keine Sprache!*[9]

4 (De)Konstruktion des Kulturbegriffes

Der Begriff *Kultur* taucht erstmals im 19. Jahrhundert in anthropologischen und ethnologischen Abhandlungen auf. In der Folge werden zahlreiche Kulturtheorien entwickelt und Definitionen ersonnen. Trifonovitch zählt 1980 beachtliche

---

6   Kaiser: Wege zum wissenschaftlichen Schreiben. Eine kontrastive Untersuchung zu studentischen Texten aus Venezuela und Deutschland. Tübingen: Stauffenburg, 2002 (= Textsorten 5) S.20.
7   Vgl. Kaiser (Anm. 5) S.21f.
8   Kretzenbacher, Heinz L.: Wissenschaftssprache. Heidelberg: Julius Groos, 1992. (= Studienbibliografien Sprachwissenschaft 5) S.1.
9   Vgl. Durand-Sendrail: Die Wissenschaftssprache ist keine Sprache. In: Akademie der Wissenschaften zu Berlin. Forschungsbericht 10. Linguistik der Wissenschaftssprache. Berlin: de Gruyter, 1994. S. 91-99.

450 Definitionen und Konzepte von Kultur[10]. An die Vielfalt an Definitionen knüpft sich ein breites Spektrum an Inhalten und Bedeutungen. *Kultur* meint dabei eine bestimmte *Gesellschaftsstruktur* genauso wie *Kunstgüter* oder die *nationale Seinsart*, um nur einige der Möglichkeiten zu nennen. Jochen Rehbein beschreibt Kultur in seiner Einleitung zur interkulturellen Kommunikation als mehrdimensionales Phänomen mit einer synchronen, systematischen und einer diachronen, historischen Dimension[11]. Innerhalb der systematischen Dimension ist Kultur zu verstehen als ein Zusammenwirken von gleichen, innerhalb desselben Kulturkreises selbstverständlichen Vorstellungen, Denkweisen, emotionalen Zuständen, aber auch Verhaltensmustern und Existenzformen. Die historische Dimension geht von der Kultur als Ergebnis zeitlicher Entwicklungsprozesse aus. In Untersuchungen zur interkulturellen Kommunikation wird vorwiegend Rehbeins Kulturtheorie zitiert und als Grundlage übernommen[12].

5 Sprache und Kultur

In der Sprache schlagen sich die gleichen, innerhalb desselben Kulturkreises selbstverständlichen Vorstellungen, Denkweisen, emotionalen Zuständen, Verhaltensmustern und Existenzformen zwingend nieder. Sprache ist mit anderen Worten das Medium der Kultur. Eva-Maria Jakobs geht diesbezüglich von einem komplexen Faktorenbündel aus, welches sich aus inneren und äußeren Rahmenbedingungen zusammensetzt. Sie unterscheidet im Detail zwischen situativen Bedingungen im weiteren Sinne, zu welchen sie vornehmlich den Kulturraum und die Domäne, innerhalb der oder für welche der Text produziert wird, zählt, und situativen Bedingungen im engeren Sinne, die hauptsächlich den Autor und dessen Schreibsituation betreffen[13].

Inwieweit die Kultur die Sprache beeinflusst, ist laut Rehbein nur festzustellen, wenn sprachliche Produktionen mündlicher und schriftlicher Natur auf die bereits genannten Dimensionen bezogen werden. Diesbezüglich liegen jedoch kaum Untersuchungen vor. Auch Jakobs spricht in Anlehnung an Anthony Hornung in Bezug auf kulturelle Rahmenbedingungen lediglich von „unterschiedliche[n] Einstellungen und Konzepte[n] zu Schriftlichkeit, Text und Autorschaft

---

10 Zitiert bei Eßler: „Etwas ist mir fremd geblieben am deutschen Referat". Kulturelle Geprägtheit wissenschaftlicher Textproduktion und ihre Konsequenzen für den universitären Unterricht von Deutsch als Fremdsprache. München: Iudicium, 1997. S. 17.
11 Vgl. Rehbein: Interkulturelle Kommunikation. Tübingen: Gunter Narr, 1985. S. 7-32.
12 Vgl. hierzu Eßler und Kaiser.
13 Vgl. Jakobs: Textproduktion als domänen- und kulturspezifisches Handeln. In: Adamzik/Antos/Jakobs (Hrsg.): Domänen- und kulturspezifisches Schreiben. Frankfurt a.M.: Peter Lang, 1997. (= Texproduktion und Medium 3) S.9-30.

wie auch die Herausbildung differierender kulturell und einzelsprachlich geprägter Textmuster und Textmustererwartungen."[14]. Die meisten Studien konzentrieren sich vorwiegend auf die kulturdeterminierten Unterschiede sprachlichen Verhaltens, ohne zu beschreiben, was letzten Endes die Spezifik im Kommunikationsverhalten ausmacht. Den meisten Studien fehlt eine analytische Verankerung der sprachlichen Formen in der empirischen Wirklichkeit des soziokulturellen Umfeldes.

Den Grundstein zur Erforschung des Zusammenhangs von Kultur und schriftlichen Texten legte bereits 1966 Robert B. Kaplan in seinem Artikel *Cultural Thought Patterns in Inter-Cultural Education*[15]. Er geht von einer kausalen Wechselbeziehung zwischen Sprache und Kultur aus:

> „[...] if Aristoteles had been Mexican, his logic would have been different, and perhaps by the same token, the whole of our philosophy and our science would have been different. The fact is that this diversity affects not only the languages, but also the cultures [...] and language in its turn is the effect and the expression of a certain world view that is manifested in the culture."[16]

Im Anschluss an Kaplans Beobachtungen sind einige kontrastierende Untersuchungen zur Linearität der englischen Sprache zu anderen Sprachen angestrengt worden, welche jedoch auf soziokulturelle Beziehungen nicht weiter eingehen. Anfang der 1980er Jahre macht Michael Clyne mit seinen Studien zur Struktur deutscher Texte im Vergleich zu australischen auf sich aufmerksam. Die Ergebnisse legen offen, dass das deutsche Schulsystem Gütekriterien wie Inhalt, Relevanz, Ausdruck und sprachliche Korrektheit fordert, während Essays australischer Produktion weitgehend nach Linearität und strikter Themenrelevanz bewertet werden. Bei seinen Forschungen bezieht Clyne die sprachsystematische Textanalyse auf die unterschiedlichen Bildungssysteme und schafft damit den soziokulturellen Bezug. Ähnlich wie bei den von Clyne untersuchten Essays existieren auch in wissenschaftlichen Texten kulturell gefärbte Modelle. Die vorliegenden Studien befassen sich aber vorwiegend mit der Analyse englischsprachiger wissenschaftlicher Textformen, weshalb Hermanns in seinem Aufsatz *Das ominöse Referat*[17] auch einen Vergleich der Sprachen untereinander fordert. In den Folgejahren bemüht sich Clyne als erster um einen stilistischen Vergleich

---

14   Jakob (Anm. 12) S.10.
15   Vgl. Kaplan: Cultural Thought Patterns in Inter-Cultural Education. In: Language Learning, Vol. 16, Issue 1-2. S.1-20.
16   Zitiert bei Eßler (Anm. 5) S.25.
17   Hermanns: Das ominöse Referat. In: Wierlacher: Fremdsprache Deutsch. Grundlagen und Verfahren der Germanistik als Fremdsprachenphilologie. München: UTB, 1980. S. 593-607.

deutsch- und englischsprachiger Wissenschaftstexte[18]. Die Resultate belegen, dass englische Wissenschaftstexte verstärktest Augenmerk auf die Struktur legen, während die Glaubwürdigkeit deutscher Muster durch eine möglichst hohe sprachliche Abstraktionsebene erreicht werden soll. Daraus ergibt sich, dass für die Verständlichkeit englischer Texte der Autor selbst verantwortlich zeichnet; deutsche Autoren hingegen geben diesbezüglich kaum bis gar keine Hilfestellung. Clyne unterscheidet in diesem Zusammenhang zwischen *author and reader responsibility*.

Neben dieser vorwiegend linguistischen Untersuchung von wissenschaftlichen Texten muss die wissenschaftsmethodologische Vergleichsführung Johan Galtungs genannt werden. Er bezieht sich in seinem Essay *Struktur, Kultur und intellektueller Stil* sowohl auf die wissenschaftlichen Vorgangsweisen als auch auf die sprachliche Präsentation der Ergebnisse. Dabei grenzt er vier Hauptkulturen mit einem jeweils typischen intellektuellen Stil voneinander ab. Der faktenorientierte, empirische, pragmatische und personenorientierte sachsonische Stil kreist um die Zentren USA und Großbritannien, ferner Kanada und Australien, der enzyklopädische, wahrheitsbezogene nipponische Stil ist vorwiegend in Japan und Ostasien zu beobachten, theorieorientiert und rational mutet der gallische Stil mit den Zentren Frankreich, Italien und ihrer Peripherien an. Deutschland bezeichnet Galtung als Zentrum des teutonischen Stils mit den Charakteristika der Theoriebildung, der Strenge aber auch der Humorlosigkeit[19].

5.1 Klassifizierung nach Galtung (1985)

Galtungs Beobachtungen münden in der Behauptung, der sachsonische Stil begünstige die Debatte und den Diskurs aufgrund übergeordneter pluralistischer Ziele, während der gallische und der teutonische Stil weniger die Bejahung und Würdigung des Erreichten anstreben als vielmehr nach Mängeln in der Argumentation suchen. Laut Galtung sind teutonische und gallische Intellektuelle demnach vorsichtiger und zurückhaltender in der Präsentation ihrer Ergebnisse im Vergleich zur Unbeschwertheit sachsonischer Wissenschaftler. Wo auf der einen Seite Ergebnisse nur in einer bis ins Detail durchdachten Struktur vorgelegt werden, ist die andere Seite bestrebt, auf kollegialem Wege zur Lösungsfindung zu gelangen. Mit anderen Worten suchen sachsonische Forscher verstärkt

---

18 Vgl. Clyne: Wissenschaftliche Texte Englisch- und Deutschsprachiger: Textstrukturelle Vergleiche. In: Studium Linguistik 15. S. 92-97.

19 Vgl. Galtung: Struktur, Kultur und intellektueller Stil. In: Wierlacher (Hrsg.): Das Fremde und das Eigene. Prolegomena zu einer interkulturellen Germanistik. München: Iudicium, 1985. S. 51-93.

nach einem Konsens, wohingegen teutonische und gallische Intellektuelle auf Meinungsverschiedenheiten und somit Distanzen beharren. Auch das Verhältnis von Fakten und Theorien ist nach Galtung ein entscheidendes Kriterium zur Charakterisierung der unterschiedlichen Wissenschaftsstile. Demnach seien die theoriegebundenen teutonischen und gallischen Ansätze zwar auf eine idealisierte Wirklichkeit ausgerichtet, würden aber die empirische Wirklichkeit im Vergleich zur sachsonischen Vorgangsweise zu wenig berücksichtigen. Daten seien folglich so gewählt, dass der jeweilige Standpunkt zwar untermauert, das breite Spektrum an –auch anderer – Meinungen allerdings ausgeklammert würde. Insofern produzieren laut Galtung teutonische und gallische Intellektuelle lediglich einen Ausschnitt einer potentiellen Wirklichkeit, während sich sachsonische Beträge durch einen multiperspektivischen Zugang zum Forschungsgegenstand auszeichnen. Darüber hinaus sei die teutonische Theoriebildung vorwiegend deduktiver Natur und ziehe Rückschlüsse aus einer kleinen Anzahl von Prämissen. Galtung warnt vor derartiger Engstirnigkeit und mathematischer Logik, da sie die Wirklichkeit in eine metaphorische Zwangsjacke dränge. Eine Alternative sieht er im gallischen Stil, welcher mittels eleganter sprachlicher Ausführungen etwaige Widersprüche und unterschiedliche Deutungen auszugleichen versucht. Eine weitere Möglichkeit bietet sich im nipponischen Stil an, der kulturhistorisch ohne Ambiguität und Vagheit nicht auskommt und grundsätzlich auf jegliche Art von strenger Theoriebildung verzichtet. Galtung zufolge stellen jene Stile, die um Theoriekonstruktion bemüht sind besonders hohe Ansprüche an sprachliche Fertigkeiten. In diesem Zusammenhang sind nipponische und sachsonische Wissenschaftssprachen zwar weniger elitär, dafür legen sie aber mehr Toleranz an den Tag. Die Entwicklung der Wissenschaftssprache sowie die Struktur der wissenschaftlichen Gemeinschaft begründet Galtung mit der allgemeinen Gesellschaftsstruktur. Als Beispiel zitiert er die teutonische Hierarchie, nach welcher das Niveau wissenschaftlicher Produkte mit der jeweiligen Stufe der Pyramide korreliert bzw. Intersubjektivität nur innerhalb einer bestimmten Schule praktiziert wird. So gesehen sind kulturelle Stile das Produkt permanenter Verständigung innerhalb eines bestimmten Kultur- aber auch eines bestimmten Gesellschaftskreises. Sie konstruieren im Zusammenwirken den lebensweltlichen Kontext der Mitglieder mit Orientierungssicherheit, Plausibilität und Sinnhaltigkeit.

Wenngleich Galtung den teutonischen Stil an mehreren Stellen ob seiner Starrheit auch kritisiert, misst er ihm dennoch eine besondere Beachtung bei. Dieser Stil sei nämlich der einzige, der mit jeder Form von Thesenbildung ein enormes Risiko eingehe. Die Falsifikation einer These bringe nämlich das gesamte hierarchische Gebilde zum Einsturz, während die anderen drei Stile weitaus flexibler mit Bedeutungen jonglieren.

Unumstritten ist das Endprodukt wissenschaftlicher Tätigkeit ein sprachliches, da Denken nur sprachlich vermittelt werden kann. So unterschiedlich die Sprachen von Land zu Land, aber auch von Region zu Region und innerhalb dieser zwischen Bildungselite und der breiten Masse ausfallen, so variabel sind auch Kommunikationsstile und Fragestellungen der einzelnen Kommunikationspartner. Die Sprache ist das verbindende Element innerhalb einer Kommunikationsgemeinschaft, weshalb für einen internationalen intellektuellen Austausch Sprache in erster Linie intersubjektiv mitteilbar sein sollte. Allerdings weist Galtung darauf hin, dass der intellektuelle Stil bei wissenschaftlicher Abstraktion häufig zu Machtzwecken herangezogen werde, um sprichwörtlich die Spreu vom Weizen, die Elite von der breiten Masse, zu trennen[20].

6 Kontrastive Beschreibungen divergierender Sprachmuster

Neben mehreren Studien zur deutschen und englischen Wissenschaftssprache wurden andere Sprachen vergleichsweise selten einer eingehenden Analyse unterzogen. Ruth Eßler beispielsweise hat in ihrer Untersuchung deutsche studentische Texte aus dem Bereich der Geisteswissenschaft mit mexikanischen Mustern verglichen. Ihre eingangs veranschlagten Hypothesen, deutsche Texte würden sich durch Theorielastigkeit, sprachlicher Strenge und digressiver Struktur auszeichnen, wohingegen mexikanische Beispiele die sprachliche Eleganz betonen[21], werden am Ende ihrer Untersuchungen bestätigt. In einem weiteren Schritt geht Eßler der Frage nach den sozialen und historischen Faktoren nach, die sprachliche Phänomene beeinflussen können. Allen voran nennt Eßler das Bildungswesen und das Bildungsideal, welche ihrerseits auf der Ebene der historischen Dimension von Geistes- und Philosophiegeschichte geprägt sind. Daraus ergeben sich für Eßler folgende Schwerpunkte für deutsche studentische Texte mit Aufklärung und deutschem Realismus als historisch-philosophisches Gepäck[22]:

---

20 Vgl. Galtung: Struktur, Kultur und intellektueller Stil. In: Wierlacher (Hrsg.): Das Fremde und das Eigene. Prolegomena zu einer interkulturellen Germanistik. München: Iudicium, 1985. S.51-93.
21 Vgl. Clyne und Galtung.
22 Quelle der Auflistungen: Eßler (Anm. 5) S.94f.

Außertextuelle Faktoren	Textuelle Charakteristika
Textsituation: Universität, mit Forschungs- und Fortschrittsprimat; Student als beginnender Forscher	Textfunktion: Information über einen objektiven Sachverhalt
Intellektueller Stil: kritische, theoretische und sachlich-distanzierte Beschreibung von Realität	Textinhalt: komplexe, abstrakte Theoriedarstellung mit wenig Praxis
	Textstruktur: argumentative und subordinierende Themenentfaltung
Textintention: formaler Zwang; Seminarschein oder Examen; Übungsform	Textstil: unpersönlich, nicht leserbezogen, begrifflich

Für die mexikanischen Texte unterbreitet Eßler folgende Gewichtung. Der geistes- und philosophiegeschichtliche Hintergrund des bestehenden Bildungswesens ist von Kolonialisierung und Aufklärung geprägt:

Außertextuelle Faktoren	Textuelle Charakteristika
Textsituation: Universität mit Bildungsprimat und besonderer Wertschätzung von Tradition, Kunst und eigenen literarischen Texten	Textfunktion: Information über einen objektiven Sachverhalt und eine subjektive Einstellung
Intellektueller Stil: deskriptive, affirmative und zum Teil subjektive Beschreibung von Realität	Textinhalt: eingegrenzte, konkrete Praxisdarstellung mit wenig Theorie
	Textstruktur: deskriptiv mit koordinierender Themenentfaltung
Textintention: formaler Zwang; Bestehen eines Kurses oder Seminars, Lizentiatenexamen; Übungsform	Textstil: persönlich, leserbezogen, begrifflich und ästhetisch (Einsatz rhetorischer Figuren)

Eine ähnliche Untersuchung studentischer Texte aus Venezuela und Deutschland liegt von Dorothee Kaiser vor. Als Dozentin für Deutsch als Fremdsprache sah sie sich häufig mit dem Problem konfrontiert, dass Texte trotz hervorragender Sprachkenntnisse nicht „richtig deutsch"[23] waren. Dieser Fremdheitserfahrung folgt eine kontrastierende Untersuchung venezolanischer und deutscher Arbeiten mit forschungsleitenden Fragen wie: Gibt es ein gemeinsames Ideal von Wissenschaftlichkeit? Wie unterscheiden sich Diskurstraditionen? Oder: Worauf sind Unterschiede zurück zu führen?[24] Auch Kaiser kommt wie Eßler zum Schluss, dass die Studenten ihre Arbeiten mit unterschiedlichen Voraussetzungen beginnen, die bereits im frühen Kindesalter beginnen und sich bis an den Hochschulen fortsetzen. Laut Kaiser ist die kulturelle Geprägtheit der Vorgangsweisen und

---

23 Kaiser (Anm. 6) S.7 (Ein Wort vorab).
24 Detaillierte Auflistung bei Kaiser (Anm.6) S.15.

Produktionsstile neben ideologischen auch auf materielle und strukturelle Verschiedenheiten zurückzuführen[25].

Andere sprachvergleichende Untersuchungen zu wissenschaftlichen Strukturen und Wortschatzeinheiten innerhalb des europäischen Territoriums sind u.a. von Dorothee Heller oder dem Autorenteam Emilia Calaresu/Cristina Guardiano/ Klaus Hökler unternommen worden. Das Forschungsziel beider Studien bestand darin, den wissenschaftlichen Diskurs im Deutschen und im Italienischen kontrastierend darzustellen. Heller weist bereits eingangs auf unterschiedliche Praktiken im universitären Bereich hin, die sich nachhaltig auf wissenschaftliche Erzeugnisse auswirken. Während das deutsche Bildungssystem von seinen Studenten Leistungsnachweise in Form von Referaten oder schriftlichen Hausarbeiten fordert, ist an italienischen Universitäten das mündliche Abfragen kanonisierten Wissens vorherrschend. Ähnlich wie Eßler zitiert sie Erfahrungsberichte ausländischer Studenten an deutschen Universitäten. Hauptproblematik auch hier die Wiedergabe und Verschriftlichung der Arbeitsweise und der erworbenen Kenntnisse. Besonders hervorgehoben wird auch die Praxis der Herstellung intertextueller Bezüge in deutschen Wissenschaftstexten, welche nicht mit italienischen Modellen korreliert. Heller beschäftigt sich vorwiegend mit der Erforschung von Lexemen und Lexemverbindungen in den beiden Sprachen. Ihre Untersuchungen sind in der Fremdsprachendidaktik zu verorten und katalogisieren mögliche lexematische Schwierigkeiten ausländischer Studenten bei der Verschriftlichung von wissenschaftlich angelegten Arbeiten[26]. In Bezug auf eine kulturspezifische Wissenschaftssprache sollte der im selben Sammelband befindliche Aufsatz *Nationalstile in archäologischen Fachtexten* von Karl Gerhard Hemper mehr Auskunft geben. Obwohl der Autor auf „mögliche Kulturdifferenzen bei der Art der Textformulierung" hindeutet, basiert der Artikel lediglich auf die Annahme „unterschiedlicher wissenschaftlicher Konventionen"[27] und entbehrt (noch) einer eingehenden sprachanalytischen Untermauerung. Weiterführende Untersuchungen sollen folgen. Auch die gesammelten Beiträge in *Italienisch und Deutsch als Wissenschaftssprachen* der Herausgeber Calaresu, Emi-

---

25 Siehe hierzu auch den Vergleich von Deutsch und Chinesisch von Liang Yong: Fremdheitsproblematik in der interkulturellen Fachkommunikation. In: Wierlacher (Hrsg.): Kulturthema Fremdheit. Leitbegriffe und Problemfelder kulturwissenschaftlicher Fremdheitsforschung. München: Iudicium, 2001. (= Beiträge zur Kulturthemenforschung interkultureller Germanistik 1) S.153-171.

26 Detaillierte Angaben bei Heller: L'autore traccia un quadro... Beobachtungen zur Versprachlichung wissenschaftlichen Handelns im Deutschen und Italienischen. In: Ehlich/Heller (Hrsg.): Die Wissenschaft und ihre Sprachen. Bern: Peter Lang, 2006. (= Linguistic Insights 52) S.63-85.

27 Hemper: Nationalstile in archäologischen Fachtexten. Bemerkungen zu ‚Stilbeschreibungen' im Deutschen und im Italienischen. In: Ehlich/Heller (Hrsg.): Die Wissenschaft und ihre Sprachen. Bern: Peter Lang, 2006. (= Linguistic Insights 52) S.255-274.

lia/Guardiano, Crista/Hölker, Klaus verfolgen weniger ein kontrastierendes Ziel, als vielmehr die Beantwortung der Frage, inwieweit europäische Sprachen wie Italienisch oder Deutsch neben der heutigen Dominanz des Englischen Bestand haben und haben können[28].
Umfassender und detaillierter fallen vergleichende Studien zur deutschen und englischen Sprache aus. Klaus-Dieter Baumann diagnostiziert in einer interdisziplinären Untersuchung englisch- und deutschsprachiger Fachtextkorpora die kulturelle Gebundenheit zahlreicher Fachtextmerkmale wie beispielsweise das Vorkommen von Exkursen. Er bescheinigt dem Deutschen eine höhere Vorkommenshäufigkeit von Exkursen als dem Englischen, was sich wiederum mit den Aussagen von Clyne und Kaplan deckt. Auch hinsichtlich des fachlichen Autoritätenbezugs zeigen deutsche Fachtexte deutlich mehr Einträge im Vergleich zu englischer Fachliteratur[29]. Umgekehrt stellt sich das Verhältnis jedoch in der Anzahl der Gliederungssignale dar, ebenso bei der Verwendung textexterner Informationsquellen zur Erleichterung des Verständnisprozesses[30]. Wenngleich Baumanns Studien mit Clynes vorangegangene Untersuchungen der deutschen und der australischen Wissenschaftssprache in vielen Punkten kongruieren, geht Baumann dennoch nicht über die strukturelle Beschreibung der Sprachen hinaus und bleibt eine Erklärung sprachlicher Phänomene durch soziokulturelle Gegebenheiten schuldig[31]. Das jüngst erschienene Buch zur deutschen und englischen Wissenschaftssprache von Winfried Thielmann folgt einem ähnlichen Schema sprachsystematischer Analyse, wenn auch nach einem weitaus akribischer ausgearbeiteten Raster. Thielmann stellt neben Vergleichen auf der Ebene der Kausalitätsbeziehungen – *weil* vs. *because* – auch Vergleiche auf der Wortebene an. Darüber hinaus bietet sein Werk eine detaillierte Analyse der Textstruktur mit besonderem Augenmerk auf die Einleitung wissenschaftlicher Arbeiten. Das Ergebnis der Studien kehrt ein weiteres Mal die Linearität englischer Texte

---

28 Vgl. Calaresu/Guardiano/Hölker (Hrsg.): Italienisch und Deutsch als Wissenschaftssprachen. Bestandaufnahmen, Analysen, Perspektiven. Italiano e tedesco come lingue della comunicazione scientifica. Ricognozioni, analisi e prospettive. Berlin: Lit Verlag, 2006. (= Romanistische Linguistik 7)
29 Diesbezüglich sei auf den in Eßler (1997) abgedruckten Erfahrungsbericht eines mexikanischen Studenten verwiesen. S.9f.
30 Vgl. zu englischer Linearität und deutscher Exkurspraxis Clyne (Anm. 15), Kaplan (Anm. 12) und Oldenburg: Angewandte Fachtextlinguistik. „Conclusions" und Zusammenfassungen. Tübingen: Gunter Narr, 1992. (=Forum für Fachsprachen-Forschung 17)
31 Vgl. Baumann: Die sprachliche Realisierung von Wissensstrukturen in Fachtexten des Englischen und Deutschen. In: Danneberg/Niederhauser (Hrsg.): Darstellungsformen der Wissenschaften im Kontrast. Aspekte der Methodik, Theorie und Empirie. Tübingen: Gunter Narr, 1998. (= Forum für Fachsprachen-Forschung 39)

und die Textorganisation über „advance organizer"[32] und die hermeneutische Darstellungsart in deutschen Texten heraus[33]. Abschließend geht Thielmann noch auf die Konsequenzen von wissenschaftlicher Kommunikation in einer der Muttersprache und der eigenen Kommunikationspraxis fremden Sprache ein und geht dabei so weit, die Teilnahme deutscher Wissenschaftler am angelsächsischen Wissenschaftsdiskurs als fatal zu bezeichnen[34].

7 Akzeptanz und Fremdheit unterschiedlicher Stile

Ruth Eßler zitiert in ihrem Buch *„Etwas ist mir fremd geblieben am deutschen Referat"* die Erfahrung eines mexikanischen Studenten in Deutschland. Eine eingereichte Arbeit wird vom Dozenten zurückgewiesen, da sich der Student trotz ansprechenden Schreibflusses nicht an die deutschen Konventionen wissenschaftlichen Schreibens gehalten habe, sondern in diesem Falle den mexikanischen Gepflogenheiten der Argumentation gefolgt sei[35]. Der Dozent übertrug das vorliegende Textmuster in Funktion, Aufbau, Form, Inhalt und Stil auf das dem deutschen oder – nach Galtung – dem teutonischen Wissenschaftsstil zugrunde liegenden Textwissen und konnte aufgrund der fremdkulturellen Vorgansweise keinerlei Übereinstimmung ausmachen. Essayismus sei in der deutschen Wissenschaft nicht zulässig. Ein ähnliches Beispiel führt Heller in ihrem Bericht über deutsche und italienische Fachliteratur an:

> „Un aspetto davvero deludente del mio soggiorno Erasmus riguardava la mia scarsa capacità di esporre e riassumere in Tedesco ciò che avevo studiato. In particolare le 'Hausarbeiten' e i 'Referat' sono state delle vere sfide che mi hanno portato al punto di voler abbandonare tutto. [...]"[36]

Derartige intellektuelle Missverständnisse resultieren aus konkreten interkulturellen Kommunikationssituationen, welche allerdings noch eingehender kontrastiver Beschreibungen harren[37].
Obige Beispiele sind Schilderungen von Fremdheitserfahrungen ausländischer Studenten an deutschen Universitäten. Doch bleiben derartige Erfahrungen auch

---

32 Thielmann: Deutsche und englische Wissenschaftssprache im Vergleich. Hinführen – Verknüpfen – Benennen. Heidelberg: Synchron Wissenschaftsverlag der Autoren, 2009. S.310.
33 Vgl. hierzu auch Oldenburg (Anm. 26) S.31ff.
34 Vgl. Thielmann (Anm. 26) S.317.
35 Eßler: „Etwas ist mir fremd geblieben am deutschen Referat". München: Iudicium, 1997. S.9f.
36 Zitiert bei Heller (Anm. 22) In: Ehlich/Heller (Hrsg.): Die Wissenschaft und ihre Sprachen. Bern: Peter Lang, 2006. (= Linguistic Insights 52) S.66f.
37 Vgl. Hermanns: Für und wider Referatschreibkurse. In: Jahrbuch Deutsch als Fremdsprache 5, 1979. S.202-210.

in der wissenschaftlichen Hierarchie höher positionierten Autoren nicht erspart, zumal der Sprung von der nationalen zur internationalen *comunity* nicht an der dominierenden Lingua Franca Englisch vorbeiführt. Hieran knüpft sich eine Vielzahl von verschiedenen Ansprüchen, die mit den anders definierten Rahmenbedingungen einhergehen[38].
Die Akzeptanz dieser wachsenden Hinwendung zum Englischen differiert von Nation zu Nation und innerhalb dieser von Disziplin zu Disziplin. Während vorwiegend die technischen Bereiche und zunehmend auch Chemie, Physik oder Biologie anglophon orientiert sind, haben Literatur-, Kultur- oder Geschichtswissenschaften diesen Übertritt noch nicht vorgenommen haben. Dies ist vermutlich auf die Tatsache zurückzuführen, dass die Geisteswissenschaften ihre Untersuchungsgegenstände vorwiegend in der eigenen Kultur bestimmen, während Ergebnisse in Medizin oder Chemie eine universale Gültigkeit für sich beanspruchen können[39].

8   Schlussbemerkung

Die kontrastierende Fachtextlinguistik ist ein vergleichsweise recht junger Forschungszweig und demzufolge in keiner Weise erschöpfend dokumentiert. Allen Untersuchungen liegt die Hypothese zugrunde, die Organisation von Texten sei kulturell oder durch nationale Stile geprägt. Die daraus resultierenden Differenzen in den intellektuellen Stilen sind vorwiegend an der englischen und der deutschen Sprache analysiert worden, allen voran die Studien von Kaplan und Clyne. Dennoch lässt sich laut Oldenburg die Frage nach diesen interkulturellen Differenzen nicht schlüssig beantworten[40], da die wenigen empirischen Befunde noch zahlreicher Ergänzungen bedürfen. Ebenso wenig gilt die Universalitätshypothese als widerlegt. Vielmehr werden Forderungen nach weiteren empirischen Untersuchungen laut, die neben sprachsystematischen Vergleichen und apokalyptischen Prophezeiungen des Untergangs nationaler Wissenschaftssprachen zu-

---

38   Siehe hierzu auch Skudlik: Sprachen in den Wissenschaften. Deutsch und Englisch in der internationalen Kommunikation. Tübingen: Gunter Narr, 1990. (= Forum für Fachsprachen-Forschung 10) sowie Zabel (Hrsg.): Deutsch als Wissenschaftssprache. Thesen und Kommentare zum Problemkreis „Denglisch". Paderborn: IFB Verlag, 2005 sowie Hüttner: Academic Writing in a Foreign Language. An Extended Genre Analysis of Student Texts. Frankfurt a.M. u.a.: Petr Lang, 2007. (= Sprache im Kontext 28) sowie Nicolini (Hrsg.): Wissenschaft, helldunkler Ort. Die Sprache im Dienst des Verstehens. Wien: Braumüller, 2008. V.a. S.59-89.
39   Gnutzmann/Lange: Kontrastive Textlinguistik und Fachsprachenanalyse. In: Gnutzmann (Hrsg.): Kontrastive Linguistik. Frankfurt a.M. : Peter Lang, 1990. (= Forum Angewandte Linguistik 19) S.85-117.
40   Vgl. Oldenburg (Anm. 26) S.35.

gunsten der Universalsprache Englisch[41] auch die verschiedenen Textsorten und Kommunikationsbereiche genauer unter die Lupe nehmen. All diesen Untersuchungen sollte nach Oldenburg jedoch ein Analyseverfahren ermittelt werden, welches in der Lage ist, alle textuellen Ebenen gleichermaßen zu erfassen. Dem möchte ich noch die Überlegung hinzufügen, dass derartige Analyseverfahren von der kulturellen Gebundenheit an den eigenen Produktionsstil zugunsten einer intersubjektiven und v.a. interkulturellen Vergleichsanalyse abgehoben sein sollten. Anderenfalls werden auch die um Universalität bemühten Untersuchungen dem Magnetismus der eigenen Bildungskultur anheim fallen und landen statt als Forschungsprojekt in den Bücherregalen als Forschungsgegenstand auf dem Seziertisch. Des Weiteren sollte noch eine Reihe von Forschungsbeiträgen zu erwarten sein, welche sich verstärkt mit den Ursachen kultureller Differenzen auseinandersetzen.

9   Literatur

Adamzik, Kirsten/Antos Gerd/Jakobs, Eva-Maria (Hrsg.): Domänen- und kulturspezifisches Schreiben. Frankfurt a.M.: Peter Lang, 1997. (= Texproduktion und Medium 3)
Bungarten, Theo (Hrsg.): Wissenschaftssprache. Beiträge zur Methodologie, theoretische Fundierung und Deskription. München: Wilhelm Fink, 1981.
Calaresu, Emilia/Guardiano, Cristina/Hölker, Klaus (Hrsg.): Italienisch und Deutsch als Wissenschaftssprachen. Bestandaufnahmen, Analysen, Perspektiven. Italiano e tedesco come lingue della comunicazione scientifica. Ricognozioni, analisi e prospettive. Berlin: Lit Verlag, 2006. (= Romanistische Linguistik 7)
Clyne, Michael: Wissenschaftliche Texte Englisch- und Deutschsprachiger: Textstrukturelle Vergleiche. In: Studium Linguistik 15. S.92-97.
Danneberg, Lutz/Niederhauser, Jürg (Hrsg.): Darstellungsformen der Wissenschaften im Kontrast. Aspekte der Methodik, Theorie und Empirie. Tübingen: Gunter Narr, 1998. (= Forum für Fachsprachen-Forschung 39)
Ehlich, Konrad/Heller, Dorothee (Hrsg.): Die Wissenschaft und ihre Sprachen. Bern: Peter Lang, 2006. (= Linguistic Insights 52)
Eßer, Ruth: „Etwas ist mir geheim geblieben am deutschen Referat". Kulturelle Geprägtheit wissenschaftlicher Textproduktion und ihre Konsequenzen für den universitären Unterricht von Deutsch als Fremdsprache. München: Iudicium, 1997.
Hermanns, Fritz: Für und wider Referatschreibkurse. In: Jahrbuch Deutsch als Fremdsprache 5, 1979. S.202-210.
Hermanns, Fritz: Das ominöse Referat. In: Wierlacher: Fremdsprache Deutsch. Grundlagen und Verfahren der Germanistik als Fremdsprachenphilologie. München: UTB, 1980. S.593-607.

---

41   Im Vergleich dazu Hornung: Führen alle Wege nach Rom? In: Adamzik/Antos/Jakobs (Hrsg.) (Anm. 13) S.71-99. Hornung richtet sich darin gegen die Einspurigkeit anglophoner Erzeugnisse und plädiert dafür, das „Erlernen des Textschreibens in der Erst- und in anderen Sprachen durch eine Vielzahl von Lehrmethoden zu begünstigen und es nicht in der Einfalt einer einzigen, weil in einem bestimmten System erprobten und den Lehrenden vertrauten Vermittlungsweise zu ersticken." S.91.

Galtung, Johan: Struktur, Kultur und intellektueller Stil. In: Wierlacher, Alois (Hrsg.): Das Fremde und das Eigene. Prolegomena zu einer interkulturellen Germanistik. München: Iudicium, 1985. S.51-93.

Gnutzmann/Lange: Kontrastive Textlinguistik und Fachsprachenanalyse. In: Gnutzmann (Hrsg.): Kontratsive Linguistik. Frankfurt a.M. : Peter Lang, 1990. (= Forum Angewandte Linguistik 19) S.85-117.

Hüttner, Julia Isabel: Academic Writing in a Foreign Language. An Extended Genre Analysis of Student Texts. Frankfurt a.M. u.a.: Petr Lang, 2007. (= Sprache im Kontext 28)

Kaplan, Robert B.: Cultural Thought Patterns in Inter-Cultural Education. In: Language Learning, Vol. 16, Issue 1-2. S.1-20.

Nicolini, Maria (Hrsg.): Wissenschaft, helldunkler Ort. Die Sprache im Dienst des Verstehens. Wien: Braumüller, 2008.

Kaiser, Dorothee: Wege zum wissenschaftlichen Schreiben. Eine kontrastive Untersuchung zu studentischen Texten aus Venezuela und Deutschland. Tübingen: Stauffenburg, 2002 (= Textsorten 5)

Kretzenbacher, Heinz L.: Wissenschaftssprache. Heidelberg: Julius Groos, 1992. (= Studienbibliografien Sprachwissenschaft 5)

Kretzenbacher, Heinz L./Weinrich, Harald (Hrsg.): Linguistik der Wissenschaftssprache. Berlin/New York: De Gruyter, 1994. (= Akademie der Wissenschaften zu Berlin, Forschungsbericht 10)

Oldenburg, Hermann: Angewandte Fachtextlinguistik. Conclusions und Zusammenfassungen. Tübingen: Gunter Narr, 1992. (=Forum für Fachsprachen-Forschung 17)

Rehbein, Jochen: Interkulturelle Kommunikation. Tübingen: Gunter Narr, 1985.

Schönert, Jörg: Internationalität von Wissenschaft. In: Wierlacher, Alois/Bogner, Andrea: Handbuch interkulturelle Germanistik. Stuttgart/Weimar: Metzler, 2003. S.50 – 54.

Skudlik, Sabine: Sprachen in den Wissenschaften. Deutsch und Englisch in der internationalen Kommunikation. Tübingen: Gunter Narr, 1990. (= Forum für Fachsprachen-Forschung 10)

Thielmann, Winfried: Deutsche und englische Wissenschaftssprache im Vergleich. Hinführen – Verknüpfen – Benennen. Heidelberg: Synchron Wissenschaftsverlag der Autoren, 2009.

Wierlacher, Alois (Hrsg.): Das Fremde und das Eigene. Prolegomena zu einer interkulturellen Germanistik. München: Iudicium, 1985.

Wierlacher, Alois (Hrsg.): Kulturthema Fremdheit. Leitbegriffe und Problemfelder kulturwissenschaftlicher Fremdheitsforschung. München: Iudicium, 2001. (= Beiträge zur Kulturthemenforschung interkultureller Germanistik 1)

Wierlacher, Alois/Bogner, Andrea: Handbuch interkulturelle Germanistik. Stuttgart/Weimar: Metzler, 2003.

Zabel, Hermann (Hrsg.): Deutsch als Wissenschaftssprache. Thesen und Kommentare zum Problemkreis „Denglisch". Paderborn: IFB Verlag, 2005.

Zimmermann, Peter (Hrsg.) : Interkulturelle Germanistik. Dialog der Kulturen auf Deutsch? Frankfurt a.M./Bern/New York/Paris: Peter Lang, 1991.

Plurikulturelle Kompetenz – Zwischen Anpassung und Selbstbehauptung[1]

Ottmar Hertkorn

Bisher galt als gebildet, wer über seine Fachgrenzen hinaus interdisziplinär denken konnte. Heute muss der Blick über die eigene Kultur hinaus dazukommen. In der „einen" Welt kann gebildet eigentlich nur noch jemand genannt werden, der tatsächlich über plurikulturell geschulte Wahrnehmungsfähigkeit verfügt und sehen, wahrnehmen, verstehen kann, „was andere nicht gesehen haben"[2], somit zu Recht selbständig sehen, handeln, leben kann, also unabhängig von der in seiner Umgebung herrschenden Meinung[3]. Dazu muss er das weithin provinzielle Muster der deutschen Bildungspolitik hinter sich lassen können, die z.B. bis heute keine Abiturgleichheit (Vergleichbarkeit) ermöglicht, was sich natürlich auch auf das binnendeutsch konkurrierende Kommunikationsverhalten auswirkt.

> Diskussionen nehmen nicht die Form von Dialogen (oder Multilogen) an, sondern die Form von parallelen Monologen, ähnlich den Kraftproben, die zur Selbstbestätigung dienen und nicht der gemeinsamen Suche nach etwas Neuem.

Eine derartige Beobachtung zum Verhalten der „teutonischen Intellektuellen" kann nur jemand machen, der selbst im internationalen Forschungsbetrieb langjährig erfahren ist.[4]

---

1 Geringfügig überarbeiteter Beitrag des Erstdrucks in: IBW-journal. Deutsches Institut für Bildung und Wissen, Paderborn, Mai 2003.
2 Variation der Definition der „ästhetischen Bildung" bei Volker Ladenthin: Die PISA-Studie. Anspruch, Grenzen, Defizite. Köln 2003, S.12.
3 Autonomy and Foreign Language Learning war bereits 1979 Thema einer Tagung des Europarats.
4 Galtung Johan 1983.

1 Eingrenzung auf Alltagsverhalten

Ein Firmeninhaber in Finnland äußert bei einer Umfrage zum Außenhandel:

> Man kann nicht über Kultur sprechen, wenn man die Sprache nicht kann. Es wäre gut, Umgangsformen im Unterricht zu behandeln, z.B. dass ein Deutscher nie unrecht hat (saksalainen ei ole koskaan väärässä)[5]

Seit 1945 ärgern sich finnische Handelspartner immer wieder, wenn ihre in deutscher Sprache gehaltenen schriftlichen Anfragen von Firmen in Deutschland auf Englisch beantwortet werden. Diese Überbetonung des Fremden wird in andern Ländern nicht positiv gesehen, wie dies innerdeutsch möglich ist. Immerhin sah sich das Goethe-Institut im März 2003 veranlasst zu empfehlen, insbesondere Führungskräfte sollten sich gezielt der deutschen Sprache bedienen und ihre eigene kulturelle Identität und Muttersprache nicht verstecken. Weil in europäischen Institutionen vielfach deutsche Beamte die eigene Sprache hintanstellen und stattdessen ihre Fremdsprachenkenntnisse vorführen, werden auch noch 2010 trotz energischer Interventionen des deutschen Außenministers offizielle Verlautbarungen nur auf Englisch und Französisch angeboten.

Dienten früher eigeninitiierte Reisen, grob vereinfacht, dem geistlichen oder geistigen persönlichen Fortschritt, also der Wallfahrt oder der Bildung, so sind heutige, vor allem betreute Urlaubsreisen mehr spaß- und konsum- als bildungsorientiert und wenig geeignet, durch anderes Sehen zum Perspektivwechsel zu kommen. Wer sich auf die „Deutsch sprechende Reiseleitung vor Ort" einlässt, verbleibt auch im andern Land in seiner eigenen Kultur. Tourismus (meist mit „First Class" oder „5-Sterne-Hotel" angeboten) ist keinesfalls mit Auswanderung oder jahrelanger Berufstätigkeit im Ausland vergleichbar.

In der heutigen Welt der überall möglichen oberflächlichen Begegnungen mit anderen Traditionen, Sprachen und Kulturen bleibt die hier gemeinte plurikulturelle Kompetenz ein *persönlicher, individueller* Wert. Wird auch der Kulturbegriff unterschiedlich gebraucht – bekanntlich wurden schon 1952 164 überwiegend ethnologische Definitionsversuche gezählt[6] – wird er doch fassbar, wenn er als personenbezogene Alltagskultur gesehen wird, in der, wie heutige Pädagogen sagen, „lebensweltliche Probleme" zu lösen sind. In diesem Sinn bleibt dieser Beitrag konzentriert auf die Alltagskultur, auf das alltägliche Verhalten in der eigenen oder einer anderen, fremden Umgebung.

---

5   Müntzel Uta/Tittula Liisa 1995, S.241.
6   Kroeber Alfred L./Kluckhohn Clyde 1984.

2 Schock durch Verfremdung: unerlässliches Bildungselement

Das Eigene, natürlich auch im guten Sinn, kann man im Grunde nur durch Gegenüberstellung mit Unterschiedlichem, mit Fremdem kennen, einschätzen und schätzen lernen. Plurikulturelle Denkweise beginnt bereits in Familie, Beruf und Freizeit, nicht erst auf Reisen oder bei der Begegnung mit Fremden. Allerdings setzt das persönliche Um-Denken in der Regel erst durch ein Schockerlebnis ein, wodurch der eigene familiäre, soziale, regionale, nationale Horizont fragwürdig oder im besten Fall erweitert wird, sodass man z.b. durchschauen lernt, was außerhalb Deutschlands in der Welt geschieht. Oft genug scheitern in der Monokultur Pläne, Programme, Bündnisse. Auch wenn es immer wieder heißt: „Wir müssen das Bewusstsein verändern", bleibt die Mentalität doch, wie sie war, der Horizont begrenzt, was wir allzuschnell den unterentwickelten Regionen nachsagen. Ein Beispiel aus Europa: Seit über 40 Jahren, bei fast hundert Gipfeltreffen zwischen Deutschland und Frankreich, wird permanent gefordert: „Lernt mehr Nachbarsprachen!" Erfolg? Die Anzahl der Lerner nimmt ständig ab![7] Ein Beispiel aus dem innerdeutschen, gleichsprachigen Bereich: Der Geograph Christoph Waack schreibt zur Alltagswelt im geteilten Berlin: Der Fall der Mauer brachte eine neue Erfahrung: *Es kam nicht unweigerlich zu einer gemeinsamen Alltagswelt der wiedervereinigten Bevölkerung*[8]. Zu lange hatte jeder in anderen soziokulturellen Strukturen gelebt, gehandelt, gedacht.

Im Land der Reise-Weltmeister ketzerisch gefragt: wie oft wird besonders Amerikanern vorgeworfen, sie kümmerten sich nicht um die Landessprache der bereisten Länder – bemühen wir uns denn selbst um die Sprache unsres Reiseziels? Warum beschränken wir unsere Reisen nicht auf solche Länder, deren Sprache wir so weit verstehen, dass wir mit „Einheimischen" ins Gespräch kommen können?

Nüchtern betrachtet muss man schon in der eigenen Kultur davon ausgehen, „dass der Einzelne des Kommunizierens unkundig ist.".[9] In der deutschen Erwachsenenbildung werden Kurse zur rhetorischen Selbstbehauptung, zur erfolgreichen Durchsetzung eigener Interessen in weit größerer Zahl angeboten als solche zum Hören auf Andere. Schon ein Vergleich unter den verwandten Sprachen und Kulturen Englisch und Deutsch – aus der Ferne gesehen ist diese Verwandtschaft so eng, dass man z.B. in Brasilien diese beiden Sprachen als „Letras Anglo-Germanicas" studiert – zeigt: das Gesprächsverhalten unterscheidet sich u.a. in folgenden Punkten:

---

7 Foussier Gérard 2003.
8 In Alltagswelt von Grenzstädten, NZZ, 29.3.2003, S.61.
9 Müller-Neuhof Klaus 1976.

Deutsch Sprechende sind orientiert auf das Ich, Englisch Sprechende auf das Gegenüber, Deutsch Sprechende auf Inhalt, Englisch Sprechende auf Gesprächspartner, Deutsch Sprechende bevorzugen direkten und expliziten, Englisch Sprechende indirekten und impliziten Gedankenaustausch.[10]
Auch der Sprachgebrauch im eigenen Land ist nicht so einheitlich, wie man sich das schulbuchmäßig vorstellt. „Mehrsprachig sind wir ja schon innerhalb unserer Muttersprache".[11] Auch in der Wertschätzung des jeweils eigenen Dialekts unterscheiden sich deutsche Muttersprachensprecher erheblich. Natürlich ist der Meinungsaustausch mit Personen aus anderen Kulturen noch schwieriger.

> Solange ich nur meine Sprache kenne, kann ich nicht umhin, sie für seinsabbildend zu halten. Erst der Vergleich befreit mich, indem er mir zeigt, dass vieles auch ganz anders aussehen kann. Der Vergleich bricht die Naivität, und die Brechung der Naivität ist die Voraussetzung der Erkenntnis.[12]

Allerdings ist Mehrsprachigkeit zwar eine wichtige Voraussetzung für Verstehen und Verständnis für andere, eine Hilfe, Unterschiede schneller zu entdecken, aber nicht unbedingt, diese tatsächlich zu begreifen.
Plurikulturelle Denkweise ist nicht angeboren und nicht ohne Anstrengung zu lernen, am besten durch Verlagerung des Lebens-Mittelpunktes. Räumliche Mobilität fördert zugleich persönliche Flexibilität. Falls Lernprozesse vorgesehen sind, geht eine didaktisch sinnvolle Reihenfolge von Kulturkontrasterfahrungen aus (pädagogische Psychologen sprechen von „Bearbeitung der Selbstbetroffenheit") und führt vom Lernen, was „fremde" Kultur ist, zum Lernen, was „eigene" Kultur und danach, was „gemeinsame Kultur" ist. Zuletzt muss unbedingt die kulturelle Bedingtheit des Wissens thematisiert und reflektiert, geradezu massiv verinnerlicht werden.[13]
Briten betonen seit Jahrzehnten:

The British way of doing things is not necessarily the best way.
The British way of doing things is just one way among many.
Not better, not worse, just different.

---

10 House Juliane.
11 Wandruszka Mario1979.
12 Trier Jost 1968.
13 so z.B. Karl-Heinz Flechsig: Interkulturelles und kulturelles Lernen, Vortrag 1997.

3 Situations- und Gesprächskonstellationen unterschiedlichster Art

Zwar reichten schon wenige Beispiele aus den unterschiedlichsten Bereichen des zwischenmenschlichen Zusammenlebens, um die hochgespannten Visionen einer multikulturell handelnden und doch konfliktfreien Gesellschaft auf den Boden der Realität zurückzuführen. Eine größere Anzahl von Fällen kann jedoch zeigen, aus wie vielen Quellen unterschiedlichster Art pausenlos und überall Unterstellungen, Vorurteile, Konflikte, Irritationen entspringen können, denen man letztlich nur mit plurikultureller Kompetenz begegnen kann; ansonsten bleibt das Verständnis für fremde Anschauuungsweisen unterentwickelt.

- Amerikaner wissen nicht immer, dass in Europa im Lebenslauf unbedingt das Geburtsdatum anzugeben ist.
- Ein Jordanier hatte seinem deutschen Freund im Studentenheim ein Ei geliehen. Dieser bringt ihm am nächsten Tag ein Ei zurück. *Ich empfand das wie ein Schock, mein Freund ist doch wie mein Bruder und kann alles, was ich habe, von mir bekommen.*
- Eine italienische Studentin schreibt: *Es kommt vor, dass ein kultivierter Italiener über die Naivität des Deutschen lächelt, der immer alles sofort für bare Münze nimmt, was Nachrichten und Verbote angeht, oder blind an gewisse Ideale glaubt, auch wenn er in sein Unglück rennt.*
- Eine Portugiesin verfasst für einen Literaturwettbewerb in deutscher Sprache ein Gedicht mit dem Titel *Bekanntschaft*

   Haben Sie ein Auto? Nein!
   Hast du aber einen Führerschein? Nein!
   Nimmst du die Pille? Nein!
   Hast aber einen Freund?! Nein!
   Willst du denn mit mir schlafen?! Nein!
   Ja, was willst du eigentlich in Deutschland?[14]

- Bei Podiumsdiskussionen reden oft alle durcheinander, und doch scheint jeder das Reden der anderen zu verstehen. Kein Moderator fährt dazwischen, wie es in Deutschland üblich ist (Deutscher Journalist, der in Rom lebt).
- („Historisches" Zitat:) Warum besucht ihr uns? Ihr seid doch unsere Feinde. Zehnjähriger in Dresden 1973 beim Mittagessen mit Freunden seiner Eltern aus dem Westen (dort zum Kurzbesuch).
- Weberin in Simbabwe: *die Entwicklungshelfer hören nicht auf unsere Gründe, sie setzen ihren Willen durch, obwohl wir nicht zustimmen, und das stört uns. Da gibt es Fälle, wo sie denken, dass sie recht haben, und wo ich denke, ich habe recht. Sie geben aber nicht nach, sogar in Dingen, wo wir denken, sie sind richtig und gut.*[15]

---

14 Ackermann Irmgard 1982.
15 Wie afrikanische Frauen deutsche Entwicklungshelfer sehen. DED-Brief 3/4/88, S.18.

- Im Bundesministerium für wirtschaftliche Zusammenarbeit und Entwicklung sitzen bei der Haushaltsaufstellung die Abteilungsleiter zusammen. Die multilaterale Abteilung sieht nicht ein, dass die bilaterale Abteilung soviel Mittel erhält. Die Bilateralen hingegen sagen, die im multilateralen Bereich hätten keine Ahnung, was umsetzbar sei und was nicht. Ist dies „Abteilungskultur"?[16]
- Finnische Schüler und Eltern nehmen mehrheitlich Lernen, ganz besonders Fremdsprachenlernen, sehr ernst, Fleiß wird belohnt, Leistung nicht als Streberei verteufelt. Lehrende werden geschätzt, der Lehrerberuf ist keine zweite Wahl.
- Schulkinder in Griechenland zeichnen und beschreiben deutsche Gäste (Touristen): *zerrissene Hosen, ansteckende Krankheiten, schmutzig, in Lumpen gekleidet*
- Geldzurückforderung eines enttäuschten deutschen Reisenden: *Sie haben auf Haie in dieser Gegend hingewiesen, weshalb ich hinfuhr, aber in 14 Tagen nicht einen einzigen vor die Kamera bekommen.*
- *Das deutsche Universitätssystem erscheint als chaotisch, orientierungslos. Die Professoren scheinen unvorbereitet, ohne Zielvorstellung in den Unterricht zu gehen, sodass es gelegentlich keine erwerbbare Wissensquantität gibt, sondern der Diskurs zum Selbstzweck wird. Auch menschlich wird das Fehlen von Autoritätsbeziehungen als Mangel an Takt und Sensibiliät im Umgang miteinander bewertet.*[17]
- Differenzen unter Gleichsprachigen: *Für uns Schweizer ist es ganz klar: Deutscher Kaffee ist nicht gut und hat nach unserer Meinung nichts mit Kaffee zu tun...Ich bin überzeugt, dass die Deutschen falschen Kaffee trinken (wohl, weil sie keine Ahnung davon haben) und wir Schweizer den einzig richtigen.*[18]
- *Die japanische Höflichkeit, die dem westlichen Menschen auffällt, besteht ihrem Wesen nach in der Verlegenheit gegenüber sich selbst und dem anderen in mitmenschlicher Beziehung. Sie fällt dem Fremden wohl insofern mehr auf, als sich die Verlegenheit einem Fremden gegenüber noch steigert (...). Das bekannte japanische Lächeln, das ein Rätsel für den Fremden ist, stellt auch weder eine freundliche noch eine feindliche Einstellung zur Person des Mitmenschen, sondern bloß einen Versuch dar, jede Stellungnahme zu vermeiden und die mitmenschliche Beziehung überhaupt aufzulösen.*[19]
- In Deutschland hörte ich Klagen über Schulstress, Notenangst der Kinder usw. *Mein Maßstab für Schulstress waren japanische Schulen: die Ganztagsschule, abends die Ergänzungsschule, Schulaufgaben täglich bis in die Nacht, eine große Menge Tests, Aufnahmeprüfungen für Mittel- und Oberstufen (...) Wo aber war der Stress an den deutschen Schulen? (...) Tests gibt es vergleichsweise wenig (...) Nach meinen japanischen Maßstäben konnte ich das Gerede vom deutschen Schulstress nicht ernst nehmen.*[20] Auch 2010 variiert je nach Bundesland die Einstellung z.B. zum Zentralabitur weiterhin. Falls sich tatsächlich keine bundesweite Einigkeit und Vergleich-

---

16 Strather Erich 2003.
17 Studentin aus Poitiers, Frankreich. In: Mitteilungen des Deutschen Germanistenverbandes 1997, S.66.
18 Bichsel Peter 1982.
19 Ezawa Kennosuke 1967.
20 Tatsuo Oguro 1984.

barkeit erreichen lässt, werden schließlich die Universitäten wie in vielen Ländern zu fachbezogenen Studieneingangsprüfungen kommen. In Brasilien z.b. konkurrieren je nach Fach im Vestibularexamen zwölf bis 250 Studierwillige um einen Studienplatz.

- 2002 wird in einer Untersuchung im Rahmen des Studiengangs Interkulturelle Kommunikation ein „auslandsentsandter Mitarbeiter", bezeichnet als „Expatriat", gefragt, wie er als Deutscher den „Kulturschock" überlebt habe, der ihm in den USA sicher zu schaffen gemacht habe, obwohl er nur 16 Monate dort war. 2010 lebt eine weibliche deutsche Führungskraft vier Monate in den USA und sagt zu einem Arbeitsangebot in New York, dort tätig zu sein könne sie sich nicht vorstellen.
- Pressebericht zum Foto: Eine in einer westfälischen Großstadt Geborene kommt mit drei Kindern „zurück in die alte Heimat" und macht sich auf dem „Neubürger-Empfang" des Bürgermeisters kundig „über ihre wiedergewonnene Heimat". Zwischenzeitlich hatte sie ein Jahrzehnt 20 km entfernt von ihrer Geburtsstadt gelebt.
- Nach muslimischer Etikette fragt man nicht: „How is your wife?" sondern „How is your family?"
- Ein Rundfunkintendant hat in Berlin eine Einwanderungsparty erlebt. *Weil die ausländischen Mitbürger kein Deutsch (konnten) und offenbar auch nicht die Absicht (hatten), es zu lernen... wurde ein Dolmetscher bestellt, um die Grußadressen des deutschen Gastlandes ins Türkische zu übersetzen.*[21]
- Wenn Heino singt: *wir feiern Fiesta am Strande von Copa Cabana, dann machen wir durch bis manana,* staunen Brasilianer zu Recht über die Ungebildetheit deutscher Texter, denn „*fiesta*" und „*manana*" entstammen nicht der brasilianischen Landessprache.
- (Historisch?:) Eine Klasse der Deutschen Schule Moskau fährt 1992 nach St. Petersburg. Ein Schüler berichtet: Im Hotel wurden *zwei Freunde und ich* (von Tschetschenen) *auf ihr Zimmer geladen. Sie wollten Mädchen unserer Klasse kaufen. Wir schafften es, sie zu überzeugen, dass solches in unserer Kultur nicht üblich sei.*
- *It may be annoying to be told by German left-wing politician Erhard Eppler that Moscow is a European city while Washington is not.*[22]
- *Als der französische Außenminister seinen deutschen Amtskollegen als „Flötenspieler" bezeichnete, klang es in deutschen Ohren zunächst freundlich und fast positiv – leise Musik statt Paukenschlag...Erst als die vielen Experten der deutschfranzösischen Zusammenarbeit darauf hinwiesen, dass der Flötenspieler eigentlich die französische Übersetzung des deutschen Rattenfängers von Hameln ist, fragte man sich in Berlin, wie Paris zu solchen unfairen Äußerungen kommen konnte.*[23]

---

21 Voß Peter 2002.
22 Aus Why the Europeans Don't Think Like Us. In: FORTUNE, 9.8.1982.
23 Foussier a.a.O.(siehe Anmerkung 7!).

- Auch Schüleraustausch führt nicht einfach zum oft zitierten „Abbau von Vorurteilen."[24]

Derart Anstößiges weckt Affekte, kann kaum objektiv diskutiert werden. Leser mögen ihre eigene Reaktion beobachten und für ihr Verhalten selbst Folgerungen entwickeln.

4 IDEALvorstellung: Gebildete von morgen sind plurikulturell kompetent

„Plurikulturell kompetent" wird als Bezeichnung entbehrlich, wenn Bildung in Zukunft „automatisch" diese Qualität mit einschließt. Festzuhalten sind derzeit einzelne Merkmale:

- Plurikulturelle Kompetenz ist eine persönliche, individuelle Eigenschaft, ob in mono- oder multikultureller Umgebung. Wenn alle derartig gebildet sind, bleiben Kulturkonflikte minimal. Alle sind aufgeschlossen und interessiert am Leben anderer, niemand kapselt sich ab. Trotzdem bleibt jeder auch in der Fremde von seiner Herkunftskultur und von seiner Heimat, auf jeden Fall von seiner Muttersprache geprägt.

Ein so gebildeter Mensch:
- kennt zunächst einmal seine eigene Kultur (im Idealfall vertieft durch Begegnungen mit andern Kulturen, was auch schulisch vermittelbar ist) und baut seine Identität auf ihr auf, hat seine eigene Tradition, das „kulturelle Erbe" verinnerlicht
- bemüht sich um Austausch mit Menschen anderer Sprachen, auch in andern Kontinenten und weiß dadurch – trotz eigenkultureller Unterschiede – von einer „globalisierten Weltkultur", die nicht einfach mit dem offiziellen „Weltkulturerbe" gleichzusetzen ist
- setzt seine Kompetenz so geschickt ein, dass er sich sowohl in der eigenen wie in einer fremden Kultur sicher bewegen und zugleich seine Identität aufrecht erhalten kann[25]
- betrachtet grundsätzlich alle einfachen Formeln zur Lösung der Welt-, Kommunikations- und Verständigungsprobleme oder zum „Frieden schaffen" sehr skeptisch. Je

---

24 Vgl. hierzu schon vor Jahrzehnten: Gottfried Kellers Untersuchungen, z.B.: Werden Vorurteile durch einen Schüleraustausch abgebaut? In: Arndt/Weller: Landeskunde und Fremdsprachenunterricht. Frankfurt 1978, S.130-150.
25 vgl. hierzu Horst Nitschaks (für den DAAD in Santiago de Chile) recht brauchbare Definition des Weltbürgers der Zukunft in: Einübung in Interkulturalität – Lehrjahre ohne Ende. In: DAAD und Deutsche UNESCO-Kommission: Vertraute Fremdheit. Kultur im Dialog, Bonn 2001, S.112.

länger man Länder verschiedener Entwicklungsstufen und Personen verschiedenster Berufe und Schichten kennt, desto zurückhaltender wird das eigene Urteil.
- hat „Ambiguitätstoleranz" erworben, d.h. kann Widersprüche zunächst einmal stehen lassen und aushalten
- überprüft Berichte, indem er auch in andern Ländern – zumindest über Medien – ad fontes vordringt. Der plurikulturell Erfahrene sucht Originaläußerungen, um die fremde Sicht möglichst direkt kennen zu lernen bzw. absurde Vorstellungen oder durch parteiliche Scheuklappen verursachte Falschmeldungen zu durchschauen
- vermeidet überheblich-hämische Äußerungen, bevorzugt konstruktive Kritik
- befasst sich mit geistigen und künstlerischen Lebensäußerungen des eigenen Volks und ist offen für andere Völker, versucht, deren Andersheit zu verstehen
- bleibt lernwillig bzw. belehrbar, lässt sich sagen, wo man selbst etwas übersieht, kann anderen zuhören

Pragmatisch argumentiert: Plurikulturelle Kompetenz eröffnet auch in der Fremde mehr Möglichkeiten im Berufsleben. Aus anderer Sicht: Berufserfolg im fremden Land steigt mit dem Grad der Anpassung, was Migranten leider oft zu spät feststellen.

5 Empirie statt akademischer Träumerei!

Wer ein Jahrzehnt mit seiner Familie in sehr unterschiedlichen fremden Ländern als Kulturvermittler in Universität und Erwachsenenbildung (DAAD und Goethe-Institut) tätig war, ist zunächst einmal davor gefeit, eine neue oder gar allgemeingültige Kulturtheorie aufzustellen, vor allem aber gut gewappnet gegen Überlegungen und Forderungen, die lediglich monokulturell gespeist sind und das Schlagwort „Multikulturalität" undurchdacht verbreiten.
Wenn die Forderung, die von *Zuwanderern mitgebrachten Sprachen sollten in den üblichen Fächerkanon aufgenommen*, also *umfangreiche Unterrichtsangebote auch in der Muttersprache der Migranten* bereitgestellt werden, gestützt wird durch die Behauptung: *Die Entfaltung dieses Reichtums durch die Schule erfordert eine relativ geringe Investition*[26], ist dies nur zu erklären durch Elfenbeinturmdenken, also Realitätsferne und Logistikschwäche. Allein in der Stadt Paderborn sind seit über einem Jahrzehnt mehr als 130 verschiedene Nationalitäten vertreten. Wie sollte man dazu Lehrpersonen, Unterrichtsmaterialien und Schulräume planen, ohne Diskriminierungen einzelner Sprachen zu vermeiden? Berücksichtigte man lediglich Zugezogene aus den zahlenmäßig am stärksten vertretenen Ländern, müssten außer der angebotenen Sprache Englisch zumindest

---

26 Gogolin Ingrid 2002.

zusätzlich Angebote für die Sprachen Serbisch, Polnisch, Russisch, Türkisch und Italienisch (durch jeweils mehr als 1000 Einwohner in Paderborn vertreten) vorgesehen werden. Allerdings wären dann zumindest Afghanen (606 Einwohner, davon 444 eingebürgert) sowie Syrer, Spanier, Rumänen, Portugiesen, Griechen und Niederländer mit Mitgliederzahlen zwischen 250 und 551 diskriminiert.

Auf der anderen Seite deuten in der Realität manche Ergebnisse bereits auf eine zart aufkeimende plurikulturelle Einstellung in manchen Migrantenfamilien, die sich in einer ihrer jetzigen Lebenswelt angepassten Lernbereitschaft äußert. Der Leiter der PISA-Studie von 2009 Eckhard Klieme konstatiert: *Der deutsche Leistungszuwachs im Lesen geht ganz wesentlich auf die besseren Leistungen der Einwandererkinder zurück...Es wird in mehr Einwandererfamilien Deutsch gesprochen. Hier bewegt sich also etwas, wenn auch bei Kindern mit türkischen Wurzeln nicht ganz so stark*[27]. Wenn der Leiter des Instituts für die Pädagogik der Naturwissenschaften (IPN) Manfred Prenzel dazu bemerkt: *Viele Kinder mit ausländischen Wurzeln gehen erfolgreich durch unser Schulsystem. Was bei ihnen der Schlüssel zum Erfolg ist, sollten wir genauer untersuchen, um daraus zu lernen*[28], liegt es nahe, diesen Schlüssel in genau dieser Anpassungsbereitschaft an die zuwandernd eroberte neue Umgebung/Lebenswelt als Teil plurikultureller Kompetenz zu sehen. Wer im Universitätsbetrieb mit ausländischen Studierenden zu tun hat, weiß um deren vergleichsweise größere Studierfreude und Hochschätzung des Bildungsangebots gegenüber Daheimgebliebenen. Auch im Schulbereich ergibt eine Untersuchung unter 1700 Schülern aus Klasse 7 und 9, davon etwa die Hälfte Kinder von Einwanderern, dass zwar 60% *pragmatisch leistungsorientiert* sind, aber unter den 13% *unzufrieden Gelangweilten,* deren Lernfreude *sehr gering* ist, die Mehrheit aus einheimischen Schülern besteht, während bei den 12% *intrinsisch motiviert Bildungsbegeisterten,* die geprägt sind *vom hohen Stellenwert der Bildung, durch Lernfreude, Spaß und Interesse* Einwandererkinder und Mädchen mehrheitlich vertreten sind. Genau dies ist die Gruppe mit den *günstigsten Voraussetzungen aller Schüler.* In der kleineren Gegengruppe (6%) der *desinteressiert* Frustrierten hat die Mehrheit keinen Migrationshintergrund.[29]

Sollten sich derartige Ergebnisse auch in anderen Regionen als Bremen bestätigen, Migrantenkinder also im für sie fremden deutschsprachigen Schulsystem größere Lernlust und Eifer zeigen, wäre ein weiteres Plus an kultureller Kompetenz bzw. plurikultureller Intelligenz zu konstatieren. Damit zeigte sich vorbild-

---

27 So der Leiter der Pisa-Studie 2009 Eckhard Klieme, Deutsches Institut für Internationale Pädagogische Forschung (DIPF), in: DIE ZEIT 50, 2010, S.72.
28 sowie der Leiter des Instituts für die Pädagogik der Naturwissenschaften (IPN) Manfred Prenzel, in: DIE ZEIT 50, 2010, S.72.
29 Rohlfs Carsten/Palentien Christian 2009.

haft die ideale Balance zwischen Anpassung und Selbstbehauptung. Dieses Aufgeschlossensein für die Erfordernisse eines anderen Bildungssystems lassen zusätzlich auch einzelne Migrantenkinder erkennen, die sich selbstbestimmt für den Lehrberuf in Deutschland entschieden haben ohne Angst um ihre Identität.

6 Literaturverzeichnis

Ackermann Irmgard: Als Fremder in Deutschland.dtv 1982, S.63.
Bichsel Peter: Kaffee, ganz richtig. In: DIE ZEIT 1982, Nr.4.
Ezawa Kennosuke: Japan und die Weltzivilisation. In: Menschliche Existenz und moderne Welt, Berlin 1967, S.311-339 (Zitat 330).
Foussier Gérard: Erbfreunde- Erbfreundschaftliches. Festrede zum Europatag und Wahltag des französischen Staatspräsidenten. In: ibw-journal 3/2003, S.17.
Galtung Johan: Erste Einführung in den teutonischen intellektuellen Stil. In: Struktur, Kultur und intellektueller Stil. Ein vergleichender Essay über sachsonische, teutonische, gallische und nipponische Wissenschaft, Berlin 1983.
Gogolin Ingrid: Stellungnahme zum Unterricht in Migrantensprachen in deutschen Schulen, Hamburg 2001, ähnlich in: Elfter Kinder- und Jugendbericht 2002.
House Juliane: Zum Erwerb interkultureller Kompetenz im Unterricht des Deutschen als Fremdsprache.In: Zs.f. Interkulturellen Fremdsprachenunterricht, www.ualberta.ca/~german/ejournal/house.htm.
Kroeber Alfred L. /Kluckhohn Clyde: Culture. A Critical Review of Concepts and Definitions, hier zitiert nach Els Oksaar: Sprache, Gesellschaft und interkulturelle Verständigung. In: Sprache, Kultur und Gesellschaft, Tübingen 1984.
Müntzel Uta /Tittula Liisa: Saksan kieli suomalais-saksalaisessa kaupassa/Deutsch im finnisch-deutschen Handel.Helsinki 1995, S.241.
Müller-Neuhof Klaus: Kommunikationspolitik für die Demokratie. In: Bertelsmann Briefe 86, April 76, S.13-19.
Oguro Tatsuo: Ihr Deutschen – wir Japaner. Ein Vergleich von Mentalität und Denkweise, Düsseldorf 1984, S.155f.
Rohlfs Carsten /Palentien Christian: Empirische Untersuchung 2009 im Land Bremen. In: SPIEGEL, 17.11.2010.
Strather Erich: Die Grundstruktur des Ministeriums ist eine politische Entscheidung. In: E+Z (Entwicklung und Zusammenarbeit) Jg.44, 2003:3, S.120f.
Trier Jost: Altes und Neues vom sprachlichen Feld. Duden-Preis-Rede 1968, Mannheim 1968, S.11.
Voß Peter: Welche Sprachkultur brauchen wir? In: Wem gehört der Rundfunk? Baden-Baden 2002, S.162
Wandruszka Mario: Die Mehrsprachigkeit des Menschen. München 1979.

Autorenverzeichnis: Verstehen und Kultur

Erciyes, Cilem Ü., Dr. phil., Pädagogin in der SOS-Kinderdorf-Einrichtung/ Augsburg.
Grassi, Carmela. Doktorandin, Freie Universität Bozen.
Hertkorn Ottmar, Dr. phil., Akademischer Oberrat i. R., Institut für Germanistik, Fakultät für Kulturwissenschaften der Universität Paderborn.
Jäckle Monika, Dr. phil., Wissenschaftliche Mitarbeiterin am Lehrstuhl für Schulpädagogik, Universität Augsburg und Lehrbeauftragte der freien Universität Bozen, Fakultät für Bildungswissenschaften.
Kullmann Harry, Dr. phil., Wissenschaftlicher Mitarbeiter in der AG4 – Schulentwicklung und Schulforschung der Universität Bielefeld.
Manschke Doris, Dr. phil., Wissenschaftliche Mitarbeiterin am Lehrstuhl für Schulpädagogik, Universität Augsburg.
Rottensteiner, Sylvia, Doktorandin, Freie Universität Bozen.
Schaefer Ruth, M.A., Staatlich geprüfte Wirtschaftskorrespondentin, Suggestopädin, Systemischer Business Coach, Lehraufträge an der Hochschule Pforzheim und an der Universität Konstanz.
Strasser Josef, Dr. phil., Akademischer Rat am Zentralinstitut für didaktische Forschung und Lehre Universität Augsburg.
Wischmeier Inka, Dr. phil., Wissenschaftliche Assistentin am Lehrstuhl für Pädagogik unter besonderer Berücksichtigung der Erwachsenenbildung und der Außerschulischen Jugendbildung Universität Augsburg.
Wiater, Werner, Prof. Dr. Dr., Ordinarius für Schulpädagogik, Universität Augsburg.

Printed by Publishers' Graphics LLC